高等职业教育铁道机车专业系列规划教材

内燃机车运用与规章

王润国　郭进龙　主　编
李　立　主　审

中国铁道出版社有限公司

２０２５年·北 京

内 容 简 介

本书根据现代铁路机务管理体制的特点,以目前我国广泛使用的 DF$_{4B}$ 型内燃机车为主型机车,参照新版铁路规程,系统地阐述了以下知识内容:铁路信号,行车闭塞法,调车作业,列车运行,事故与救援,内燃机车整备,接班作业,机车操作,铁路行车工作基础知识,机车主要部件的保养,机车防寒防火。

本书可作为铁路职业院校铁道机车专业内燃机车方向的教材,还可作为职工培训教材及技术人员和生产人员的自学参考书。

图书在版编目(CIP)数据

内燃机车运用与规章/王润国,郭进龙主编.—北京:
中国铁道出版社,2018.5(2025.1重印)
高等职业教育铁道机车专业系列规划教材
ISBN 978-7-113-24213-8

Ⅰ.①内⋯　Ⅱ.①王⋯②郭⋯　Ⅲ.①内燃机车-高等
职业教育-教材　Ⅳ.①U262

中国版本图书馆 CIP 数据核字(2018)第 010483 号

书　　名:内燃机车运用与规章	
作　　者:王润国　郭进龙	

责任编辑:亢丽君	**编辑部电话**:010-51873205	**电子邮箱**:67204751@qq.com
封面设计:王镜夷		
责任校对:苗　丹		
责任印制:高春晓		

出版发行:中国铁道出版社有限公司(100054,北京市西城区右安门西街 8 号)
印　　刷:河北宝昌佳彩印刷有限公司
版　　次:2018 年 5 月第 1 版　2025 年 1 月第 2 次印刷
开　　本:787 mm×1 092 mm　1/16　**印张**:14.25　**字数**:365 千
书　　号:ISBN 978-7-113-24213-8
定　　价:38.00 元

前　言

本书以我国目前广泛使用的 DF4B 型内燃机车为主型机车,详细介绍了我国内燃机车的运用现状与铁路行车相关知识,内容全面翔实,基本涵盖了内燃机车整备、运用、保养、操纵、事故救援、机车防寒防火等方面的知识。在运用管理方面,本书紧扣最新版《铁路技术管理规程》《铁路机车运用管理规程》《铁路机车操作规则》《铁路交通事故应急救援和调查处理条例·铁路交通事故调查处理规则》等相关内容,注重在内燃机车运用、保养等方面新技术的推广,紧密结合铁路运输生产,内容严谨,基本反映了电传动内燃机车运用工作的现状和水平。

全书共分十一章,主要包括铁路信号、行车闭塞法、调车作业、列车运行、事故与救援、内燃机车整备、接班作业、机车操作、铁路行车工作基础知识、机车主要部件的保养及内燃机车防寒防火。

本书由兰州交通大学王润国、郭进龙主编,中国铁路兰州局集团有限公司安监管理办公室机辆验收室李立主审。具体编写分工如下:第一章由辽宁轨道交通职业学院李显川编写;第二章由王润国与郑州铁路职业技术学院李福胜合编;第三、四、五、七、九章由王润国编写;第六章由郭进龙与广州铁路职业技术学院蔡勤生合编;第八章由浙江师范大学姚汤伟编写;第十章、第十一章由郭进龙编写。

本书在编写过程中,得到中国铁路兰州局集团有限公司机务处有关领导和工程技术人员的热情帮助和大力支持,并提出不少宝贵意见,在此表示诚挚的谢意!

由于水平所限,书中可能存在疏漏之处,希望有关专家和广大读者提出宝贵意见。

编　者

2017 年 12 月

目　录

第一章

铁 路 信 号

铁路信号装置是保证行车安全、提高运输效率、改善行车人员劳动强度及降低运输成本的重要设备。铁路信号的使用是实现铁路运输高度集中和统一指挥,指示列车运行和调车作业的重要手段。

第一节 铁路信号概述

信号是用声音、动作、机具、颜色、状态、光或电波等形式传递信息或命令的符号。铁路信号是指示列车运行及调车作业的命令,有关行车人员必须严格执行。

铁路信号通过信号装置或有关人员使用器具(或徒手)产生有规律的音响、颜色、形状、位置、灯光等来表示特定的命令,它必须符合清晰明了、显示正确、有足够的显示距离及故障导向安全的原则。为了确保行车安全及正常的运输秩序,有关行车人员必须熟练掌握铁路信号的显示规定,并严格执行。

铁路信号的显示方式及使用方法,应按相关规定执行。各种信号机和表示器的灯光排列、颜色和外形尺寸,必须符合标准。地区性联系用的手信号,由各铁路局集团公司批准。

一、铁路信号的分类

铁路信号按感觉分为视觉信号和听觉信号两大类。

(一)视觉信号

视觉信号是用颜色、形状、位置、显示数目及灯光状态等表达的信号,如用信号机、信号旗、信号灯、信号牌、信号表示器、信号标志及火炬等显示的信号。

1. 视觉信号按信号装置一般分为信号机和信号表示器两类。

(1)信号机按类型分为色灯信号机、臂板信号机和机车信号机;信号机按用途分为进站、出站、通过、进路、预告、接近、遮断、驼峰、驼峰辅助、复示、调车信号机。

(2)信号表示器分为道岔、脱轨、进路、发车、发车线路、调车及车挡表示器。

2. 视觉信号按使用时间可分为昼间信号、夜间信号及昼夜通用信号。

在昼间遇降雾、暴风雨雪及其他情况,致使停车信号显示距离不足 1 000 m,注意或减速信号显示距离不足 400 m,调车信号及调车手信号显示距离不足 200 m 时,应使用夜间信号。

隧道内只采用夜间或昼夜通用信号。

3. 视觉信号按形式或性质分为固定信号、移动信号、手信号及临时防护信号。

（二）听觉信号

听觉信号是用不同的器具发出的音响次数及长短等表达的信号，如用机车、动车的鸣笛，以及口笛、号角、响墩发出的音响表达的信号。

听觉信号按使用形式可分为机车与轨道车的鸣笛声、口笛与号角发出的音响及响墩爆炸声三类。

二、视觉信号的颜色及含义

1. 根据光学原理及长期实践经验，铁路视觉信号采用红色、黄色、绿色作为基本颜色，它们的含义分别为：

（1）红色——停车。

（2）黄色——注意或减低速度。

（3）绿色——按规定速度运行。

2. 为满足铁路信号更多的显示要求，以及防止指示列车运行信号的显示与指示调车作业等其他信号的显示相互影响，铁路视觉信号还采用下列辅助颜色：

（1）月白色——引导信号及允许调车信号。

（2）蓝色——容许信号及禁止调车信号。

（3）白色——手信号灯、信号表示器、列车标志及机车信号。

3. 为便于学习，本书将上述各种颜色信号灯光的状态用下列符号表示：

（1）灭灯状态时

●——红色　　　◎——黄色　　　○——绿色

◎——月白色　　①——白色　　　⊕——紫色

◉——蓝色　　　◐——半黄半红色　　◎——双半黄色

（2）亮灯状态时

对上述各种颜色的灯光加光芒线。例如，绿色灯光在亮灯状态时为☼。

（3）闪光状态时

对上述各种颜色的灯光加双道光芒线。例如，绿色灯光在闪光状态时为☼。

三、信号机的采用

1. 铁路信号机应采用色灯信号机。

2. 色灯信号机应采用高柱信号机，在下列处所可采用矮型信号机：

（1）不办理通过列车的到发线上的出站、发车进路信号机。

（2）道岔区内的调车信号机及驼峰调车场内的线束调车信号机。

（3）自动闭塞区段，隧道内的通过信号机。

特殊情况需设矮型信号机时，须经铁路局集团公司批准。

四、信号机的设置

1. 信号机应设在列车运行方向的左侧或其所属线路中心线的上空。特殊地段因条件限制，需设于右侧时，须经铁路局集团公司批准。

2. 信号机设置的地点，由电务部门会同运输、机务及工务等有关部门共同研究确定。

3. 在确定设置信号机地点时，除满足信号显示距离的要求外，还应考虑到该信号机不致被误认为邻线的信号机。

五、信号机及信号表示器的显示距离

信号机及表示器正常情况下的显示距离,是指在不受地形、地物、气候等影响的情况下,司机在机车上能确认地面信号机或表示器显示状态时,机车与信号机或表示器之间的最小距离。各种信号机及表示器在正常情况下的显示距离如下:

1. 进站、通过、接近、遮断信号机,不得小于 1 000 m。

2. 高柱出站、高柱进路信号机,不得小于 800 m。

3. 预告、驼峰、驼峰辅助信号机,不得小于 400 m。

4. 调车、矮型出站、矮型进路、复示信号机,容许、引导信号及各种表示器,不得小于 200 m。

在地形、地物影响视线的地方,进站、通过、接近、预告、遮断信号机的显示距离,在最坏的条件下,不得小于 200 m。

六、特殊条件下两架同方向信号机的显示

特殊地段因条件限制,同方向相邻两架指示列车运行的信号机(预告、遮断、复示信号机除外)间的距离小于制动距离时,按下列方式处理:

1. 在列车运行速度不超过 120 km/h 的区段,当两架信号机间的距离小于 400 m 时,前架信号机的显示,必须完全重复后架信号机的显示;当两架信号机间的距离在 400 m 及以上,但小于 800 m 时,后架信号机在关闭状态时,前架信号机不准开放。

2. 在列车运行速度超过 120 km/h 的区段,两架有联系的信号机间的距离小于列车规定速度级差的制动距离时,应采取必要的降级或重复显示措施。

七、信号机的定位

信号机的定位是指规定信号机经常所处的显示状态。信号机的定位规定如下:

1. 进站、出站、进路、调车、驼峰、驼峰辅助信号机均以显示停车信号为定位;线路所的通过信号机以显示停车信号为定位,其他通过信号机以显示进行信号为定位。

2. 接近信号机、进站预告信号机、非自动闭塞区段通过信号机的预告信号机及通过臂板,以显示注意信号为定位。

3. 遮断、遮断预告、复示信号机以无显示为定位。

4. 在自动闭塞区段内的车站(线路所),如将进站、正线出站信号机及其直向进路内的进路信号机转为自动动作时,以显示进行信号为定位。

八、信号机的关闭时机

信号机的关闭时机是指信号机的显示由允许信号变为禁止信号的时机,信号机的关闭时机规定如下:

1. 集中联锁车站的进站、进路、出站信号机、线路所通过信号机及自动闭塞区段的通过信号机,当机车或车辆第一轮对越过该信号机后自动关闭。

2. 调车信号机在调车车列全部越过调车信号机后自动关闭;当调车信号机外方不设或虽设轨道电路而占用时,应在调车车列全部出清调车信号机内方第一轨道区段后自动关闭,根据

需要也可在调车车列第一轮对进入调车信号机内方第一轨道区段后自动关闭。

3. 引导信号应在列车头部越过信号机后及时关闭。

4. 特殊站（场）执行上述规定有困难时，由铁路局集团公司规定。

九、无效信号机的处理

无效信号机是指新设尚未使用及应撤除还未撤除而停止使用的信号机。为防止在行车中对其产生误认，故对无效信号机进行如下处理：

1. 新设尚未开始使用及应撤除尚未撤掉的信号机，均应装设信号机无效标，并应熄灭灯光。

2. 信号机无效标为白色的十字交叉板，装在色灯信号机柱上，如图 1-1 所示。

3. 在新建铁路线上，新设尚未开始使用的信号机（进站信号机暂用作防护车站时除外），可撤下臂板或将色灯机构向线路外侧扭转 90°，并熄灭灯光，作为无效。

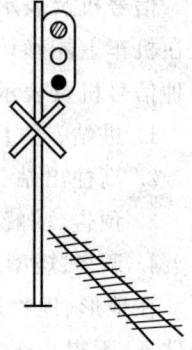

图 1-1　无效信号机的处理

第二节　铁路固定信号

固定信号是指装设于规定的固定地点且长期起作用的信号。包括进站、出站、通过、进路、预告、接近、驼峰、驼峰辅助、复示、调车、容许及引导信号。机车信号安装于机车上的固定位置，也视为固定信号。

进站、出站、进路及通过信号机的灯光熄灭、显示不明或显示不正确时，均视为停车信号。

一、接发列车用信号机

为防护车站和车站办理接发车作业，车站须设进站信号机；在车站的正线和到发线上应装设出站信号机；在划分车场的车站还应设置进路信号机。

（一）进站信号机

1. 进站信号机的作用

（1）作为划分车站与区间的分界，从区间方面防护车站。

（2）指示列车进站运行条件。

（3）锁闭接车进路上有关道岔及敌对信号，保证在信号开放后的进路安全可靠。

2. 进站信号机的设置

车站必须装设进站信号机。进站信号机应设在距进站最外方道岔尖轨尖端（顺向为警冲标）不少于 50 m 的地点，如图 1-2 所示，如因调车或制动距离的需要，一般不超过 400 m，如图 1-3 所示。

3. 进站信号机的显示

（1）四显示自动闭塞区段除外的进站色灯信号机的显示

①一个绿色灯光——准许列车按规定速度经正线通过车站，表示同方向的出站及进路信号机在开放状态，进路上的道岔均开通直向位置，如图 1-4 所示。

②一个黄色灯光——准许列车经道岔直向位置，进入站内正线准备停车，如图 1-5 所示。

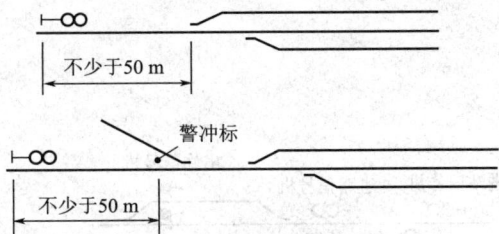

图 1-2 进站信号机的设置

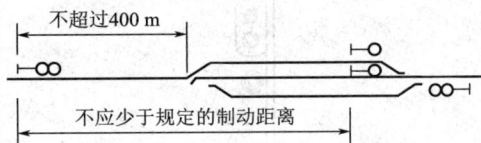

图 1-3 进站信号机外移的限制

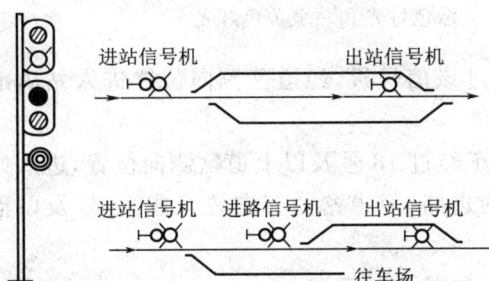

图 1-4 进站信号机显示一个绿色灯光

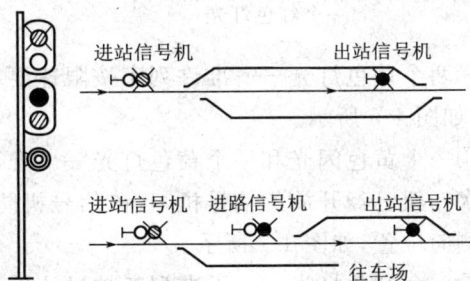

图 1-5 进站信号机显示一个黄色灯光

③两个黄色灯光——准许列车经道岔侧向位置,进入站内准备停车,如图 1-6 所示。

④一个黄色闪光和一个黄色灯光——准许列车经过 18 号及以上道岔侧向位置,进入站内越过次一架已经开放的信号机,且该信号机防护的进路,经道岔的直向位置或 18 号及以上道岔的侧向位置,如图 1-7 所示。

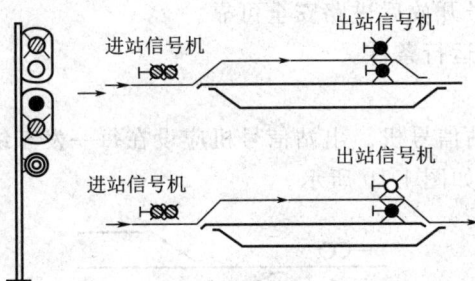

图 1-6 进站信号机显示两个黄色灯光

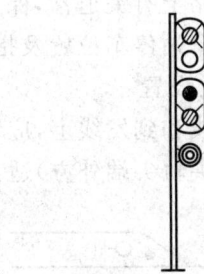

图 1-7 进站信号机显示一个黄色闪光和一个黄色灯光

⑤一个红色灯光——不准列车越过该信号机,如图 1-8 所示。

⑥一个绿色灯光和一个黄色灯光——准许列车经道岔直向位置,进入站内越过次一架已经开放的信号机准备停车,如图 1-9 所示。

(2)四显示自动闭塞区段的进站色灯信号机的显示

①一个绿色灯光——准许列车按规定速度经道岔直向位置进入或通过车站,表示运行前方至少有 3 个闭塞分区空闲,如图 1-4 所示。

②一个黄色灯光——准许列车按限速要求经道岔直向位置进入站内正线准备停车,如图 1-5 所示。

图 1-8　进站信号机显示
一个红色灯光

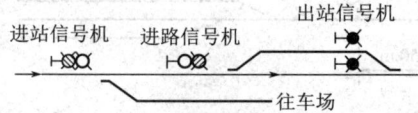

图 1-9　进站信号机显示一个
绿色灯光和一个黄色灯光

③两个黄色灯光——准许列车按限速要求越过该信号机，经道岔侧向位置进入站内准备停车，如图 1-6 所示。

④一个黄色闪光和一个黄色灯光——准许列车经过 18 号及以上道岔侧向位置，进入站内越过次一架已经开放的信号机，且该信号机防护的进路，经道岔的直向位置或 18 号及以上道岔的侧向位置，如图 1-7 所示。

⑤一个红色灯光——不准列车越过该信号机，如图 1-8 所示。

⑥一个绿色灯光和一个黄色灯光——准许列车按规定速度经道岔直向位置进入站内，表示次一架信号机经道岔直向位置开放一个黄灯，如图 1-9 所示。

（二）出站信号机

1. 出站信号机的作用

（1）从车站方面防护区间或闭塞分区，当信号机开放后作为列车占用区间或闭塞分区的行车凭证。

（2）锁闭发车线路上有关道岔，保证在信号开放后进路安全可靠。

（3）指示列车在车站停车位置及指示列车运行条件。

2. 出站信号机的设置

（1）在车站的正线和到发线上，应装设出站信号机。出站信号机应设在每一发车线的警冲标内方（对向道岔为尖轨尖端外方）适当地点，如图 1-10 所示。

图 1-10　出站信号机的设置

（2）在调车场的编发线上，必要时可设线群出站信号机。

3. 出站信号机的显示

（1）三显示自动闭塞区段的出站色灯信号机的显示

①一个绿色灯光——准许列车由车站出发，表示运行前方至少有两个闭塞分区空闲，如图 1-11 所示。

②一个黄色灯光——准许列车由车站出发，表示运行前方有一个闭塞分区空闲，如图 1-12 所示。

③一个红色灯光——不准列车越过该信号机，如图 1-13 所示。

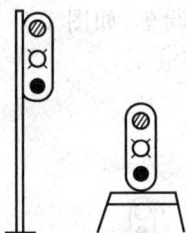

图 1-11　出站信号机显示　一个绿色灯光　　图 1-12　出站信号机显示　一个黄色灯光　　图 1-13　出站信号机显示　一个红色灯光

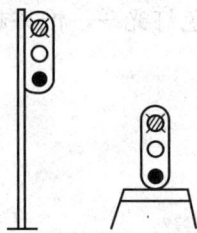

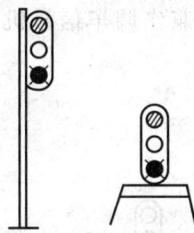

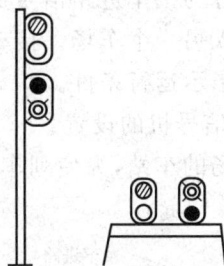

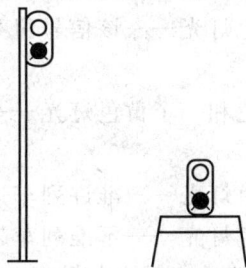

④两个绿色灯光——准许列车由车站出发，开往半自动闭塞或自动站间闭塞区间，如图 1-14 所示。

⑤在兼作调车信号机时，一个月白色灯光——准许越过该信号机调车，如图 1-15 所示。

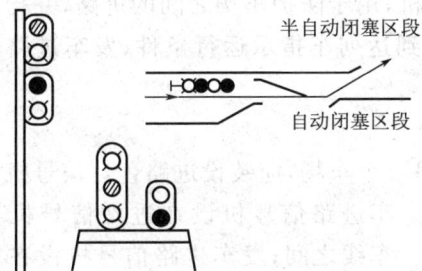

图 1-14　出站信号机显示两个绿色灯光　　　图 1-15　兼作调车信号机时显示一个月白色灯光

（2）四显示自动闭塞区段的出站色灯信号机的显示

①一个绿色灯光——准许列车由车站出发，表示运行前方至少有三个闭塞分区空闲。

②一个绿色灯光和一个黄色灯光——准许列车由车站出发，表示运行前方有两个闭塞分区空闲。

③一个黄色灯光——准许列车由车站出发，表示运行前方有一个闭塞分区空闲。

④一个红色灯光——不准列车越过该信号机。

⑤两个绿色灯光——准许列车由车站出发，开往半自动闭塞或自动站间闭塞区段。

⑥在兼作调车信号机时，一个月白色灯光——准许越过该信号机调车。

（3）半自动闭塞区段的出站色灯信号机的显示

①一个绿色灯光——准许列车由车站出发，如图 1-16 所示。

②一个红色灯光——不准列车越过该信号机，如图 1-17 所示。

③两个绿色灯光——准许列车由车站出发，开往次要线路，如图 1-18 所示。

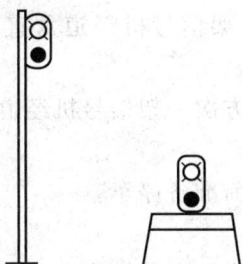

图 1-16　出站信号机显示一个绿色灯光　　　图 1-17　出站信号机显示一个红色灯光

④在兼作调车信号机时,一个月白色灯光——准许越过该信号机调车,如图 1-19 所示。

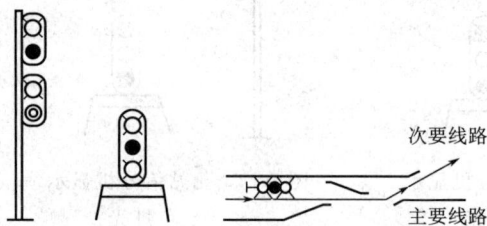

图 1-18　出站信号机显示两个绿色灯光　　图 1-19　兼作调车信号机时显示一个月白色灯光

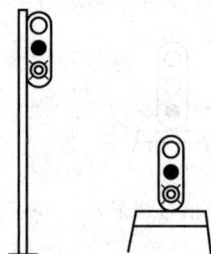

(三)进路色灯信号机

1. 进路色灯信号机的作用

进路信号机分为接车进路信号机与发车进路信号机,用于防护车场之间的进路,并指示列车由一个车场进入另一个车场。接车进路信号机是对到达列车指示运行条件;发车进路信号机是对出发列车指示运行条件。

2. 进路色灯信号机的设置

在有几个车场的车站,为使列车由一个车场开往另一个车场,应装设进路色灯信号机。接车进路信号机设在进站信号机与接车线之间;发车进路信号机设在发车线与出站信号机之间。进路信号机设置位置均应设在其后方第一个道岔尖轨尖端前方(顺向为警冲标内方)的适当地点,如图 1-20 所示。

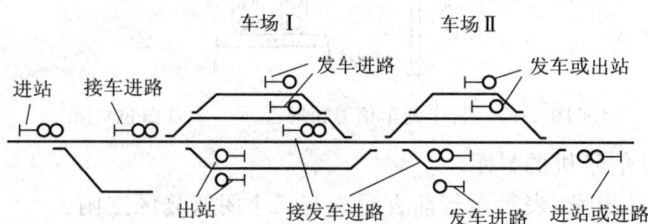

图 1-20　进路信号机的设置

3. 进路色灯信号机的显示

(1)接车进路色灯信号机的显示与进站色灯信号机的显示相同。

(2)发车进路色灯信号机的显示(四显示自动闭塞区段除外)如下。

①一个绿色灯光——准许列车由车站经正线出发,表示出站和进路信号机均在开放状态(参照图 1-11)。

②一个黄色灯光——准许列车运行到次一架信号机之前准备停车(参照图 1-12)。

③一个绿色灯光和一个黄色灯光——准许列车越过该信号机,表示该信号机列车运行前方次一架信号机在开放状态。

④一个红色灯光——不准列车越过该信号机(参照图 1-13)。

(3)四显示自动闭塞区段的发车进路色灯信号机的显示如下。

①一个绿色灯光——该信号机列车运行前方至少有两架信号机经道岔直向位置在开放状态。

②一个绿色和一个黄色灯光——该信号机列车运行前方次一架信号机经道岔直向位置在开放状态。

③一个黄色灯光——准许列车运行到次一架信号机之前准备停车。

④一个红色灯光——不准列车越过该信号机。

(4)接车或发车进路色灯信号机兼作调车信号机时,一个月白色灯光——准许越过该信号机调车(参照图 1-15)。

（5）同时具有接车和发车进路功能的接发车进路色灯信号机的显示与接车、发车进路色灯信号机相同。

（四）色灯复示信号机

1. 色灯复示信号机的作用

色灯复示信号机用以表示其主体信号机的显示状态。

2. 色灯复示信号机的设置

进站、出站、进路信号机及线路所通过信号机，因受地形、地物影响，达不到规定的显示距离时，应装设复示信号机。

3. 色灯复示信号机的显示

（1）灯列式进站色灯复示信号机的显示

①两个月白色灯光与水平线构成60°角显示——进站信号机显示经道岔直向位置向正线接车的信号，如图1-21（a）所示。

②两个月白色灯光水平位置显示——进站信号机显示经道岔侧向位置接车的信号，如图1-21（b）所示。

③无显示——进站信号机在关闭状态，如图1-21（c）所示。

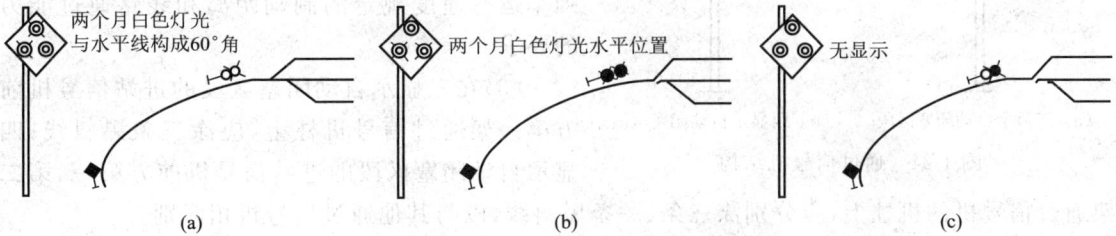

图1-21 进站色灯复示信号机的显示

（2）出站及进路色灯复示信号机的显示

①一个绿色灯光——出站或进路信号机在开放状态，如图1-22所示。

②无显示——出站或进路信号机在关闭状态。

进站、出站、进路色灯复示信号机均采用方形背板，以区别于一般信号机。

（五）色灯信号机引导信号

1. 进站及接车进路色灯信号机应装设引导信号。

2. 进站及接车进路色灯信号机引导信号的显示：

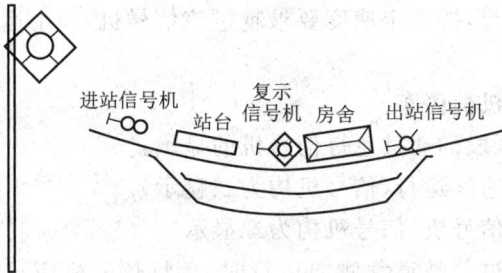

图1-22 出站或进路色灯复示信号机的显示

图1-23 进站及接车进路色灯信号机引导信号的显示

一个红色灯光及一个月白色灯光——准许列车在该信号机前方不停车,以不超过 20 km/h 速度进站或通过接车进路,并须准备随时停车,如图 1-23 所示。

二、区间内指示列车运行的信号机

(一)通过信号机

1. 通过信号机的作用

(1)作为所间区间或闭塞分区的分界,从一个所间区间(或闭塞分区)防护下一个所间区间(或闭塞分区)。

(2)指示列车运行条件。

2. 通过信号机的设置

(1)通过信号机应设在闭塞分区或所间区间的分界处,结构如图 1-24 所示。

(2)自动闭塞区段的通过信号机,不应设在停车后可能脱钩、牵引供电分相的处所,也不宜设在起动困难的地点。自动闭塞区段信号机设置位置关系应根据列车牵引计算确定,并应满足列车运行速度规定的制动距离和线路通过能力的要求。

(3)在三显示自动闭塞区段的进站信号机前方第一架通过信号机柱上,应涂三条黑斜线;四显示自动闭塞区段的进站信号机前方第一、第二架通过信号机的机柱上,应分别涂三条、一条黑斜线,以与其他通过信号机相区别。

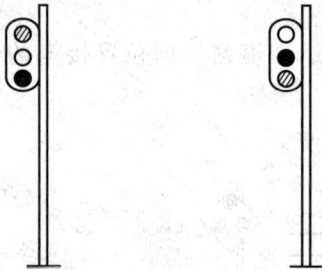
(a) 三显示自动闭塞区段　　(b) 四显示自动闭塞区段
图 1-24　通过信号机结构

3. 通过信号机的显示

(1)三显示自动闭塞区段的通过色灯信号机的显示:

①一个绿色灯光——准许列车按规定速度运行,表示运行前方至少有两个闭塞分区空闲。

②一个黄色灯光——要求列车注意运行,表示运行前方有一个闭塞分区空闲。

③一个红色灯光——列车应在该信号机前停车。

(2)四显示自动闭塞区段的通过色灯信号机的显示:

①一个绿色灯光——准许列车按规定速度运行,表示运行前方至少有三个闭塞分区空闲。

②一个绿色灯光和一个黄色灯光——准许列车按规定速度运行,要求注意准备减速,表示运行前方有两个闭塞分区空闲。

③一个黄色灯光——要求列车减速运行,按规定速度要求越过该信号机,表示运行前方有一个闭塞分区空闲。

④一个红色灯光——列车应在该信号机前停车。

(3)半自动闭塞区段及自动站间闭塞区段的通过色灯信号机的显示:

①一个绿色灯光——准许列车按规定速度运行(信号机构为二显示)。

②一个红色灯光——不准列车越过该信号机(信号机构为二显示)。

(4)设有分歧道岔的线路所,当列车经过分歧道岔侧向运行时,色灯信号机应显示两个黄色灯光,如图 1-25 所示;当分歧道岔为 18 号及以上道岔时,显示一个黄色闪光和一个黄色灯光(参见图 1-7)。

自动闭塞区段防护分歧道岔的线路所通过色灯信号机,其机构外形和显示应与进站色灯信号机相同,引导灯光应予封闭。该信号机显示红色灯光时,不准列车越过该信号机。

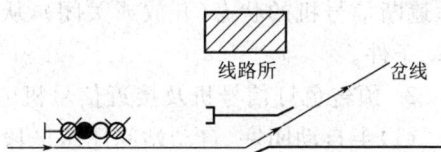

图 1-25 分歧道岔通过信号机的显示

(二)容许信号机

1. 容许信号机的作用

避免自动闭塞区段内在通过色灯信号机显示停车信号时造成某些货物列车坡停。

2. 容许信号机的设置

在自动闭塞区段内,当货物列车在设于上坡道上的通过信号机前停车后起动困难时,在该信号机上应装设容许信号,如图 1-26 所示。在进站信号机前方第一架通过色灯信号机上,不得装设容许信号。

3. 容许信号机的显示

一个蓝色灯光——准许列车在通过色灯信号机显示红色灯光的情况下,以不超过 20 km/h 的速度通过,运行到次一架通过信号机,并随时准备停车。

(三)遮断色灯信号机

1. 遮断色灯信号机的作用

当出现危及行车安全的情况时,遮断色灯信号机及时向列车发出停车信号,使列车在危险地点前停车。

2. 遮断色灯信号机的设置

有人看守道口应装设遮断信号机;在有人看守的桥隧建筑物及可能危及行车安全的塌方落石地点,根据需要装设遮断色灯信号机。该信号机距防护地点不得小于 50 m,如图 1-27 所示。

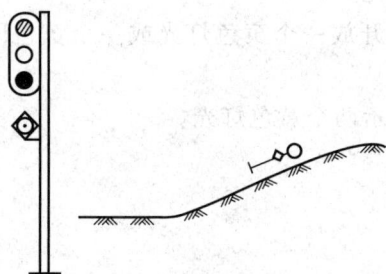

图 1-26 容许信号机的设置

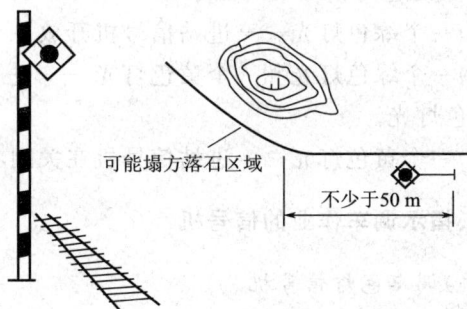

图 1-27 遮断信号机的设置及显示

3. 遮断色灯信号机的显示

①一个红色灯光——不准列车越过该信号机。

②不着灯——不起信号作用。

遮断及其预告信号机采用方形背板,并在机柱上涂有黑白相间的斜线,以区别于一般信号机。

(四)预告信号机及接近信号机

1. 预告色灯信号机及接近信号机的作用

预告色灯信号机及接近信号机可以使列车司机提前了解进站信号机或线路所通过信号

机、遮断信号机的状态(开放或关闭),从而保证行车安全和提高行车效率,并改善乘务人员的劳动条件。

2. 预告色灯信号机及接近信号机的设置

(1)半自动闭塞、自动站间闭塞区段,进站信号机为色灯信号机时,应设色灯预告信号机或接近信号机。

(2)遮断信号机和半自动闭塞、自动站间闭塞区段线路所通过信号机,应装设预告信号机。

(3)列车运行速度不超过 120 km/h 的区段,预告信号机与其主体信号机的安装距离不得少于 800 m,当预告信号机的显示距离不足 400 m 时,其安装距离不得小于 1 000 m,如图 1-28 所示。

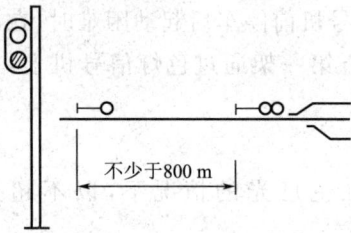

图 1-28 预告信号机的设置

不少于800 m

(4)列车运行速度超过 120 km/h 的区段,应设置两段接近区段,在第一接近区段和第二接近区段的分界处,设接近信号机,在第二接近区段入口内 100 m 处,设置机车信号接通标。

由于自动闭塞区段的通过色灯信号机对后一架信号机起预告作用,因此不设预告信号机。

3. 预告色灯信号机的显示

(1)进站、线路所通过色灯信号机的预告色灯信号机的显示

①一个绿色灯光——主体信号机在开放状态。

②一个黄色灯光——主体信号机在关闭状态。

(2)遮断色灯信号机的预告色灯信号机的显示

①一个黄色灯光——遮断信号机显示红色灯光。

②不着灯——不起信号作用。

4. 接近色灯信号机的显示

(1)一个绿色灯光——进站信号机开放一个绿色灯光。

(2)一个绿色灯光和一个黄色灯光——进站信号机开放一个黄色灯光或一个黄色闪光和一个黄色灯光。

(3)一个黄色灯光——进站信号机在关闭状态或显示两个黄色灯光。

三、指示调车作业的信号机

(一)调车色灯信号机

1. 调车色灯信号机的作用

在调车作业中指示机车车辆可否越过该信号机进行调车作业。

2. 调车色灯信号机的设置

为满足调车作业需要,应装设调车色灯信号机,如图 1-29 所示。其设置地点应根据车站调车作业的特点及需要确定。

3. 调车色灯信号机的显示

①一个月白色灯光——准许越过该信号机调车。

②一个月白色闪光灯光——装有平面溜放调车区集中联锁设备时,准许溜放调车。

③一个蓝色灯光——不准越过该信号机调车。

不办理闭塞的站内岔线,在岔线入口处设置的调车信号机,可用红色灯光代替蓝色灯光。

在尽头式到发线上，设置的起阻挡列车运行作用的调车信号机，应采用矮型三显示机构，用红色灯光代替蓝色灯光。当该信号机的红色灯光熄灭、显示不明或显示不正确时，应视为列车的停车信号。

4. 调车色灯复示信号机的显示

①一个月白色灯光——调车信号机在开放状态。

②无显示——调车信号机在关闭状态。

调车色灯复示信号机采用方形背板，以区别于一般信号机，如图1-30所示。

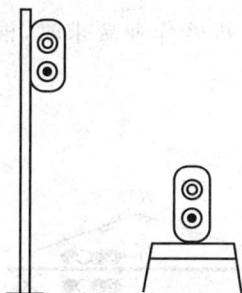

图1-29 调车信号机的设置　　　　图1-30 调车复示信号机

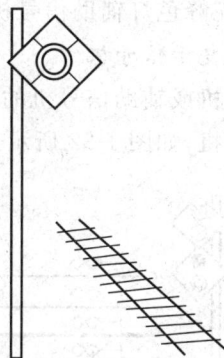

(二)驼峰色灯信号机

1. 驼峰色灯信号机的作用

指示调车机车车辆进行驼峰调车作业。

2. 驼峰色灯信号机的设置

驼峰应装设驼峰色灯信号机，设置在驼峰峰顶，如图1-31所示。

3. 驼峰色灯信号机的显示

①一个绿色灯光——准许机车车辆按规定速度向驼峰推进。

②一个绿色闪光灯光——指示机车车辆加速向驼峰推进。

③一个黄色闪光灯光——指示机车车辆减速向驼峰推进。

④一个红色灯光——不准机车车辆越过该信号机或指示机车车辆停止作业。

⑤一个红色闪光灯光——指示机车车辆自驼峰退回。

图1-31 驼峰色灯信号机的设置

⑥一个月白色灯光——指示机车到峰下。

⑦一个月白色闪光灯光——指示机车车辆去禁溜线或迂回线。

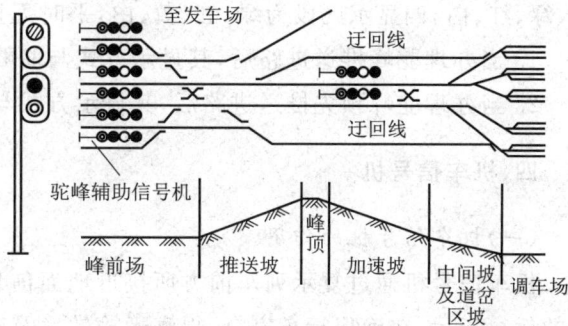

(三)驼峰辅助色灯信号机

1. 驼峰辅助色灯信号机的作用

(1)辅助驼峰调车作业，改善机车乘务员的瞭望条件。

(2)驼峰色灯辅助信号机平时显示红色灯光，对到达列车起停车信号的作用。

（3）可兼作出站或发车进路信号机，并根据需要装设进路表示器。

2. 驼峰辅助色灯信号机的设置

驼峰色灯信号机应装设驼峰色灯辅助信号机，设置在驼峰色灯信号机的前方适当地点（参照图1-31）。

3. 驼峰辅助色灯信号机的显示

（1）一个黄色灯光——指示机车车辆向驼峰预先推送。

（2）当办理驼峰推送进路后，其灯光显示与驼峰色灯信号机显示相同。

（3）到达场的驼峰色灯辅助信号机平时显示红色灯光，对到达列车起停车信号作用。

（四）驼峰色灯复示信号机

驼峰色灯信号机或辅助信号机的显示距离不能满足推峰作业要求时，根据需要可再装设驼峰色灯复示信号机，如图1-32所示。

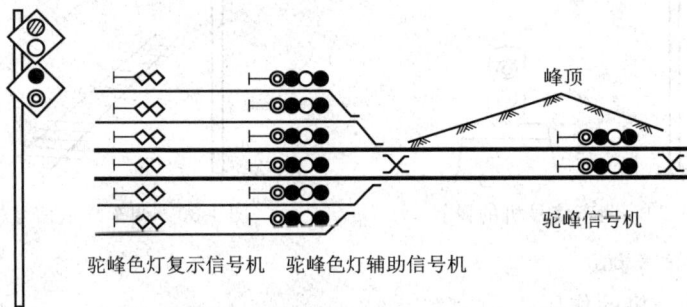

驼峰色灯复示信号机　驼峰色灯辅助信号机

图 1-32　驼峰色灯复示信号机的设置

驼峰色灯复示信号机采用两个双机构的高柱透镜式色灯信号机。灯光排列三显示区段为黄、绿、红、白，四显示区段为绿、红、黄、白，平时无显示。

1. 当办理驼峰推送进路后，其显示方式与驼峰信号机或驼峰色灯辅助信号机相同。

2. 当办理驼峰预先推送进路后，其显示方式与驼峰色灯辅助信号机相同。

四、机车信号机

（一）机车信号机的作用

机车信号机通过复示列车前方所接近地面信号机的显示，为司机操纵列车提供了更加可靠的运行指示，在确保行车安全、提高运输效率及改善司机劳动条件等方面起到了非常重要的作用。

（二）机车信号机的设置

机车信号机设置在机车司机室内。

（三）机车信号的特点

1. 机车信号作为行车凭证时，由车载信号和地面信号设备共同构成，必须符合故障导向安全的原则。车载设备应具有运行数据记录的功能，地面信号设备提供正确信息。

2. 机车信号的显示应与线路上列车接近的地面信号机的显示含义相符。机车停车位置应以地面信号机或有关停车标志为依据。

（四）机车信号的分类

机车信号分为连续式（将地面信号机的显示信息，通过轨道电路不间断地向机车传递）和接近连续式（机车接近地面信号机一定距离开始，不间断地向机车传递显示信息）。自动闭塞应装设连续式机车信号；半自动闭塞和自动站间闭塞区段应装设接近连续式机车信号。

（五）机车信号机的显示

1. 连续式机车信号机的显示

（1）三显示自动闭塞区段连续式机车信号机的显示

①一个绿色灯光——准许列车按规定速度运行，表示列车接近的地面信号机显示绿色灯光。

②一个半绿半黄色灯光——准许列车按规定速度注意运行，表示列车接近的地面信号机显示一个绿色灯光和一个黄色灯光。

③一个带"2"字的黄色闪光——要求列车注意运行，表示列车接近的地面信号机显示一个黄色灯光，并预告次一架地面信号机开放经18号及以上道岔侧向位置的进路，且列车运行前方第三架信号机开通直向进路或开放经18号及以上道岔侧向位置的进路。

④一个带"2"字的黄色灯光——要求列车注意运行，表示列车接近的地面信号机显示一个黄色灯光，并预告次一架地面信号机开放经道岔侧向位置的进路。（但不满足上述第③项条件）

⑤一个黄色灯光——要求列车注意运行，表示列车接近的地面信号机显示一个黄色灯光，并预告次一架地面信号机处于关闭状态。

⑥一个双半黄闪光——要求列车限速运行，表示列车接近的地面信号机开放经18号及以上道岔侧向位置的进路，且次一架信号机开通直向进路或开放经18号及以上道岔侧向位置的进路；或表示列车接近设有分歧道岔线路所的地面信号机开放经18号及以上道岔侧向位置的进路、显示一个黄色闪光和一个黄色灯光。

⑦一个双半黄色灯光——要求列车限速运行，表示列车接近的地面信号机开放经道岔侧向位置的进路（但不满足上述第⑥项条件）、显示两个黄色灯光或其他相应显示。

⑧一个半黄半红色闪光——表示列车接近的进站、接车进路或接发车进路信号机显示引导信号或通过信号机显示容许信号。

⑨一个半黄半红色灯光——要求及时采取停车措施，表示列车接近的地面信号机显示红色灯光。

⑩一个红色灯光——表示列车已越过地面上显示红色灯光的信号机。

⑪一个白色灯光——不复示地面上的信号显示，机车乘务人员应按地面信号机的显示运行。无显示时，表示机车信号机在停止工作状态。

（2）四显示自动闭塞区段连续式机车信号机的显示

①一个绿色灯光——准许列车按规定速度运行，表示列车所接近的地面信号机显示绿色灯光。

②一个半绿半黄色灯光——准许列车按规定速度注意运行，表示列车接近的地面信号机显示一个绿色灯光和一个黄色灯光。

③一个带"2"字的黄色闪光——要求列车减速到规定的速度等级越过接近的显示一个黄色灯光的地面信号机，并预告次一架地面信号机开放经18号及以上道岔侧向位置的进路，且列车运行前方第三架信号机开通直向进路或开放经18号及以上道岔侧向位置的进路。

④一个带"2"字的黄色灯光——要求列车减速到规定的速度等级越过接近的显示一个黄色灯光的地面信号机，并预告次一架地面信号机开放经道岔侧向位置的进路。（但不满足上述

第③项条件）

⑤一个黄色灯光——要求列车减速到规定的速度等级越过接近的显示一个黄色灯光的地面信号机，并预告次一架地面信号机处于关闭状态。

⑥一个双半黄色闪光——要求列车限速运行，表示列车接近的地面信号机开放经 18 号及以上道岔侧向位置的进路，且次一架信号机开通直向进路或开放经 18 号及以上道岔侧向位置的进路；或表示列车接近设有分歧道岔线路所的地面信号机开放经 18 号及以上道岔侧向位置的进路、显示一个黄色闪光和一个黄色灯光。

⑦一个双半黄色灯光——要求列车限速运行，表示列车接近的地面信号机开放经道岔侧向位置的进路（但不满足上述第⑥项条件）、显示两个黄色灯光或其他相应显示。

⑧一个半黄半红色闪光——表示列车接近的进站、接车进路或接发车进路信号机显示引导信号或通过信号机显示容许信号。

⑨一个半黄半红色灯光——要求及时采取停车措施，表示列车接近的地面信号机显示红色灯光。

⑩一个红色灯光——表示列车已越过地面上显示红色灯光的信号机。

⑪一个白色灯光——不复示地面上的信号显示，机车乘务人员应按地面信号机的显示运行。无显示时，表示机车信号机在停止工作状态。

2. 接近连续式机车信号机的显示方式与连续式机车信号机相同。

3. LKJ 屏幕显示器的机车信号显示应与机车信号机的显示含义相同。

第三节　铁路移动信号

移动信号相对于固定信号而言，即根据需要设置位置可以移动的信号。移动信号应根据需要临时设置或撤除。

一、停车信号

1. 停车信号的作用

用于线路故障或施工中临时禁止列车进入地段的防护。

2. 停车信号的设置

设置在线路故障或线路施工地点前后，距防护地段不少于 20 m 处。

3. 停车信号的显示

昼间——表面有反光材料的红色方牌，如图 1-33(a)所示。

夜间——柱上红色灯光，如图 1-33(b)所示。

二、减速信号

1. 减速信号的作用

用于线路故障排除后或施工中，以及施工前后，线路状态低于正常运行速度，要求列车临时性慢行地段。

2. 减速信号的设置

设置在线路故障或线路施工地点前后列车运行方向左侧。施工及其限速区段，按不同速度等级列车（最高运行速度大于 120 km/h 的旅客列车、特快货物班列及最高运行速度为

120 km/h的货物列车)的紧急制动距离,在原减速信号牌外方增设特殊减速信号牌,昼间与夜间均为黄底黑"T"字圆牌。

3. 减速信号的显示

(1)表面有反光材料的黄底黑字圆牌,标明列车限制速度,如图1-34(a)所示。

(2)施工及限速区段,在减速信号牌外方增设的特殊减速信号牌为表面有反光材料的黄底黑"T"字圆牌,如图1-34(b)所示。

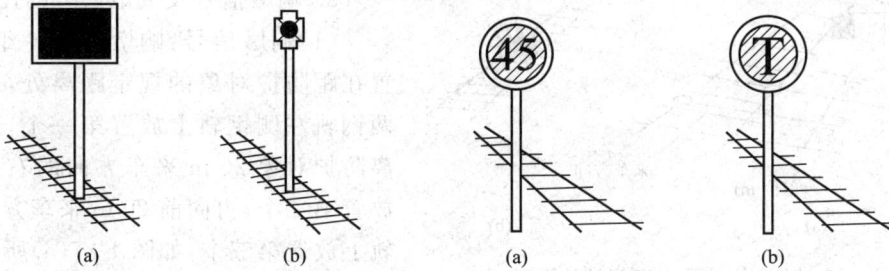

(a)　(b)

图1-33　停车信号的显示

(a)　(b)

图1-34　减速信号的显示

三、减速防护地段终端信号

1. 减速防护地段终端信号的作用

告知司机列车尾部已越过减速地段,指示列车可恢复正常速度运行。

2. 减速防护地段终端信号的设置

双线区间为列车运行方向左侧,单线区间为列车运行方向右侧。

3. 减速防护地段终端信号的显示

表面有反光材料的绿色圆牌,如图1-35所示。

四、带有脱轨器的检修车辆防护信号

1. 带有脱轨器的检修车辆防护信号的作用

保证站内线路上检查、修理、整备的车辆及人员的安全。

2. 带有脱轨器的检修车辆防护信号的设置

在站内线路上检查、修理、整备车辆时,应在列车两端来车方向的左侧钢轨上,设置带有脱轨器的固定或移动信号牌(灯)进行防护,前后两端的防护距离均应不少于20 m;不足20 m时,应将道岔锁闭在不能通往该线的位置。

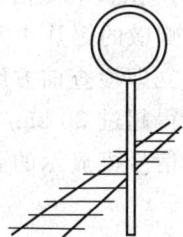

图1-35　减速防护地段
终端信号的显示

旅客列车在到发线上进行技术检查时,用停车信号防护,可不设脱轨器。

3. 带有脱轨器的检修车辆防护信号的显示

昼间——红色方牌,如图1-36(a)所示。

夜间——柱上红色灯光,如图1-36(b)所示。

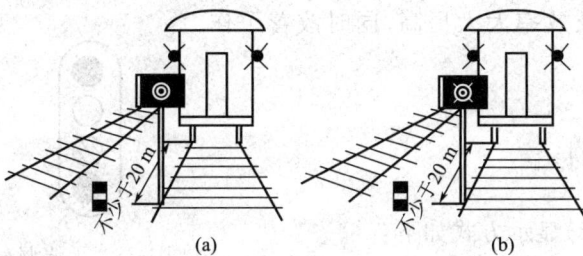

(a)　(b)

图1-36　带有脱轨器的检修车辆防护信号的显示

五、响墩信号及火炬信号

1. 响墩信号及火炬信号的作用

当线路遇到灾害、发生故障或列车在区间内发生事故及其他原因被迫停车时,告知接近列车及时采取停车措施,防止发生列车冲突。

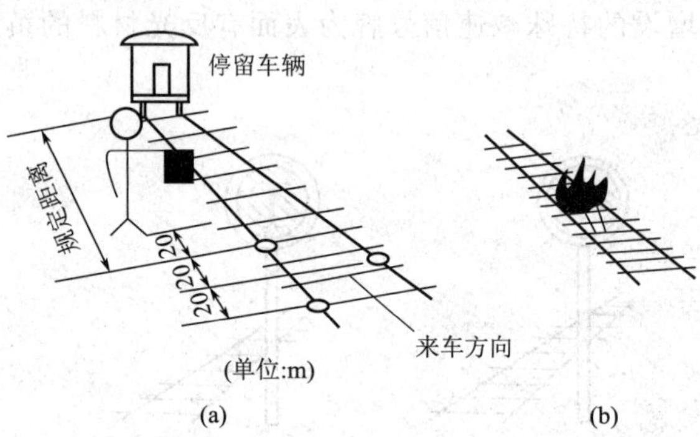

图 1-37　响墩信号及火炬信号的设置

2. 响墩信号及火炬信号的设置

(1)响墩信号:响墩三个一组使用,设置在距防护对象的规定距离处,来车方向两钢轨左侧钢轨上放置第一个,再向远距离防护对象 20 m 来车方向的右侧钢轨上放置第二个,再向前 20 m 来车方向左侧钢轨上放置第三个,如图 1-37(a)所示。防护人员应在第一个响墩后方 20 m 处手持停车信号进行防护。

(2)火炬信号:将点燃的火炬置于线路中心即可,如图 1-37(b)所示。

3. 使用响墩及火炬信号注意事项

(1)使用响墩时,应使响墩牢固扣在轨面上;响墩不应安放在钢轨接头、道岔、道口、无渣桥、隧道内、积雪(清除后再放置)和浸水地点。

(2)使用火炬时,在打开火炬帽时要防止附有擦燃剂的小盖丢失;点燃火炬时要防止烧伤自己或他人;在桥梁及隧道内禁止使用火炬。

4. 执行响墩信号及火炬信号的要求

响墩的爆炸声及火炬信号的火光,均要求紧急停车。停车后如无防护人员,机车乘务员应立即检查前方线路,如无异状,列车以在瞭望距离内能随时停车的速度继续运行,但最高不得超过 20 km/h。在自动闭塞区间,运行至前方第一架通过信号机前,如无异状,即可按该信号机显示的要求执行;在半自动闭塞区间,经过 1 km 后,如无异状,可恢复正常速度运行。

六、无线调车灯显信号

1. 无线调车灯显信号的作用

无线调车灯显信号设备具有调车作业指令传输及语言传输功能,以及数据采集和记录系统等。无线调车灯显信号的使用,在有效地解决调车作业中手信号确认困难及联系不彻底上起到了明显效果,使调车作业安全可靠性及效率大大提高,同时改善了作业人员的劳动条件。

2. 无线调车灯显信号的设置

无线调车灯显信号设置在机车司机室内。

3. 无线调车灯显信号的显示

使用无线调车灯显制式的信号(图 1-38)显示方式如下:

(1)一个红灯——停车信号。

(2)一个绿灯——推进信号。

图 1-38　无线调车灯显信号

（3）绿灯闪数次后熄灭——起动信号。

（4）绿、红灯交替后绿灯长亮——连结信号。

（5）绿、黄灯交替后绿灯长亮——溜放信号。

（6）黄灯闪后绿灯长亮——减速信号。

（7）黄灯长亮——十、五、三车距离信号：

①十车距离信号（加辅助语音提示）。

②五车距离信号（加辅助语音提示）。

③三车距离信号（加辅助语音提示）。

（8）两个红灯——紧急停车信号。

（9）先两红灯后熄灭一个红灯——解锁信号。

第四节　铁路手信号

铁路手信号是铁路行车有关人员利用信号旗（灯）或徒手显示的一种视觉信号，根据需要可以指挥列车运行及调车作业，也可用于作业联系及传达作业有关事项等。

一、铁路手信号的分类

手信号按用途可分为指示列车运行的手信号、调车手信号、联系用的手信号、试验列车自动制动机的手信号、临时降弓及升弓的手信号。

二、执行手信号的要求

1. 显示手信号时，必须严肃认真，做到横平、竖直、灯正、圈圆。

2. 凡昼间持有手信号旗的人员，应将信号旗拢起，左手持红旗，右手持绿旗（扳道员持黄旗），不持信号旗的人员徒手按规定方式显示。

3. 司机确认手信号后应及时以相应的鸣笛予以回示。

三、手信号的显示

1. 指示列车运行的手信号（表1-1）

表1-1　指示列车运行的手信号

序号	名　称	显　示	含　义	图　示
1	停车信号	昼间——展开的红色信号旗 夜间——红色灯光 昼间无红色信号旗时，两臂高举头上向两侧急剧摇动；夜间无红色灯光时，用白色灯光上下急剧摇动	要求列车停车	
2	减速信号	昼间——展开的黄色信号旗 夜间——黄色灯光 昼间无黄色信号旗时，用绿色信号旗下压数次；夜间无黄色灯光时，用白色或绿色灯光下压数次	要求列车降低到要求的速度	

序号	名　称	显　示	含　义	图　示
3	发车信号	昼间——展开的绿色信号旗上弧线向列车方面作圆形转动 夜间——绿色灯光上弧线向列车方面作圆形转动 在设有发车表示器的车站，按发车表示器显示发车	要求司机发车	
4	通过手信号	昼间——展开的绿色信号旗 夜间——绿色灯光	准许列车由车站（场）通过	
5	引导手信号	昼间——展开的黄色信号旗高举头上左右摇动 夜间——黄色灯光高举头上左右摇动	准许列车进入车场或车站	
6	特定引导手信号	昼间——展开的绿色信号旗高举头上左右摇动 夜间——绿色灯光高举头上左右摇动	准许列车按特定引导规定进入车场或车站	

2. 调车手信号（表 1-2）

表 1-2　调车手信号

序号	名　称	显　示	含　义	图　示
1	停车信号	与指示列车运行的停车信号相同	要求机车车辆停车	参见表 1-1 停车信号
2	减速信号	昼间——展开的绿色信号旗下压数次 夜间——绿色灯光下压数次	要求机车车辆降低到要求的速度	参见表 1-1 减速信号
3	指挥机车向显示人方向来的信号	昼间——展开的绿色信号旗在下部左右摇动 夜间——绿色灯光在下部左右摇动	要求机车向显示人方向运行	
4	指挥机车向显示人方向稍行移动的信号	昼间——拢起的红色信号旗直立平举，再用展开的绿色信号旗左右小动 夜间——绿色灯光下压数次后，再左右小动	要求机车向显示人方向稍行移动	
5	指挥机车向显示人反方向去的信号	昼间——展开的绿色信号旗上下摇动 夜间——绿色灯光上下摇动	要求机车向显示人反方向运行	
6	指挥机车向显示人反方向稍行移动的信号	昼间——拢起的红色信号旗直立平举，再用展开的绿色信号旗上下小动 夜间——绿色灯光上下小动	要求机车向显示人反方向稍行移动	

注：对 2、3、4、5、6 项中转信号时，昼间可用单臂，夜间可用白色灯光依式中转。

3. 联系用的手信号（表1-3）

表1-3 联系用的手信号

序号	名 称	显 示	含 义	图 示
1	道岔开通手信号	昼间——拢起的黄色信号旗高举头上左右摇动 夜间——白色灯光高举头上	表示进路道岔准备妥当	
2	机车出入段道岔开通信号	昼间——展开的黄色信号旗高举头上左右摇动 夜间——黄色灯光高举头上左右摇动	表示机车出入段进路道岔准备妥当	
3	连结信号	昼间——两臂高举头上，使拢起的手信号旗杆成水平末端相接 夜间——红、绿色灯光（无绿色灯光的人员，用白色灯光）交互显示数次	表示连挂作业	红、绿交互
	溜放信号	昼间——拢起的手信号旗两臂高举头上交叉后，急向左右摇动数次 夜间——红色灯光作圆形转动	表示溜放作业	
4	停留车位置信号	夜间——白色灯光左右小摇动	表示车辆停留地点	
5	十、五、三车距离信号	昼间——展开的绿色信号旗单臂平伸 夜间——绿色灯光，在距离停留车十车（约110 m）时连续下压三次，五车（约55 m）时连续下压两次，三车（约33 m）时下压一次	表示推进车辆的前端距被连挂车辆的距离	
6	取消信号	昼间——拢起的手信号旗，两臂于前下方交叉后，急向左右摇动数次 夜间——红色灯光作圆形转动后，上下摇动	通知将前发信号取消	
7	要求再度显示信号	昼间——拢起的手信号旗右臂向右方上下摇动 夜间——红色灯光上下摇动	前发信号不明，要求重新显示	

序号	名　称	显　示	含　义	图　示
8	告知显示错误的信号	昼间——拢起的手信号旗两臂左右平伸同时上下摇动数次 夜间——红色灯光左右摇动	告知对方信号显示错误	
9	股道号码信号	一道： 昼间——两臂左右平伸 夜间——白色灯光左右摇动	要道或回示股道开通号码	
		二道： 昼间——右臂向上直伸，左臂下垂 夜间——白色灯光左右摇动后，从左下方向右上方高举		
		三道： 昼间——两臂向上直伸 夜间——白色灯光上下摇动		
		四道： 昼间——右臂向右上方，左臂向左下方各斜伸45°角 夜间——白色灯光高举头上左右小动		
		五道： 昼间——两臂交叉于头上 夜间——白色灯光作圆形转动		
		六道： 昼间——左臂向左下方，右臂向右下方各斜伸45°角 夜间——白色灯光作圆形转动后，再左右摇动		
		七道： 昼间——右臂向上直伸，左臂左平伸 夜间——白色灯光作圆形转动后，左右摇动，然后再从左下方向右上方高举		
		八道： 昼间——右臂向右平伸，左臂下垂 夜间——白色灯光作圆形转动后，再上下摇动		

序号	名　称	显　示	含　义	图　示
9	股道号码信号	九道： 　昼间——右臂向右平伸，左臂向右下斜45°角 　夜间——白色灯光作圆形转动后，再高举头上左右小动	要道或回示股道开通号码	
		十道： 　昼间——左臂向左上方，右臂向右上方各斜45°角 　夜间——白色灯光左右摇动后，再上下摇动作成十字形		

注：十一至十九股道的显示：先显示十道号码，再显示所要股道号码的个位数信号。

二十道及其以上的股道号码，各站根据需要自行规定，并纳入《车站行车工作细则》。

4. 试验列车自动制动机的手信号（表1-4）

表1-4　试验列车自动制动机的手信号

序号	名　称	显　示	含　义	图　示
1	制动信号	昼间——用检查锤高举头上 夜间——白色灯光高举	要求司机按规定对列车进行制动	
2	缓解信号	昼间——用检查锤在下部左右摇动 夜间——白色灯光在下部左右摇动	要求司机按规定对列车进行缓解	
3	试验结束信号	昼间——用检查锤作圆形转动 夜间——白色灯光作圆形转动	表示试验工作已完成	

注：车站值班员显示上述手信号时，昼间可用拢起的信号旗代替。司机应注意瞭望试验信号，并按规定回答。

如列车制动主管未达到规定压力，试验人员要求司机继续充风时，按照缓解的信号同样显示。

第五节　铁路信号表示器及标志

一、铁路信号表示器

铁路信号表示器附设在信号机机柱上或特设在个别处所，是用于表示行车设备的位置、状态或某种附加含义或表达行车人员某种意图的设备。铁路信号表示器按用途有道岔、脱轨、进路、发车、发车线路、调车及车挡表示器。

（一）道岔表示器

1. 作用

道岔表示器用于表示所属道岔位置，以便有关行车人员确认行车进路。

2. 设置

非集中操纵的接发车进路上应设道岔表示器；集中操纵的道岔、调车场及峰下咽喉道岔，不装设道岔表示器；其他道岔根据需要装设道岔表示器；道岔表示器设在所属道岔的旁侧。

3. 显示

（1）昼间无显示；夜间为紫色灯光——道岔位置开通直向，如图 1-39 所示。

（2）昼间为中央划有一条鱼尾形黑线的黄色鱼尾形牌；夜间为黄色灯光——道岔位置开通侧向，如图 1-40 所示。

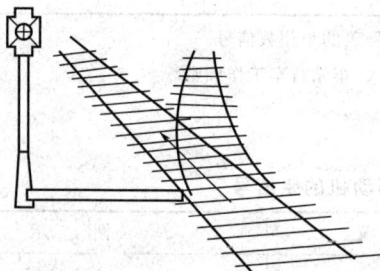

图 1-39　道岔表示器显示直向开通　　　　图 1-40　道岔表示器显示侧向开通

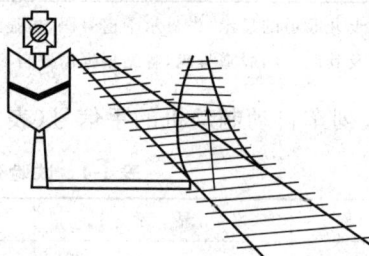

（3）在调车区为集中联锁时，进行连续溜放作业的分歧道岔应有道岔表示器，平时无显示，当进行溜放作业时，其显示方式如下。

①紫色灯光——道岔开通直向。

②黄色灯光——道岔开通侧向。

（二）脱轨表示器

1. 作用

脱轨表示器用以表示线路的开通或遮断状态。

2. 设置

脱轨表示器设在非集中联锁的脱轨器和引向安全线、避难线的道岔旁。

3. 显示

（1）带白边的红色长方牌及红色灯光——线路在遮断状态，如图 1-41 所示。

（2）带白边的绿色圆牌及月白色灯光——线路在开通状态，如图 1-42 所示。

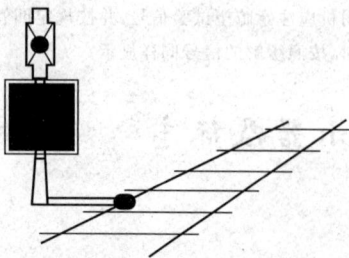

图 1-41　脱轨表示器显示线路遮断状态　　　图 1-42　脱轨表示器显示线路开通状态

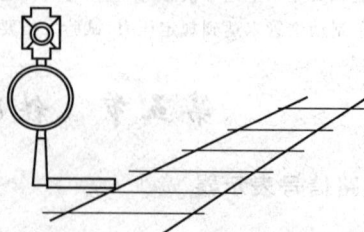

（三）进路表示器

1. 作用

进路表示器仅在其主体信号机开放后，才能着灯，用于区别进路开通方向或双线区段反方向发车，不能独立构成信号显示。

2. 设置

进路表示器设在其主体信号机机柱上。

3. 显示

（1）两个发车方向，当信号机在开放的条件下，分别按左、右两个白色灯光，区别进路开通方向。

（2）三个发车方向，其显示方式如下[图1-43（a）]：

①信号机在开放状态及表示器左方显示一个白色灯光——进路开通，准许列车向左侧线路发车。

②信号机在开放状态及表示器中间显示一个白色灯光——进路开通，准许列车向中间线路发车。

③信号机在开放状态及表示器右方显示一个白色灯光——进路开通，准许列车向右侧线路发车。

（3）四个及其以上发车方向，进路表示器按灯光排列表示[图1-43（b）]。

四个发车方向（A、B、C、D方向）显示方式如下：

①信号机在开放状态及表示器左方横向显示两个白色灯光——进路开通，准许列车向左侧A方向线路发车。

②信号机在开放状态及表示器左方斜向显示两个白色灯光——进路开通，准许列车向左侧B方向线路发车。

③信号机在开放状态及表示器右方斜向显示两个白色灯光——进路开通，准许列车向右侧C方向线路发车。

④信号机在开放状态及表示器右方横向显示两个白色灯光——进路开通，准许列车向右侧D方向线路发车。

五个发车方向（A、B、C、D、E方向）显示方式如下：

①信号机在开放状态及表示器左方横向显示两个白色灯光——进路开通，准许列车向左侧A方向线路发车。

②信号机在开放状态及表示器左方斜向显示两个白色灯光——进路开通，准许列车向左侧B方向线路发车。

③信号机在开放状态及表示器中间竖向显示两个白色灯光——进路开通，准许列车向中间C方向线路发车。

④信号机在开放状态及表示器右方斜向显示两个白色灯光——进路开通，准许列车向右侧D方向线路发车。

⑤信号机在开放状态及表示器右方横向显示两个白色灯光——进路开通，准许列车向右侧E方向线路发车。

（4）双线区段仅用于区分反方向发车，其显示方式如下[图1-43（c）]：

①信号机在开放状态且表示器不点亮——准许列车正方向发车。

②信号机在开放状态且表示器显示一个白色灯光——准许列车反方向发车。

(a) 三个发车方向　　　　　　　(b) 四个、五个发车方向　　　(c) 双线区段反方向发车

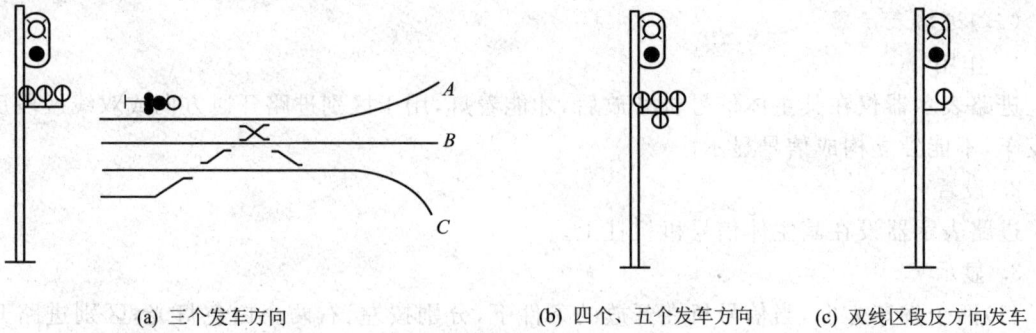

图 1-43　进路表示器的设置

(四)发车表示器

1. 作用

对于发车指示信号或周转发车手信号辨认困难而中转信号又将延误时间的线路,为了便于司机及时获得信号指示,装设发车表示器用以代替发车手信号,以免耽误列车出发。

2. 设置

发车表示器设在风雨棚下方,如图 1-44 所示。

3. 显示

发车表示器常态不显示;显示一个白色灯光——车站人员准许发车。

(五)发车线路表示器

1. 作用

当线群出站信号机开放后,发车线路表示器用以表示该线路准许发车。

2. 设置

发车线路表示器设在有线群出站信号机车站的每一条线路的警冲标内方适当地点,如图 1-45 所示。

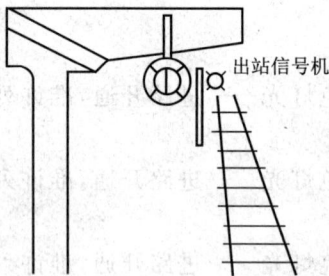

图 1-44　发车表示器的设置　　　　　图 1-45　发车线路表示器的设置

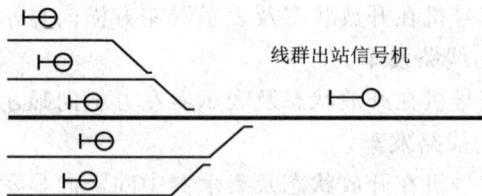

3. 显示

(1)发车线路表示器在线群出站信号机开放后显示一个白色灯光——准许该线路上的列车发车。

(2)不许发车的线路,所属该线路的发车线路表示器不能点亮。

(3)发车线路表示器可用于驼峰调车场,作为调车线路表示器,显示一个白色灯光——准许调车。

（六）调车表示器

1. 作用

在作业繁忙的调车场，因受地形地物的影响，调车司机看不清调车指挥人的手信号时，调车表示器用以代替或辅助调车指挥人员手信号的显示。

2. 设置

调车表示器设在调车区与牵出线之间的适当地点，如图1-46所示。调车表示器前后均能单独显示：一方向着调车区，一方向着牵出线。

3. 显示

（1）向调车区方向显示一个白色灯光——准许机车车辆自调车区向牵出线运行。

（2）向牵出线方向显示一个白色灯光——准许机车车辆自牵出线向调车区运行。

（3）向牵出线方向显示两个白色灯光——准许机车车辆自牵出线向调车区溜放。

（七）车挡表示器

1. 作用

车挡表示器用以表示线路的终端。

2. 设置

车挡表示器设置在线路终端的车挡上，如图1-47所示。

3. 显示

昼间一个红色方牌；夜间显示一个红色灯光。

安全线及避难线可不设置车挡表示器。

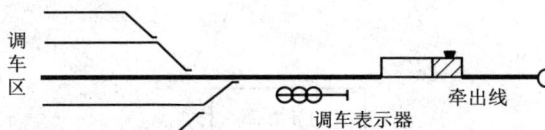

图1-46　调车表示器的设置　　　　　图1-47　车挡表示器的设置

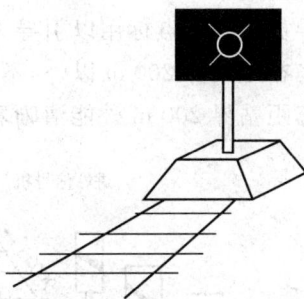

二、铁路信号标志及线路标志

铁路信号标志及线路标志用以表示铁路线路所在地点的状态，有利于行车有关人员准确及时地进行作业。线路、信号标志内侧设在距线路中心不小于3.1 m处（警冲标除外）。

（一）铁路信号标志

1. 警冲标

警冲标用以表示机车车辆、列车停留时不准向道岔方面或平面交叉处越过的地点，以保证停车的安全。

警冲标设在两会合线路线间距离为4 m的中间。线间距离不足4 m时，设在两线路中心线最大间距的起点处，如图1-48所示。在线路曲线部分所设道岔附近的警冲标与线路中心线间的距离应按限界的加宽增加。

2. 站界标

站界标用以表示车站与区间的界限。

站界标设在双线区间列车运行方向左侧最外方顺向道岔(对向出站道岔的警冲标)外不少于 50 m 处,或邻线进站信号机相对处,如图 1-49 所示。

图 1-48 警冲标

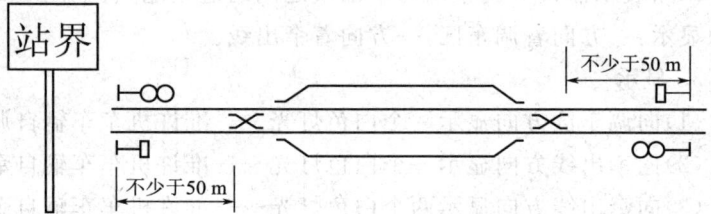

图 1-49 站界标

3. 预告标

预告标用以预告列车距进站信号机的距离。

预告标设在进站信号机及线路所通过信号机外方 900 m、1 000 m 及 1 100 m 处,但在设有预告或接近信号机及自动闭塞的区段,均不设预告标,如图 1-50 所示。

在双线区间,退行的列车看不见邻线的预告标时,在距站界外 1 100 m 处特设一个预告标。

4. 引导员接车地点标

引导员接车地点标用以引导人员接车时显示引导手信号的地点。

列车在距站界 200 m 以外,不能看见引导人员在进站信号机或站界标处显示的手信号时,须在列车距站界 200 m 外能清晰看见引导人员手信号的地点设置,如图 1-51 所示。

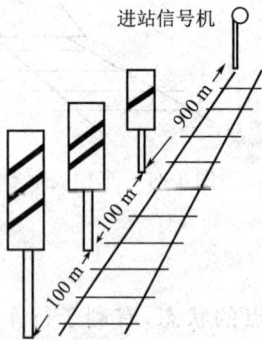

图 1-50 预告标

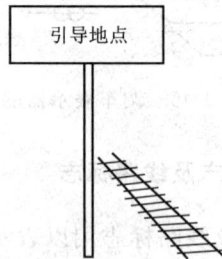

图 1-51 引导员接车地点标

5. 司机鸣笛标

司机鸣笛标用以规定列车鸣笛地点,司机见此标志须长声鸣笛。

司机鸣笛标设在道口、大桥、隧道及视线不良地点的前方 500～1 000 m 处,如图 1-52 所示。

6. 作业标

作业标用以表示前方有施工作业,司机见此标志须提高警惕,长声鸣笛。

作业标设在施工线路及其邻线距施工地点两端 500～1 000 m 处,如图 1-53 所示。

7. 减速地点标

减速地点标用以指示列车按规定限速运行,通过减速地段。

减速地点标设在需要减速地点的两端各 20 m 处,正面表示列车应按规定限速通过地段的始点,背面表示列车应按规定限速通过地段的终点。减速地点标为白色圆牌,边线及中间线为黑色,如图 1-54 所示。

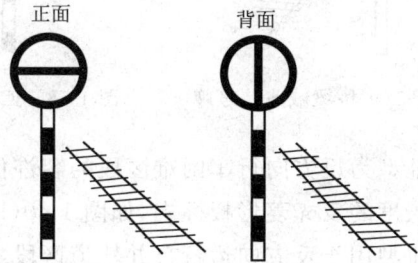

图 1-52 司机鸣笛标   图 1-53 作业标   图 1-54 减速地点标

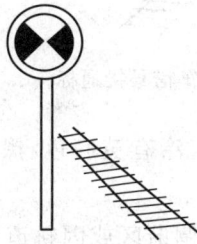

8. 机车停车位置标、补机终止推进标

机车停车位置标用以指示列车(机车)停车位置,如图 1-55 所示;补机终止推进标用以表示补机终止推进位置,如图 1-56 所示。

机车停车位置标、补机终止推进标的设置位置由铁路局集团公司决定。

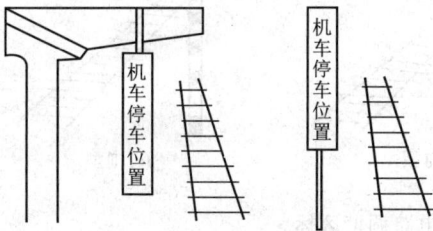

图 1-55 机车停车位置标   图 1-56 补机推进终止标

9. 桥梁减速信号牌

桥梁减速信号牌为黄底、黑色图案、黑字,上部标明客车限制速度、下部标明货车限制速度。当客车或货车不需要限速时,标明客车或货车的允许速度,如图 1-57 所示。

10. 四显示区段机车信号接通标、断开标

四显示区段机车信号接通标、断开标用以表示四显示区段机车信号接通或断开位置。

四显示区段机车信号接通标为涂有白底色、黑竖线、黑框的反光菱形板及黑白相间的立柱标志,如图 1-58 所示;四显示区段机车信号断开标为涂有白底色、中间断开的黑横线、黑框的反光菱形板及黑白相间的立柱标志,如图 1-59 所示。

11. 轨道电路调谐区标志

Ⅰ型为反方向区间停车位置标,涂有白底色、黑框、黑"停"字、斜红道,标明调谐区长度的反光菱形板标志,如图1-60(a)所示。

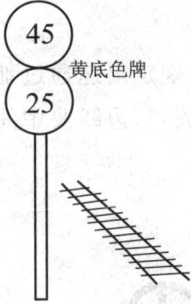

图1-57　桥梁减速信号牌

图1-58　四显示机车信号接通标

图1-59　四显示机车信号断开标

　　Ⅱ型为反方向行车困难区段的容许信号标,涂有黄底色、黑框、黑"停"字、斜红道,标明调谐区长度的反光菱形板标志,如图1-60(b)所示。

　　Ⅲ型用于反方向运行合并轨道区段之间的调谐区或因轨道电路超过允许长度而设立分隔点的调谐区,涂有蓝底色、白"停"字、斜红道,标明调谐区长度的反光菱形板标志,如图1-60(c)所示。

　　以上三种调谐区标志均使用黑白相间的立柱。

(a) Ⅰ型

(b) Ⅱ型

(c) Ⅲ型

图1-60　轨道电路调谐区标

(二)铁路线路标志

　　铁路线路标志按计算公里方向设在线路左侧。双线区段须另设线路标志时,应设在列车运行方向左侧。

　　1. 公里标、半公里标、百米标

　　设在一条线路自起点计算每一整公里、半公里处。

　　2. 曲线标

　　设在曲线中点处,标明曲线中心里程、半径大小、曲线和缓和曲线长度。

　　3. 圆曲线和缓和曲线始终点标

　　设在直缓、缓圆、圆缓、缓直各点处,标明所向方向为直线、圆曲线或缓和曲线。

　　4. 桥梁标

　　设在桥梁两端桥头处,标明桥梁编号、中心里程和长度。

5. 隧道(明洞)标

直接标注在隧道(明洞)两端洞门端墙上,标明隧道号或名称、中心里程和长度。

6. 坡度标

设在线路坡度的变坡点处,两侧各标明其所向方向的上、下坡度值及其长度。

7. 铁路局集团公司、工务段、线路车间、线路工区和供电段的界标

设在各该单位管辖地段的分界点处,两侧标明所向的单位名称。

三、列车标志

1. 列车标志的作用

列车应根据其种类及运行线路和方向,在头部和尾部分别显示不同的列车标志。列车头部标志主要是区别列车机车正向、逆向或推进运行的不同方式和在单线、双线上运行的方向;列车尾部标志具有防护列车作用的同时,还有使有关行车人员了解列车的完整和列车尾部位置的作用。

2. 列车标志的显示

列车标志的显示方式,昼间与夜间相同,但昼间不点灯,其显示方式如下:

(1)列车牵引运行时,机车前端一个头灯及中部两侧各一个白色灯光。列车尾部两个侧灯,向后显示红色灯光,向前显示白色灯光;挂有货物列车列尾装置时,为列尾装置向后显示红白相间的反射标志和一个红色闪光灯光。动车组以外的旅客列车尾部加挂客车时,侧灯位置不作调整,最后一辆客车的制动软管、总风软管须吊起。

(2)列车推进运行时,列车前端两个侧灯,向前显示红色灯光,向后显示白色灯光;挂有货物列车列尾装置时,为列尾装置向前显示红白相间的反射标志和一个红色闪光灯光。机车后端中部两侧各一个红色灯光。

(3)列车后端挂有补机时,机车后端标志与第(2)项同。

(4)单机运行时,机车前端标志与第(1)项同;机车后端标志与第(2)项同。

(5)调车机车及机车出入段时,机车前端标志与第(1)项同;机车后端标志与第(2)项同。

(6)轨道车运行时,前端一个白色灯光;后端一个红色灯光。

第六节 听 觉 信 号

听觉信号是通过口笛、号角、机车、动车组及自轮运转特种设备发出的声音长短、声音多少等不同音响符号所表示的信号。

一、鸣示听觉信号的基本要求

听觉信号,长声为 3 s,短声为 1 s,音响间隔为 1 s。重复鸣示时,须间隔 5 s 以上。

二、听觉信号的鸣示方式

1. 机车、动车组、自轮运转特种设备的鸣示方式(表1-5)

表 1-5　机车、动车组、自轮运转特种设备的鸣笛鸣示方式

名　　称	鸣示方式	使用时机
注意信号	一长声 —	接近鸣笛标、行人时
退行信号	二长声 — —	列车、机车车辆、单机开始退行，遇通信设备联系不通时
召集信号	三长声 — — —	要求防护人员撤回，遇通信设备联系不通时
牵引信号	一长一短声 — ·	途中本务机车要求补机牵引运行，遇通信设备联系不通时；补机应以同样信号回答
惰行信号	一长二短声 — · ·	本务机车要求补机惰力推进或要求补机断开主断路器，遇通信设备联系不通时；补机应以同样信号回答
途中降弓信号	一短一长声 · —	电力机车双机牵引中，本务机车司机要求补机降下受电弓，遇通信设备联系不通时；补机应以同样信号回答
途中升弓信号	一短二长声 · — —	电力机车双机牵引中，本务机车司机要求补机升起受电弓，遇通信设备联系不通时；补机须以同样信号回答
呼唤信号	二短一长声 · · —	1. 机车要求出入段，遇通信设备联系不通时 2. 在车站要求显示信号，遇通信设备联系不通时
警报信号	一长三短声 — · · ·	发现线路有危及行车安全的不良处所时
试验自动制动机及 复示信号	一短声 ·	1. 试验制动机开始减压，遇联系不通时 2. 接到试验制动结束的手信号，回答试风人员，遇联系不通时 3. 调车作业中，表示已接受调车长所发出的手信号，遇联系不通时
缓解及溜放信号	二短声 · ·	1. 试验制动机缓解，遇联系不通时 2. 要求列车乘务组缓解人力制动机，遇通信设备联系不通时 3. 复示溜放调车手信号，遇通信设备联系不通时
拧紧人力制动机信号	三短声 · · ·	1. 要求列车乘务组拧紧手制动机，遇通信设备联系不通时 2. 要求就地制动，遇通信设备联系不通时
紧急停车信号	连续短声 · · · · · ·	司机发现（或接到通知）邻线发生障碍，向邻线上运行的列车发出紧急停车信号时。邻线列车司机听到此种信号后，应紧急停车

2. 口笛、号角鸣示方式(表1-6)

表1-6 口笛、号角鸣示方法

用途及时机		鸣示方式	
发车、指示机车向显示人反方向移动		一长声	—
指示机车向显示人方向移动		一短一长声	• —
试验制动机减压		一短声	•
试验制动机缓解		二短声	• •
试验制动机结束及安全信号		一短一长二短声	• — • •
一道		一短声	•
二道		二短声	• •
三道		三短声	• • •
四道		四短声	• • • •
五道		五短声	• • • • •
六道		一长一短声	— •
七道		一长二短声	— • •
八道		一长三短声	— • • •
九道		一长四短声	— • • • •
十道		二长声	— —
二十道		二短二长声	• • — —
十、五、三车距离信号	十车	三短声	• • •
	五车	二短声	• •
	三车	一短声	•
连结及停留车位置		一长一短一长声	— • —
停车		连续短声	• • • • • •
要求司机鸣笛		二长三短声	— — • • •
试拉		一短声	•
减速		连续二短声	• • • •
溜放		三长声	— — —
取消		二长一短声	— — •
再显示		二长二短声	— — • •
列车接近通报信号	上行	二长声	— —
	下行	一长声	—

本章小结

通过对本章内容的学习,在熟悉铁路信号有关基本知识的基础上,掌握铁路固定信号、机车信号、移动信号、临时防护信号的显示方式及指示条件;掌握手信号、信号表示器、信号标志的显示方式及意义;掌握听觉信号的鸣示方式及使用时机。

复习思考题

1. 何谓铁路信号？铁路信号在运输工作中的重要作用是什么？

2. 铁路信号是如何分类的？

3. 铁路信号机的采用及设置有何规定？

4. 铁路信号机的定位及关闭时机有何规定？

5. 视觉信号的基本颜色和辅助颜色有哪些？各有什么含义？

6. 听觉信号由哪些器具发出？如何表达不同的要求？

7. 无效信号机如何处理？

8. 进站信号机有何作用？设置位置有何要求？有哪些显示及意义？

9. 出站信号机有何作用？设置位置有何要求？有哪些显示及意义？

10. 进路信号机有何作用？设置位置有何要求？有哪些显示及意义？

11. 何种信号机上可装设引导信号？执行引导信号有何要求？

12. 线路所通过信号机的显示及意义是什么？

13. 进站灯列式复示信号机、出站及发车进路复示信号机在外形和机构上有什么特点？设置地点有何要求？各有哪些显示及意义？

14. 自动闭塞通过信号机的作用是什么？设置位置有哪些要求？显示及意义是什么？

15. 防护分歧道岔的通过色灯信号机有何特点？显示及意义是什么？

16. 容许信号的设置、显示及显示意义是什么？

17. 遮断信号机设置在哪些地点？遮断信号机外形有何特点？遮断信号机的显示及意义是什么？

18. 哪些信号机可以装设预告信号机？预告信号机与主体信号机的距离有何规定？

19. 调车色灯信号机的设置有何特点？显示方式是什么？哪些情况可用红色灯光代替蓝色灯光？

20. 驼峰色灯信号机有何显示方式？

21. 驼峰辅助信号机的作用是什么？有何显示方式？

22. 机车信号机有哪几种？各有何特点？

23. 机车信号机与地面信号机的显示是什么关系？

24. 哪些信号机灯光熄灭、显示不明或显示不正确视为停车信号？

25. 移动信号有哪些？显示方式及意义是什么？

26. 如何使用响墩及火炬信号？执行响墩及火炬信号的要求是什么？

27. 手信号分哪几类？对显示及执行手信号有哪些基本要求？各种手信号的显示方式及意义是什么？

28. 信号表示器有哪些？各种信号表示器有何意义？

29. 列车标志有何意义？列车标志的显示有何规定？

30. 听觉信号鸣示基本要求是什么？各种听觉信号的鸣示方式及意义是什么？

第二章

行车闭塞法

在向区间发车前,两相邻车站值班员间必须办理行车联络手续,称为行车闭塞。通过相邻车站、线路所、闭塞分区的设备或人为控制,使列车与列车间相互保持一定时空间隔,以防止一个区间内同时进入两列对向运行的列车而发生正面冲突,以及避免两列同向运行的列车发生追尾事故。当区间或闭塞分区被任一列车占用后,即处于闭塞状态。处于闭塞状态的区间或闭塞分区,在设备或作业方法上,都应保证在该列车没有完全驶出,区间或闭塞分区尚未开通前,其他列车不能进入。为此,铁路部门在行车管理上设置了一整套行车设备和相应的行车组织制度及方法,用来确保列车安全高效地运行。

第一节　行车闭塞法的基本概念

一、行车闭塞法的概念

行车闭塞法就是保证在同一个区间(或闭塞分区)、同一个时间内,只允许一列列车占用的行车制度而采用的技术方法。

为了保证列车运行的安全,就得设法把两列列车分开。到目前为止,普遍采用的方法是隔离法。隔离法共有两种形式:一种是空间间隔法,另一种是时间间隔法。在正常情况下,只采用空间间隔法。

二、空间间隔法

铁路行车是以车站、线路所划分的区间和以自动闭塞区间的通过色灯信号机划分的闭塞分区为间隔,因此,空间间隔法也称区间间隔法。区间及闭塞分区的界限,按下列规定划分:

(一)站间区间

车站与车站之间的区间称为站间区间。

1. 单线站间区间,即以进站信号机机柱的中心线为分界线划分的区间,如图 2-1 所示。

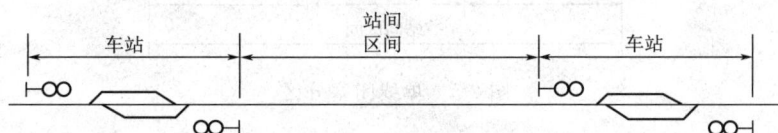

图 2-1　单线站间区间

2. 双线站间区间,按该条正线分别确定,即分别以各线的进站信号机机柱或站界标的中心线为分界线划分的区间,如图 2-2 所示。

内燃机车运用与规章

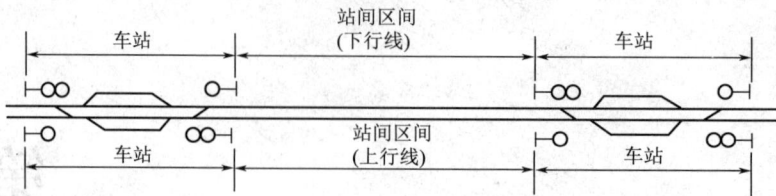

图 2-2　双线站间区间

（二）所间区间

两线路所之间或线路所与车站之间，以该线上的通过信号机机柱的中心线为分界线划分的区间。设有进站信号机的线路所，所间区间的分界方法与站间区间相同。

1. 单线所间区间，如图 2-3 所示。

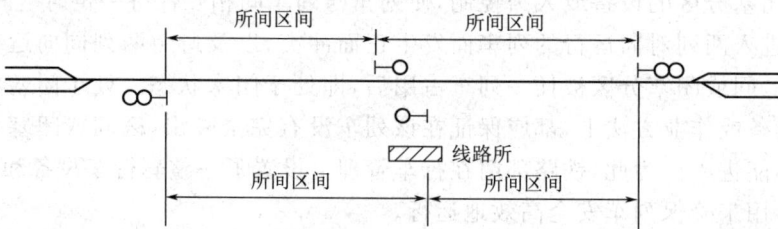

图 2-3　单线所间区间

2. 双线所间区间，如图 2-4 所示。

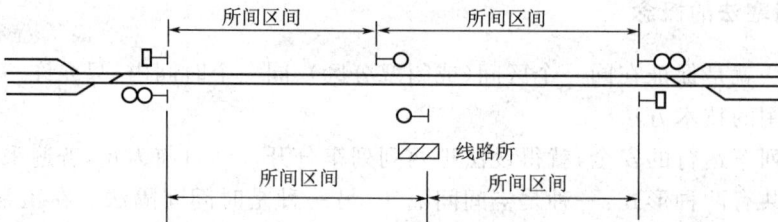

图 2-4　双线所间区间

（三）闭塞分区

自动闭塞区间同方向相邻的两架色灯信号机间，以该线上的通过信号机机柱的中心线为分界线划分的区间。

1. 单线闭塞分区，如图 2-5 所示。

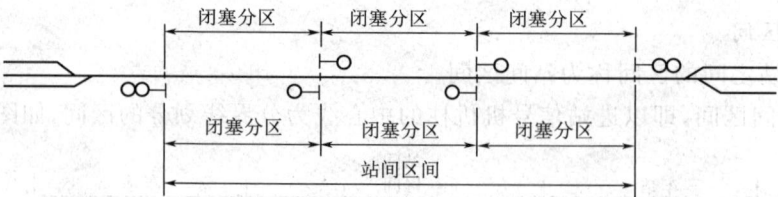

图 2-5　单线闭塞分区

2. 双线闭塞分区，如图 2-6 所示。

（四）空间间隔法的优点

1. 铁路线路划分为若干个区间（或闭塞分区），在同一时间内每一个区间都可开行列车，可提高运行效率。

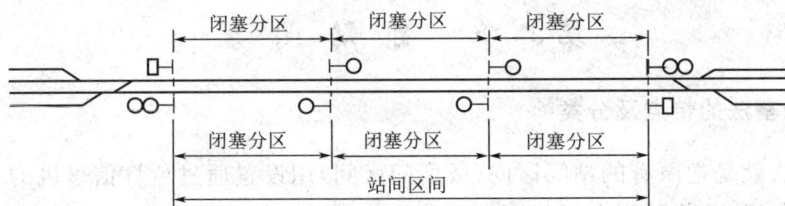

图 2-6 双线闭塞分区
├─○○进站信号机；├─○通信信号机；├─□站界标

2. 在各个车站都配有为列车到、发、会让而铺设的配线（到发线），可保证列车安全运行。

3. 在同一时间、同一个区间内，只能运行一列列车，列车可按规定的速度运行。这样，既能提高列车运行速度及效率，又能加快机车、车辆的周转。

三、时间间隔法

时间间隔法（又称隔时续行法）实际上是一种不确切的空间间隔法。即在一个区间内，用规定的时间将同方向运行的列车彼此间隔开，以达到列车之间的空间间隔。

由于用时间间隔列车，没有设备上的控制，容易发生人为的行车事故，安全性较差。例如，甲乙区间按运行图规定的运行时间为 12 min，在 18:00 开出一列列车后，到了 18:15 再开行第二列列车，理想上是两列列车前后等速运行，应保持约 15 min 走行距离的空间间隔。一旦前行列车减速或停车，那么与后行列车就很难保持 15 min 走行距离的空间间隔，两列列车就有发生追尾冲撞的危险。所以，时间间隔法不能确保行车的安全。我国原则上不采用该方法，只有在特殊情况下（如临时性的缓和列车堵塞、事故起复后的车流疏散、战时行车、一切电话中断时的行车等）必须使用时，按铁路局集团公司规定采用。

四、行车闭塞法的种类

我国铁路目前采用的行车闭塞法有基本闭塞法和电话闭塞法两类。

（一）基本闭塞法

基本闭塞法有自动闭塞法、自动站间闭塞法和半自动闭塞法三种。

闭塞设备分为自动闭塞、自动站间闭塞和半自动闭塞。具体设置条件如下：

1. 在单线区段，应采用半自动闭塞，繁忙区段可根据情况采用自动闭塞。

2. 在双线区段，应采用自动闭塞。

在一个区段内，原则上应采用同一类型的闭塞方式。

（二）电话闭塞法

这种闭塞法没有电气控制设备，仅依靠联系制度来保证列车运行。

五、对列车占用区间（或闭塞分区）应取得凭证的基本要求

在正常情况下，为保证在同一个区间（或闭塞分区）、同一个时间内，只允许一列列车占用的原则，当列车需要进入区间时，必须获得所属该区间（或闭塞分区）的行车凭证，否则列车绝对不能进入该区间运行。

各种形式的闭塞法的凭证各不相同，但要求的条件是一样的，即在同一个区间（或闭塞分区）、同一个时间内，只允许一列列车占用。

第二节 自 动 闭 塞

一、自动闭塞法的特点及分类

自动闭塞法就是把原有的站间区间(或所间区间)用设置通过色灯信号机的方法将其划分为若干个闭塞分区,并依随列车运行而自动动作的通过色灯信号机来防护闭塞分区。因此,自动闭塞是由运行中的列车自动完成闭塞作用的一种闭塞方法。当闭塞分区内有列车占用时,通过色灯信号机就自动显示停车信号,当闭塞分区内无列车占用时,通过色灯信号机就自动显示注意或进行信号,即一个闭塞分区内只允许一列列车运行。信号机的显示,就是指示列车可否进入区间(分区)的唯一命令(凭证)。因此,称这种闭塞法为自动闭塞法,其原理如图 2-7 所示。

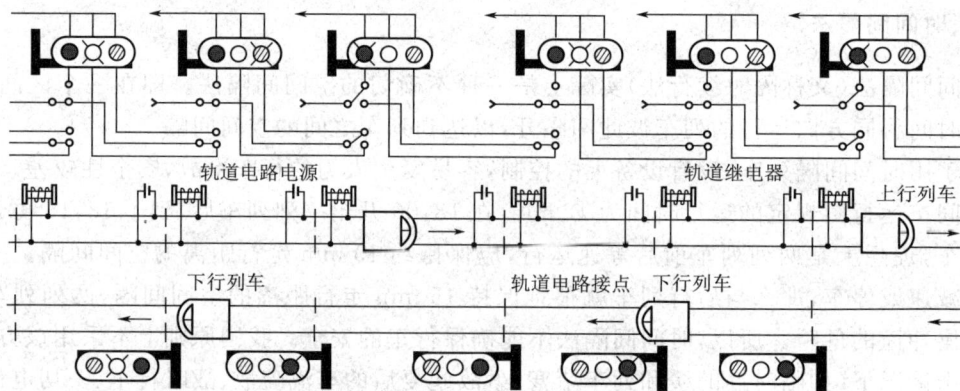

图 2-7 三显示自动闭塞原理

(一)采用自动闭塞法的主要优点

自动闭塞与半自动闭塞相比较,有下列优点:

1. 由于区间划分为若干个闭塞分区,可以利用最小的运行间隔发出跟踪列车,从而缩短了列车运行间隔,增加了行车密度。

2. 由于区间装设了轨道电路,可以反映运行列车所在的位置、线路的状态,因此,通过色灯信号机能够不间断地向司机预告列车运行前方的线路状态,从而提高了列车运行速度,保证了行车安全,显著地提高了区间通过能力。

3. 通过色灯信号机根据列车运行情况而自动显示,简化了办理闭塞的手续,缩短了办理闭塞的时间,提高了车站的通过能力,改善了行车有关人员的劳动条件。

4. 由于轨道上全部装设了轨道电路,当区间有列车占用或钢轨折断时,都可以使通过信号机显示停车信号。

(二)自动闭塞法的分类

自动闭塞按行车组织方法分为单向自动闭塞和双向自动闭塞两种。

1. 单向自动闭塞

在双线区段上使用,只能对一个运行方向指示运行条件的自动闭塞。正常情况下,在一条线路上只允许上行列车运行,而在另一条线路上只允许下行列车运行。每条线路上仅在一侧装设通过色灯信号机,参照图 2-6。

2. 双向自动闭塞

在单线上使用，可以分别对上、下行两个方向指示列车运行条件的自动闭塞。根据某一时刻列车运行的需要，经两端车站值班员的操作，使某一运行方向的自动闭塞开通，而另一运行方向关闭。反之若需改变运行方向时，亦经两端车站值班员的操作，可使相反运行方向的自动闭塞开通，而另一运行方向关闭。双向自动闭塞需在线路的两侧分别设置不同方向的通过色灯信号机，参照图 2-5。

二、实行自动闭塞法的行车凭证

1. 在正常情况下，列车占用区间的凭证

使用自动闭塞法办理行车时，列车进入闭塞分区的行车凭证为出站或通过信号机显示的允许运行的信号。

自动闭塞的车站，办理发车前应向接车站预告；单线自动闭塞区段的车站，还须得到列车调度员的同意（列车调度员已下达列车运行调整计划时除外）。已向接车站预告，但列车不能出发时，发车站须通知接车站取消预告。

2. 在特殊情况下，列车从车站发出的凭证（表 2-1）

表 2-1 自动闭塞区段特殊情况行车凭证表

列车出发情况	行车凭证	发给行车凭证的根据	附带条件
1. 出站信号机故障时发出列车	绿色许可证（图 2-8）	1. 监督器表示第一个闭塞分区空闲，不表示时为接到列车到达邻站的通知或前次列车发出后不少于 10 min 的时间 2. 确认道岔位置正确及进路空闲 3. 单线须取得对方站确认区间内无迎面列车的电话记录号码	从监督器上不能确认第一个闭塞分区空闲时，车站应发给司机书面通知，司机以在瞭望距离内能随时停车的速度，最高不超过 20 km/h，运行到第一架信号机，按其显示的要求执行
2. 由未设出站信号机的线路上发出列车			
3. 超长列车头部越过出站信号机发出列车			列车到达次一信号机，按其显示的要求执行
4. 发车进路信号机故障时发出列车			
5. 超长列车头部越过发车进路信号机		确认道岔位置正确及进路空闲	
6. 自动闭塞作用良好，监督器故障时发出列车	出站信号机显示的允许运行的信号		与邻站车站值班员及本站信号员联系
7. 双线双向闭塞设备的车站，反方向发出列车		1. 区间占用表示灯表示区间空闲 2. 双线反方向行车的调度命令	反方向发车进路表示器显示正确（进路表示器故障时通知司机）一个白色灯光

注：在四显示区段，因设备不同，执行上述条款困难的，可按铁路局集团公司规定办理。

3. 绿色许可证

绿色许可证是自动闭塞区段的特殊行车凭证,如图 2-8 所示,当出发列车不能或无法取得出站或发车进路信号机的正常显示时,发给列车绿色许可证,允许列车占用第一闭塞分区;列车进入第一闭塞分区以后的运行,仍按其运行前方的通过信号机的显示执行。

```
┌──────────────────────────────────────────────────┐
│                                                    │
│              许      可      证                     │
│                                                    │
│                          第_____号              │
│                                                    │
│     在出站(进路)信号机故障、未设出站信号机、列车头部越过出站(进 │
│   路)信号机情况下,准许第_____次列车由_____线上发车。   │
│                                                    │
│                                                    │
│                      站(站名印)车站值班员(签名)       │
│                                年  月  日填发        │
│                                                    │
└──────────────────────────────────────────────────┘
```

注:1. 绿色纸复写一式两份,司机一份,存根一份;　(规格 90 mm×130 mm)

　　2. 不用的字句抹消。

图 2-8　绿色许可证

三、机车乘务员必须认真确认行车凭证

在实行自动闭塞法的区段,列车进入第一闭塞分区的凭证,是出站信号机显示的进行信号。列车进入下一个闭塞分区的凭证,是次一通过色灯信号机显示的进行信号。机车乘务员对有关信号的显示必须认真确认,并切实按信号指示的运行条件行车。

自动闭塞通过色灯信号机显示停车信号(包括显示不明或灯光熄灭)的原因可能是:前方闭塞分区有列车或机车、车辆占用;钢轨折断、轨道电路发生短路;次一通过信号机红灯灯泡断丝引起灯光转移等。显示不明可能是天气不良造成或通过信号机发生故障。灯光熄灭可能是灯泡断丝或松动,也可能是临时断电。因此,列车进入前方闭塞分区有发生故障的可能性。为不打乱运行秩序,除司机确认或通过无线联系,得知前方闭塞分区有列车不能进入外,其他情况则制定了相应的行车办法。

自动闭塞区间通过信号机显示停车信号(包括显示不明或灯光熄灭)时,列车必须在该信号机前停车,司机应使用列车无线调度通信设备通知车辆乘务员(随车机械师),通知不到时,鸣笛一长声。停车等候 2 min,该信号机仍未显示进行的信号时,即以遇到阻碍能随时停车的速度继续运行,最高不超过 20 km/h,运行到次一通过信号机,按其显示的要求运行。在停车等候同时,与车站值班员、列车调度员联系,如确认前方闭塞分区内有列车时,不得进入。

装有容许信号的通过信号机显示停车信号时,准许铁路局集团公司规定停车后起动困难的货物列车,在该信号机前不停车,按上述速度通过。当容许信号灯光熄灭或容许信号和通过信号机灯光都熄灭时,司机在确认装有容许信号时,仍按上述速度通过该信号机。

装有连续式机车信号的列车,遇通过信号机灯光熄灭,而机车信号显示进行的信号时(这种情况可能仅是由于地面通过信号机的灯泡断丝或松动造成的),应按机车信号的显示运行。

司机发现通过信号机故障时,应将故障信号机的号码通知前方站。

另外,司机对特殊情况下发给的书面凭证,还必须逐字、逐项确认,无误后方可发车。

第三节　半自动闭塞

一、半自动闭塞的特点及分类

半自动闭塞一般是在运量还未达到采用自动闭塞所要求的运量时,采用的一种较好的闭塞方法。

半自动闭塞的特点是,用出站信号机的开放作为列车占用区间的行车凭证。出站信号机只能在站间区间或所间区间办理闭塞后才能开放。出发的列车驶离车站后,出站信号机即自动关闭。在列车未到达接车站之前,发车站和接车站都不可能再次开放驶向该区间的出站信号机。这就保证了在一个区间内,在同一时间,只能有一列列车运行。因为这种闭塞法在区间的两端站(线路所)均装设有闭塞装置,相互发生电气联锁关系,必须在办理必要的闭塞手续条件下,才能开放出站信号机,即手续的办理基本由人工操作。当出发的列车压上出站方向的轨道电路时,出站或线路所通过信号机就立即自动关闭,即出站信号机的关闭由列车自动控制。

在列车运行到接车站之前,出站或线路所通过信号机不能再次开放。只有当列车运行到接车站并压上进站方向的轨道电路后,闭塞设备才能恢复。由于上述的联锁关系,保证了列车运行的安全,因此,将这种闭塞方法称为半自动闭塞,其原理如图2-9所示。

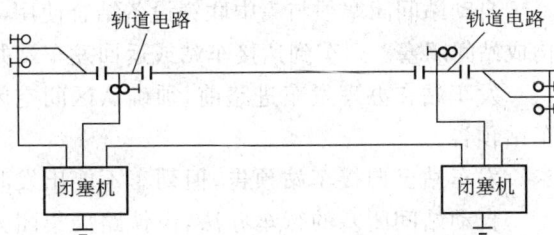

半自动闭塞与电话闭塞相比较,有下列优点:

图 2-9　半自动闭塞原理

1. 因受电气集中联锁装置的控制,能保证在同一个区间(或闭塞分区)、同一个时间内,只允许一列列车占用的行车原则。

2. 办理闭塞手续简便,节省了大量的时间。

3. 行车凭证不用携带、保管、传递,减少了许多行车事故。

4. 凭证容易确认。

5. 由各个程序节省下来的时间,增大了区间的通过能力,从而提高了运输效率。

二、半自动闭塞法的行车凭证

1. 在正常情况下,列车占用区间的凭证

使用半自动闭塞法办理行车时,列车进入区间的凭证为出站信号机或线路所通过信号机显示的允许运行的信号。

开放出站信号机或通过信号机前,双线区段必须得到前次列车到达前方站的到达信号;单线区间必须得到接车站的同意闭塞信号。

发车站办理闭塞手续后,列车不能出发时,应将事由通知接车站,取消闭塞。

2. 特殊情况下,列车占用区间的凭证

半自动闭塞区段,遇超长列车头部越过出站信号机而未压上出站方面的轨道电路发车时,行车凭证为出站信号机显示的允许运行的信号,并发给司机调度命令;遇到发车进路信号机故障,或超长列车头部越过发车进路信号机发车时,列车越过发车进路信号机的行车凭证为半自动闭塞发车进路通知书。

第四节　自动站间闭塞

自动站间闭塞是在半自动闭塞基础上发展起来的新型闭塞方法,区间两端车站的出站信号机和轨道检查装置构成联锁关系,列车以站间区间为间隔运行,通过办理发车进路和检查列车出清区间的方式,自动实现区间闭塞和区间开通。轨道检查装置主要有计轴设备和区间长轨道电路。

一、自动站间闭塞法的行车凭证

使用自动站间闭塞法行车时,列车凭出站信号机或线路所通过信号机显示的允许运行信号进入区间。

二、自动站间闭塞法的注意事项

自动站间闭塞须与集中联锁设备结合使用,自动检查区间空闲,发车站办理发车进路后立即构成站间闭塞。列车到达接车站或返回发车站并出清区间后,自动解除闭塞。

发车站在办理发车进路前,须确认区间空闲、接车站未办理同一区间的发车进路,并向接车站预告。

发车站已向接车站预告,但列车不能出发时,在取消发车进路后,须通知接车站。

自动站间闭塞的行车办法,由铁路局集团公司规定。

第五节　电话闭塞

电话闭塞法是当基本闭塞设备不能使用时所采取的代用闭塞法。应根据列车调度员的命令来采用。遇列车调度电话不通时,闭塞法的变更或恢复应由该区间两端站的车站值班员确认区间空闲后,直接以电话记录办理。列车调度电话恢复正常时,两端站车站值班员应及时向列车调度员报告。

一、实行电话闭塞法时的行车凭证

使用电话闭塞法时,列车占用区间的行车凭证为路票,如图 2-10 所示。当挂有由区间返回的后部补机时,另发给补机司机路票附页。

二、机车乘务员应认真检查确认路票

在使用电话闭塞法办理行车时,机车乘务员在接到路票后,必须进行检查,确认无误后,方可将列车开入区间。

三、路票的保存与交付

路票是进入区间的凭证,在列车运行中,一定要保管好。在列车到达接车站时,应将路票交付车站接车值班员。

遇下列情况,应停止使用基本闭塞法,改用电话闭塞法行车。

1. 基本闭塞设备发生故障(导致基本闭塞法不能使用、自

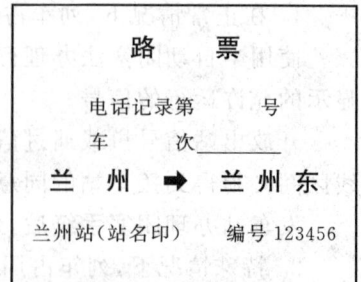

```
　　　　　路　　票

电话记录第　　　　号
车　　　次_____
兰　州 ➡ 兰 州 东

兰州站(站名印)　　编号 123456
```

注:1. 路票为预先印好区间(即站名)和编号的硬卡片(规格75 mm×88 mm)。
　　2. 加盖⑩字戳记者,为路票附页。

图 2-10　路票

动闭塞区间内两架及以上通过信号机故障或灯光熄灭)时。

2. 无双向闭塞设备的双线区间反方向发车或改按单线行车时。

3. 发出由区间返回的列车,或发出挂有由区间返回后部补机的列车时。

4. 自动站间闭塞法、半自动闭塞区间,由未设出站信号机的线路上发车,或超长列车头部越过出站信号机并压上出站方面轨道电路发车时。

5. 在夜间或遇降雾、暴风雨雪,为消除线路故障或执行特殊任务,开行轻型车辆时。

自动站间闭塞设备故障,半自动闭塞设备良好时,可根据调度命令,改按半自动闭塞法行车。

第六节　电话中断的行车办法

一、电话中断的概念

不论是基本闭塞法还是代用闭塞法,当车站办理行车工作时,均应通过闭塞机或行车闭塞电话与邻站办理闭塞手续,因此,都离不开电话通信的条件。现实中,由于自然灾害或其他原因,有时会发生电话中断的情况。而铁路运输是不能中断的,不应因电话中断而停止行车,并且还要在保证列车运行安全的同时,力争不降低行车的效率。为此,必须预先制定一套严密的制度和特定的行车方法,并发给列车占用区间的特定凭证,保证在电话中断的情况下,列车不间断行驶。这种特定的行车方法就是一切电话中断时的行车办法。这种行车办法不能作为一种行车闭塞法,因为它不具备行车闭塞法的基本条件。

所谓电话中断是指车站行车室内的一切电话,如行车闭塞电话、调度电话、各站电话均告中断而言。其他与行车无关的电话(包括无线电台)不可用于办理行车闭塞。

电话中断的行车办法,完全依靠严密的制度条例来办理列车的继续运行,无任何控制设备可借助,这就需要有关人员掌握一切电话中断时行车办法的有关规定,并在作业中认真执行,以确保列车的运行安全。

二、电话中断时的行车办法

发现电话已经完全中断时,车站应根据本站的实际情况采用相应的行车办法。在单线区段,由于采用双向行车制,两相邻车站都有权向同一个区间发出列车。因此,必须通过书面联络法来确定列车的运行。在双线区段,由于列车分别按上、下行正方向行车,而且由于电话中断,列车调度员不能发布调度命令,也不能办理列车的反方向运行。因此,可按时间间隔法办理列车的运行。

(一)电话中断时的行车凭证

电话中断时的行车凭证,不论单线或双线,列车进入区间的凭证均为红色许可证,如图 2-11 所示。

红色许可证包括许可证和通知书两部分。既是司机占用区间的许可,又作为与邻站联络行车的通知书,同时还具有提醒司机注意的作用。司机通过它可以了解到本列车前后的列车运行情况和计划,以便本列车在区间内被迫停车后,能采取相应措施,保证行车安全。

在双线自动闭塞区间,如闭塞设备良好,列车运行仍按自动闭塞法行车。因为从设备上能保证行车安全,同时车站值班员从监督器上也能确认和监督列车运行情况,但车站与列车司机应以列车无线调度通信设备直接联系(说明车次及注意事项等)。如列车无线调度通信设备故障时,列车必须在车站停车联系。

```
┌─────────────────────────────────────────────────┐
│            许 可 证        第 _____ 号            │
│                                                   │
│   现在一切电话中断,准许第 _____ 次列车自 _____ 站至   │
│ _____ 站,本列车前于 _____ 时 _____ 分发出的第 _____ 次列  │
│            已                                      │
│ 车,邻站到达通知 ── 收到。                           │
│            未                                      │
│            通 知 书                                 │
│   1. 第 _____ 次列车到达你站后,准接你站发出的列车。      │
│   2. 于 _____ 时 _____ 分发出第 _____ 次列车,并于       │
│ _____ 时 _____ 分再发出第 _____ 次列车。               │
│                    站(站名印)车站值班员(签名)           │
│                              年  月  日填发            │
└─────────────────────────────────────────────────┘
```

注:1. 红色纸,复写一式两份,司机一份,存根一份;(规格 90 mm×130 mm)
　　2. 不用的字句抹消。

图 2-11　红色许可证

(二)书面联络法(用于单线区间)

1. 确定优先发车站。

在单线区间行车时,在电话良好的情况下,每次发车均需取得接车站的同意。但在电话中断后,区间两端站失去了联系,谁也不了解谁的情况,为了防止两端车站均向区间发车而发生事故或均不发车而耽误行车时间,事先要明确规定可以优先发车的车站,以保证在一切电话中断后列车的正常、安全运行。

优先发车站是指一切电话中断后,在与邻站取得联系之前,只要符合规定条件,就有权向区间发出电话中断后的第一列列车,并确定下一列列车运行的车站。以后即由发车站确定下一次列车的运行,以保证在一切电话中断的情况下,不间断列车的运行。

单线按书面联络法行车时,下列车站可以优先发车:

(1)已办妥闭塞而尚未发车的车站。已办妥闭塞而尚未发车的车站是指一切电话中断前办妥闭塞手续,尚未发车前发生了一切电话中断的车站。该车站在电话中断前,已取得了发车权(无论是否是规定的优先发车站),因此在电话中断后,可以优先向区间发出第一列列车。为防止第一列列车带有两个行车凭证进入区间,只填写通知内容,不用的字句抹消,以便与邻站联络。如未取得行车凭证,应发给列车司机红色许可证开往邻站。

(2)未办妥闭塞手续时,单线区间为开出下行列车的车站;双线改为单线行车时,为该线原定发车方向的车站。这是指在电话中断前,未办妥闭塞,在电话中断后,才有权向区间优先发出第一列列车。绝不能误解为,既然是优先发车站,不管电话中断前是否已办妥闭塞,电话中断后就有权优先发车。因为电话中断前已办妥闭塞,就说明已承认对方站可以发车,在电话中断后,如果本站再发出列车,就有在区间发生列车冲突的危险。

由于同一线路,同一方向的列车有上下行两种车次时,条件比较复杂,为更好地保证电话中断后的行车安全,优先发车站需由铁路局集团公司根据具体情况规定。

2. 优先发车站无待发列车,非优先发车站有待发列车时,非优先发车站应取得优先发车站的准许方准发车。

优先发车站发现一切电话中断后,优先发车的车站应主动用红色许可证上的通知书(1. ……准接你站发出的列车),通知非优先发车站发车。此时,优先发车站应采取最快的方法向非优先发车站传递通知书。经确认空闲,可使用重型轨道车或单机传送。以便非优先发车站迅速发出列车。非优先发车站,只有接到优先发车站送来的红色许可证上通知书(1.⋯⋯准接你站发出的列车)的通知后,方可发出待发列车。

非优先发车站发现一切电话中断后,而且有待发列车时,可主动派人使用速达的交通工具去优先发车站请求允许发车。但不得使用重型轨道车或单机。

为确保行车安全,发出第一列列车的车站,在发车前必须查明区间空闲,并在交给该列车司机的红色许可证上记明下一次列车的发车权。如为已办妥闭塞而尚未发车的车站发车时,持有行车凭证的列车,还应发给红色许可证上的通知书;如无行车凭证,列车应持红色许可证开往邻站。以后开行的列车,均按红色许可证上记明的发车权办理。

（三）时间间隔法

时间间隔法是指前一列列车由车站发出后,不论其是否到达前方站,准许间隔一定时间,再向该区间发出次一列车的行车办法。

1. 双线按时间间隔法行车时,只准发出正方向的列车。非自动闭塞区间发出第一列列车时,在发车前应查明区间已空闲。

在电话中断后,车站与列车调度员失去联系,不可能得到关于双线反方向行车的调度命令,为了保证行车安全,避免发生列车冲突事故,规定双线按时间间隔法行车时,只准发出正方向的列车。

在半自动闭塞区间或自动闭塞设备故障而停用的情况下,电话中断后发出第一列列车时,在发车前必须查明区间是否空闲,以防止在电话中断前发出的列车在区间被迫停车或退行、邻站越出站界调车未完毕、邻站发出反方向列车未到达本站等尚未腾空区间,即发出第一列列车,以致发生列车冲突事故。

2. 一切电话中断后,连续发出同一方向的列车时,两列列车的间隔时间应按区间规定的运行时间另加 3 min。但最小间隔不得少于 13 min,以防发生追尾事故。

（四）一切电话中断时,禁止发车的列车

一切电话中断时,行车组织指挥和站间联系都很困难,行车安全缺乏足够的保证。因此,在一切电话中断时,只能继续开行一些必要的列车。为了防止扰乱列车运行秩序,中断列车运行,对一些不十分紧要或可能引起不安全因素的列车禁止开行。

下列几种列车在一切电话中断时,禁止开行:

1. 在区间内停车工作的列车(救援列车除外)。这种列车在区间停车工作,占用区间的时间较长,在失去联系的情况下,如因故超过指定的时间,就有可能造成列车追尾冲突事故。另外,由于电话中断后,对列车运行的情况很难掌握,如果发出在区间停车工作的列车,也可能延误邻站待发的重要列车发出。因此,一切电话中断后,这种列车禁止开行。但为了排除区间内线路故障,准许发出到区间救援的列车。

2. 开往区间岔线的列车。这种列车待其返回或继续开往前方站,再发出其他列车,占用区间的时间太长。又因其是否进入岔线不易掌握,如一旦未按预定时间进入岔线,再发出其他列车,就有可能发生列车追尾冲突事故;从岔线返回时,也很难和车站联系。因此,一切电话中断后,这种列车禁止开行。

3. 须由区间返回的列车。这种列车由于在区间作业,占用区间时间长,返回时间不易掌握,将会延误其他待发的列车。因此,一切电话中断后,这种列车禁止开行。

4. 挂有由区间内返回后部补机的列车。由于邻站无法掌握补机返回发车站的时间,邻站发出待发列车时,就不能确保行车安全。因此,一切电话中断后,这种列车禁止开行。

5. 列车无线调度通信设备故障的列车。

三、封锁区间时的行车办法

在一切电话中断时间内,如有封锁区间抢修施工或开通封锁区间时,由接到请求的车站值班员,以书面通知封锁区间的相邻车站。

单线区间的车站,经以闭塞电话、列调电话或其他电话连续呼唤 5 min,无人应答时,由列车调度员查明不应答车站及其相邻两区间确无列车(包括单机、动车及重型轨道车)后,可发布调度命令,封锁相邻区间,按封锁区间办法向不应答车站发出列车。

1. 调度命令

列车向不应答车站运行时,进入封锁区间的凭证为调度命令,如图 2-12 所示。

调 度 命 令

20 ＿＿ 年 ＿＿ 月 ＿＿ 日 ＿＿ 时 ＿＿ 分 第＿＿ 号

受令处所		调度员姓名	
内容			

(规格 110 mm×160 mm)　　　　　　　　　　　受令车站＿＿＿＿车站值班员＿＿＿＿

图 2-12　调度命令

2. 运行方法

向不应答车站发出的列车,由于事先无法了解该站接车进路是否已准备;是否发生事故、灾害或其他情况等,为确保行车安全,在列车运行途中,要加强瞭望,严守运行速度,不论不应答站进站信号机是否开放,必须在进站信号机外停车,判明不应答原因并确认接车进路准备妥当后,在足以保证列车安全的条件下方可进站。列车进站后,司机或车站值班员应将经过情况及时报告列车调度员。

本 章 小 结

本章阐述了行车闭塞法的基本知识,其中包括行车闭塞法的概念,自动闭塞法、自动站间闭塞、半自动闭塞的特点及分类,各种闭塞法的行车凭证,电话闭塞法的使用条件,一切电话中断的概念及一切电话中断时的行车办法、禁止发车的列车等。学习中应深入了解和掌握在任何情况下为保证行车安全的闭塞方法,重点掌握各种闭塞法的行车凭证,尤其要对路票、绿色许可证、红色许可证的内容及含义能真正理解。

复习思考题

1. 简述“闭塞”的含义。

2. 空间间隔法有哪些优点?

3. 自动闭塞法的特点有哪些?

4. 自动闭塞法的分类有哪些?

5. 简述自动站间闭塞法的特点及注意事项。

6. 半自动闭塞法的特点有哪些?

7. 半自动闭塞法的行车凭证是什么?

8. 电话闭塞法的使用条件有哪些?

9. 叙述"一切电话中断"的概念。

10. 何种情况下须改用电话闭塞法?

11. 一切电话中断的行车办法有哪些?

12. 一切电话中断时,禁止开行哪些列车?

13. 一切电话中断后,哪些车站可优先发出列车?

14. 在三显示自动闭塞区段,特殊情况下的列车从车站发车的凭证是什么?

15. 在四显示自动闭塞区段,特殊情况下的列车从车站发车的凭证是什么?

16. 按比例画出路票、绿色许可证、红色许可证的票样图,并说明其作用及含义。

第三章
调车作业

第一节 调车作业的基本概念

一、调车作业的意义和分类

除列车在车站的到达、出发、通过及在区间内运行外,凡机车、车辆进行一切有目的的移动,统称为调车。

调车作业是铁路运输中的重要组成部分。铁路调车作业对于保障列车的行车安全、运行过程中车辆的顺利周转、运行计划的有效实施以及高效达到铁路运输生产目标具有重要的意义。

调车作业按设备分为牵出线调车和驼峰调车。按作业目的分为:

1. 解体——将到达的车列,按车组(辆)去向或车种,分解到指定的线路内。

2. 编组——根据列车编组计划、列车运行图有关规定和要求,将车辆造编成车列或车组。

3. 取送——为装卸货物、检修时对车辆进行洗刷、消毒等目的,向指定地点送车或取回车辆的作业。

4. 摘挂——列车进行补轴、减轴、换挂车组及车辆甩挂的作业。

5. 其他——包括车列转线、车辆整理、配对货位、机车转线,机车出入段等。

二、站场设施

调车作业绝大多数是在编组站、货运站及区段站进行的。

编组站设置于大批货物车流集散地,港口附近或多条铁路线衔接枢纽的地方,其主要作业为解体编组各种货物列车。它有较多的线路和各种车场及调车信号设备,有的车站上还有机车整备、车辆检修设备,如站修线等。中间站的调车作业则进行一些沿途零担摘挂的调车作业。

编组站、区段站和其他较大的车站线路较多,为便于管理和减少各种作业间的相互干扰,实行平行作业,提高车站能力,可根据线路的配置情况及用途按线群划分车场,包括:

1. 到达场——办理接入到达解体列车作业的车场,通常与驼峰相接。

2. 停车场——办理自编出发列车作业的车场,可分为上发场(上行发车)及下发场(下行发车)。

3. 到发场——兼办列车到达与出发作业的车场,也可分为上行发车场及下行发车场。

4. 通过车场——办理无调车作业的中转列车的车场。

5. 编组场——办理列车的解体与编组作业的车场。

在编组场附近还有一些诸如货场、地方厂矿企业专用线及各站段,铁路材料厂的专用线也都有调车作业取送空重车的任务。

这些站场通过各种调车专线及信号机紧密联系在一起。在调车作业过程中,危及安全的因素很多,也极其复杂,对作业人员尤其是司机的技术、业务、规章、职业道德等综合素质等各方面提出了较高的要求。工作中必须精力高度集中,否则就极易发生事故。所以调车作业人员应熟悉各调车场的线路状况、股道及各种信号机的准确位置、数量,做到了如指掌。尤其是机车乘务员更应牢记站场每一条线路(包括专用线)的有关详细情况,如线路坡道的坡度及长度,曲线半径及长度、道口、信号机的位置,道岔及线路群开通位置,驼峰色灯、调车信号的显示、车挡位置、自然标记、牵出线的长度、限速等。还要熟悉各种行车规章制度、《车站行车工作细则》(以下简称《站细》)等,做到工作中每一钩都心中有数。只有这样,才能在调车作业中克服撞大运的不良作风,消除事故隐患,确保"两进两出"(即进出车站及进出专用线),安全、正确、及时地完成调车作业任务。

三、调车作业的一般要求

(一)安全正点、及时高效

车站的调车作业,应按车站的作业过程及调车作业计划进行,参加调车作业的人员应遵守下列各项要求:

1. 及时编组、解体列车及保证按运行图的规定时刻发车,不得影响接发列车。

2. 及时取送货物作业和检修的车辆。

3. 充分运用调车机车及一切技术设备和先进工作方法,用最少的时间完成调车任务。

4. 保证调车有关人员的人身安全及行车安全。

(二)调车作业的固定性

为了确保调车作业安全、作业人员的熟练性及作业效率,调车作业要固定作业区域、线路使用,调车机车、人员、班次、交接班时间、交接班地点、工具数量和存放地点,作固定替换的调车机及小运转机车应符合调车机车的条件(有前后头灯、扶手把、脚踏板等)。

调车作业繁忙、配线较多的车站可划分为数个调车区,没有做好联系和防护,不准越区或转场作业。调车机车越区作业的联系办法应在《站细》内规定。

(三)无线调车灯显设备的使用管理

使用机车进行调车作业时,应采用无线调车灯显设备(机车摘挂、转线等不进行车辆编挂的作业,列车在到达线路内拉道口、直接后部摘车除外),并使用规定频率,其显示方式须符合有关要求。无线调车灯显设备应与列车监控记录装置配合使用。

无线调车灯显设备正常使用时停用手信号,对灯显以外的作业指令采用通话方式;无线调车灯显设备发生故障时,改用手信号作业。无线调车灯显设备、无线调车机车信号和监控系统的使用维修及管理办法由铁路局集团公司规定。

第二节　调车计划及调车作业

一、调车计划

调车计划按性质和内容可分为：班计划、阶段计划和调车作业计划。

从调车作业的角度讲，班计划规定了总的调车作业任务，阶段计划又规定了每台调车机车解编、取送作业的顺序和每项作业的起止时间，调车作业计划则规定了每项调车作业的具体步骤。

调车作业由调车领导人（车站调度员、调车区长或车站值班员）负责编制，并以调车作业通知单（图 3-1）的形式下达给调车指挥人及有关人员执行。

6 月 8 日　第 6 号解体××××次　调车机车 DF₅3275					
计划起止时分			自 18:00 至 19:30		
实际起止时分			自　　　至		
顺序	股道	挂车数	摘车数	作业方法	记事
1	8	57			全部
2	12		1		
3	9		6		
4	10		8		
5	11		5		
6	10		5		
7	8		5		
8	10		2		
9	16		6		
10	10		8		
11	18		11		禁溜

调车长：贾　田　　　填单人：刘　磊

图 3-1　调车作业通知单

（一）编制调车计划的要求

1. 符合列车编组计划、列车运行图和《技规》的规定，保证调车作业安全。

2. 合理运用现有技术设备和先进工作方法，最大限度地实行解体照顾编组，解体照顾送车，使解、编、送、取作业密切结合，尽可能做到钩数少、行程短、占用股道少、作业方便，以达到调车安全、高效的目的。

3. 做到及时、准确、完整。"及时"，就是及时编制和下达计划；"准确"，就是保证计划无漏洞、无差错，尽量不变或少变计划；"完整"，就是要求调车作业通知单字迹清楚，项目齐全。

（二）调车领导及指挥

车站的调车工作，由车站调度员（未设车站调度员的由调车区长，未设调车区长的由车站值班员）统一领导。分场（区）时，各场（区）的调车工作，由负责该场（区）的车站调度员或该场

(区)的调车区长领导。动车段(所)调车工作的领导及指挥由铁路局集团公司规定。

调车作业由调车长单一指挥。利用本务机车进行调车作业时,可由车站值班员或助理值班员担任指挥工作。遇有特殊情况,可由经鉴定、考试合格取得调车长资格的胜任人员代替。

调车长在调车作业前,必须亲自并督促组内人员充分做好准备,认真进行检查。在作业中应做到:

1. 组织调车人员正确及时地完成调车任务。

2. 正确及时地显示信号(发出指令),指挥调车机车的行动。

3. 负责调车人员的人身安全和行车安全。

司机在调车作业中应做到:

1. 组织机车乘务人员正确及时地完成调车任务。

2. 负责操纵调车机车,做好整备,保证机车质量良好。

3. 时刻注意确认信号,不间断地进行瞭望,认真执行呼唤应答制,正确及时地执行信号显示(作业指令)和调车速度的要求,没有信号(指令)不准动车,信号(指令)不清立即停车。

4. 负责调车作业的安全。

在调车作业间歇时,还应对机车主要零部件进行检查、给油,停留较长时间后再次作业前应对单阀机能进行试验。

调车工作人员在工作中应尽职尽责,团结协作,共同完成好调车作业任务。

调车指挥人应根据调车作业计划制定具体作业方法,连同注意事项,亲自向司机交递和传达;对其他有关人员,应亲自或指派连结员进行传达。具体传达办法,在《站细》内规定。调车指挥人确认有关人员均已了解调车作业计划后,方可开始作业。动车段(所)调车工作的计划编制及下达办法由铁路局规定。

一批作业(指一张调车作业通知单)不超过三钩或变更计划不超过三钩时,可用口头方式布置(中间站利用本务机车调车除外),有关人员必须复诵。变更股道时,必须停车传达。仅变更作业方法或辆数时,不受口头传达三钩的限制,但指挥人必须向有关人员传达清楚,有关人员必须复诵。驼峰解散车辆,只变更钩数、辆数、股道时,可不通知司机,但调车机车变更为下峰作业或向禁溜线送车前,需通知司机。

二、调车作业

1. 调车作业时,调车人员必须正确及时地显示信号,机车乘务人员要认真确认信号(严格按照调车指挥人显示的信号要求操纵机车,控制机车车辆速度)并回示。

推进车辆连挂时,要显示"十、五、三车"距离信号,没有显示"十、五、三车"距离信号,司机不准挂车,没有司机回示,调车指挥人应立即向司机显示停车信号。推送车辆时,要先试拉,车列前部应有人进行瞭望,及时显示信号。

当调车指挥人确认停留车位置有困难时,应派人显示停留车位置信号。调车人员不足2人,不准进行调车作业。

2. 在调车作业中,单机运行或牵引车辆运行时,前方进路的确认由司机负责;推进车辆运行时,前方进路的确认由调车指挥人负责,如调车指挥人所在位置确认前方进路有困难时,可指派调车组其他人员确认。

没有看到调车指挥人的起动信号,不准动车,但单机返岔子或机车出入段时,可根据扳道员显示的道岔开通信号或调车信号机显示的允许信号动车。无扳道员和调车信号机时,调车指挥人确认道岔开通正确(如为集中操纵的道岔,还必须与操纵人员联系)后,向司机显示起动信号。

非集中区调车作业时,要认真执行要道还道制度。扳道员之间的要道还道办法及集中区与非集中区间的作业办法,在《站细》内规定。连续溜放和驼峰解散车辆时,第一钩应执行要道还道制度(集中联锁设备除外),从第二钩起,按调车作业通知单的要求扳动道岔。

3. 司机在调车作业中要准确掌握速度及安全距离,并遵守下列规定:

(1)在空线上牵引运行时,不准超过 40 km/h,推进运行时,不准超过 30 km/h。

(2)调动乘坐旅客或装载爆炸品、气体类危险货物、超限货物的车辆时,不准超过15 km/h。

(3)接近被连挂的车辆时,不准超过 5 km/h。

(4)推上驼峰解散车辆时的速度和装有加、减速顶的线路上的调车速度,在《站细》内规定。经过道岔侧向运行的速度,由工务部门根据道岔具体条件规定,并纳入《站细》。

(5)在尽头线上调车时,距线路终端应有 10 m 的安全距离,遇特殊情况,必须近于 10 m时,要严格控制速度。

(6)电力机车、动车组在有接触网终点的线路上调车时,应控制速度,机车距接触网终点标应有10 m 的安全距离。遇特殊情况,必须近于 10 m 时,要严格控制速度。

(7)旅客列车未上下车完毕,除本务机车补机摘挂作业外,不得进行旅客列车(车底)的连挂作业。

(8)遇天气不良等非正常情况,应适当降低速度。

在溜放作业过程中,当调车指挥人显示溜放信号时,司机应"强迫加速"以满足作业要求;显示减速或停车信号时,应迅速解除机车牵引力,立即制动。

司机应认真执行驼峰调车作业的规定,连挂车列后试拉时,注意不得越过信号机或警冲标。推峰时要严格按信号的显示要求控制速度。

4. 调车作业遇下列情况必须严格进行试拉或检查连挂状态,试拉时,车列前部应有人进行瞭望,及时显示信号。

(1)列车编成后(整列转线除外)。

(2)列车在摘挂作业后。

(3)推送车辆起动前。但在同一线路连续连挂时,可不停车连挂,要确认连挂状态。车组间距(天窗)超过 10 车时,必须拖钩或试拉。"拖钩"为判断列车连挂状态的一种方法,即:将连挂的车辆以较低的速度推进,全列动车后,司机用单阀施行制动,但全列车不必停下来,此时使全列车辆的车钩呈拉伸状态,若车辆连挂状态良好,车辆就不会产生分离,全部车列就可以以规定的速度继续推进。若车辆未连挂好,就会产生分离,此时就需要重新连挂,然后再以规定的速度推进。

(4)成组的备用车、保留车列挂妥后,应全列试拉。

5. 遇以下情况不得进行溜放作业:

(1)装有禁止溜放货物的车辆。

(2)非工作机车、铁路救援起重机、大型养路机械、机械冷藏车、大型凹型车、落下孔车、客车、动车组和特种用途车。

(3)乘坐旅客的车辆及停有该车辆的线路,停有动车组的线路。

(4)超过 2.5‰坡度的线路(为溜放调车而设的驼峰和牵出线除外)。

(5)停有正在进行技术检查、修理、装卸作业、乘坐旅客的车辆及无人看守道口的线路。

(6)停有装载爆炸品、气体类危险货物车辆的线路。

(7)停留车辆距警冲标的长度,容纳不下溜放车辆(应附加安全制动距离)的线路。

(8)中间站正线、到发线及与其衔接而未设隔开设备的线路。

(9)调车组不足 3 人时,禁止溜放作业。

(10)不准采用牵引溜放法调车。

以前因特殊作业条件限制,在采取安全措施,并由上级部门批准后,曾经允许采用牵引溜放法调车,如图 3-2 所示,但因这种作业方法存在很大的不安全性,现在已被明确禁止采用。

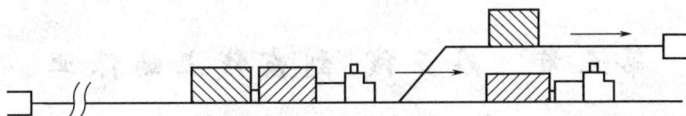

图 3-2 牵引溜放法

6. 连接软管的规定。

调车作业摘车时,必须停妥,采取好防溜措施方可摘开车钩;挂车时,没有连挂妥当不得撤除防溜措施。

转场及在超过 2.5‰坡度的线路上(驼峰作业除外)调车时,10 辆及以下是否需要连接软管及连接软管的数量、11 辆及以上必须连接风管的数量由车站和机务段根据具体情况确定,并纳入《站细》。

对于规定必须连接软管而没有连接或连接软管的辆数不足时司机决不可动车,以免因制动力不足,造成调车冲突或其他行车事故。

7. 认真坚持“四不准、四不动”的原则。

(1)“四不准”

①调车作业中推进车辆连接时,没有显示“十、五、三车”距离信号,不准挂车。

②调车作业中单机挂车时,没有调车指挥人显示的连接信号,不准挂车。

③没有调车信号的开通信号或扳道员显示的道岔开通信号,不准越过警冲标或信号机。

④推进车辆运行时,调车指挥人显示的信号中断或信号不清要立即停车,不准臆测行车。

(2)“四不动”

①调车作业计划不清(包括三钩以下口头通知),规定的中间站调车作业无线路示意图时,不动车。

②没有信号或信号显示不清时,不动车。

③没有 2 人以上确认信号时,不动车。

④没有调车指挥人显示的起动信号时,不动车。

担任调车作业的司机,应不断总结经验,摸索调车员显示的“十、五、三车”距离信号的习惯和准确度,掌握挂车及停车距离,防止撞上被连挂的停留车。随时留心观察站场车辆的变动情况及邻线停留车的大致位置、数量及“天窗”等情况。

8. 接班时,要认真检查机车,按"五步闸"的方法彻底检查机车制动机的机能,特别是单阀的作用。调车作业间歇时间还应检查机车走行部及机械间。调车作业中要仔细研究调车计划,每作业一钩,都要按规定进行呼唤应答,做到心中有数,并加强与调车有关人员的联系和配合。连挂车辆时要严密注视停留车位置,确认信号,彻底瞭望,厉行呼唤应答鸣笛复示制度,做到"车动集中看,瞭望不间断,听不清就问,看不清就停"。在操纵过程中要做到"旗""闸"一致,防止冲撞。司机在作业中要严守限制速度,在保证安全的基础上,还要力争作业迅速、提高效率。机车停稳以前严禁换向加载,以防机车产生"逆电"烧损牵引电机、电器而导致机破、临修。牵引列车的机车在中间站调车时,必须有车站的调车作业通知单,并附有该站的详细线路示意图,应根据牵引或推进的列车辆数,正确使用制动机并适量撒砂,以避免冲动、断钩或机车滑行。双机牵引调车时,应由列车本务机车的机班操纵,重联机车的机班协助瞭望。列车甩挂作业后,必须进行制动机的简略试验。机车临时出现的小故障应在本班次及时得到处理,交班时,做到"交班不交活",为接班乘务员检查、整备机车节省宝贵的时间。

第三节　在正线、到发线上的作业

站内正线、到发线主要是为办理列车通过和接发车使用的。必须在正线、到发线调车作业时,为保证列车安全正点和不间断地接发列车,调车作业应服从接发列车作业。

在车站的正线、到发线上调车时,要得到车站值班员的准许。在接发列车时,应按《站细》规定的时间,停止影响列车进路的调车作业。

一、"列车进路"的概念

1. 接入列车时

由进站信号机起至接车线末端计算该线有效长度的警冲标或出站信号机止的一段线路,如图 3-3 所示。

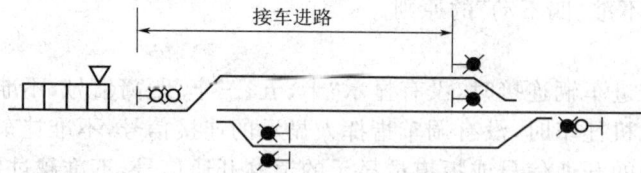

图 3-3　接车进路示意图

2. 发出列车时

由列车前端起至相对方向进站信号机或站界标为止的一段线路,如图 3-4 所示。

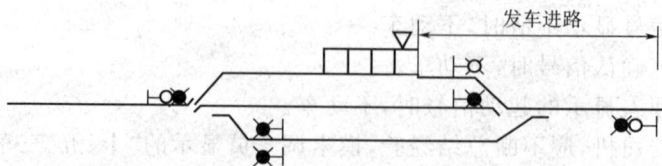

图 3-4　发车进路示意图

3. 通过列车时

为该列车通过线两端进站信号机或站界标间的一段线路,如图 3-5 所示。

图 3-5 通过进路示意图

4."影响列车进路的调车作业"的含义

占用或穿过上述列车进路直接影响接发列车的调车活动,以及在接发超限列车进路的邻线,线间距离不足 5 m 的线路上调车,或接发非超限列车而邻线调动有超限货物的车辆等情况均称为影响列车进路的调车作业。影响列车进路的调车作业,应在《站细》规定的开放信号时机之前停止,严禁抢钩作业。为此,调车指挥人也必须严格按照车站值班员所指定的时间进行调车,以免影响接发列车。

二、接发客运列车的调车作业

在接发客运列车时,除应遵守正线、到发线调车作业的要求外,为确保旅客人身安全,防止调车作业的机车车辆进入接发车进路,与正在进出站的客运列车发生冲突,对能进入接发客运列车进路的调车作业必须严格限制。

接发客运列车时,与接发列车进路没有隔开设备或脱轨器的线路,不准向能进入接发列车进路的方向调车,如图3-6所示。但遇到下列情况可以调车:

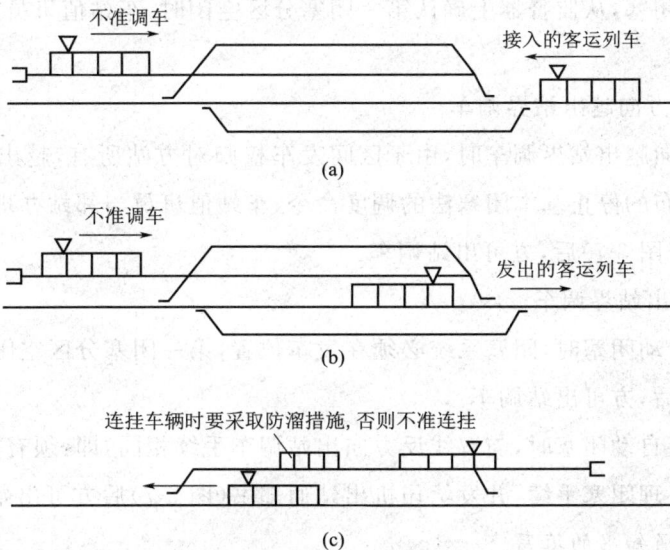

(a)

(b)

(c)

图 3-6 接发客运列车的调车作业限制

本务机车在停留线路内摘挂、列车拉道口。

有特殊困难的车站,确需调车时,制定安全措施,由铁路局集团公司审核批准。

三、越出站界调车

由于车站未设牵出线或牵出线被其他调车作业占用,在调动较长车列时,需越过进站信号机或站界标占用区间进行调车,称为越出站界调车。目前中间站调车作业繁忙,正线行车量也日益增大,中间站无牵出线时,为解决调车作业的实际困难,应在三等中间站设置牵出线,暂时不能设两端牵出线时也应先设一端。其他四、五等中间站也可利用专线、走行线等进行调车作业。就进站信号机的设置而言,其位置已考虑到调车作业的方便,应尽量避免进入区间进行调车作业。《技规》规定:"进站信号机应设在距进站最外方道岔尖轨尖端(顺向为警冲标)不少于 50 m 的地点,因调车作业或制动距离的需要时,一般不超过400 m。"这样,就可以使机车挂一两辆货车转线时不至于进入区间。同时由于延长了进站信号机与进站道岔间的距离,机车还可以挂 20 多辆货车进行转线作业。若进站信号机与进站道岔距离过长,可能造成列车占用咽喉时间过长;也可造成车站作业不便,如引导接车时,增加了引导员行走的时间,与站内联系也不方便。

越出站界调车是在区间空闲(自动闭塞为第一闭塞分区空闲)的情况下,进入区间调车的一种方法,由于闭塞设备及区间线路的不同,办理方法及凭证也不相同。

(一)手续及凭证

1. 双线区间正方向越出站界调车

由于双线区间正方向线路的发车权归车站所有,是否向区间发车由车站值班员控制。为此,只要区间空闲,经车站值班员口头准许即可出站调车。

当区间为自动闭塞,从监督器上确认第一闭塞分区空闲时,车站值班员口头准许并通知司机后,即可出站调车。

2. 双线区间反方向越出站界调车

双线区间反方向越出站界调车时,由于区间发车权归对方站所有,越出站界调车时,还要请示列车调度员发布的停止基本闭塞法的调度命令,车站值班员与邻站办理闭塞手续,发给司机出站调车通知书(图 3-7)后,方可出站调车。

3. 单线区间越出站界调车

(1)当区间为自动闭塞时,闭塞系统必须在发车位置,第一闭塞分区空闲,经车站值班员口头准许并通知司机后,方可出站调车。

(2)当区间为半自动闭塞时,与双线反方向出站调车手续相同,即:须有停止基本闭塞法的调度命令,与邻站办理闭塞手续,并发给司机出站通知书(图 3-7)后方可出站调车。

(二)出站调车通知书的填写

出站调车通知书由车站值班员填写,当调车机车距行车室较远时,可由扳道员按车站值班员的指示填写,其格式如图 3-7 所示。

出站/跟踪 调车通知书

对方站承认的号码第____________号，

准许自/至 时 分起/止__________机车由本站向________区间出站/跟踪调车。

站(站名印)车站值班(扳道)员(签名)

年 月 日填发

注:不用的字句抹消。 (规格 90 mm×130 mm)

图 3-7 出站、跟踪调车通知书

(三)注意事项

1. 调车的机车、车辆应在限定的时间内返回站内，以不影响其他正常的列车运行。未返回车站前，两端车站的值班员不得向区间发车。待调车作业完毕，全部退回站内并不妨碍列车进路后，车站值班员应立即将占用区间凭证收回注销或纳入闭塞机内，与邻站办理区间开通手续。当出站调车车列回站待避列车后，如需继续出站调车时，应重新办理手续，不得使用原凭证。

2. 去区间岔线取送车辆的调车作业及列车在区间进行装卸作业返回车站，均应按列车办理，不得按出站调车办理。

3. 出站调车时，车站值班员应在控制台或闭塞机上揭挂“出站调车”表示牌，以防遗忘。

四、跟踪出站调车

列车由车站出发后，间隔一定距离或时间，即跟随列车越出站界，在规定距离内进行的调车作业称为跟踪出站调车。这种办法使列车运行和调车作业平行进行，能提高效率。但列车和车列同时进入同一区间，存在不安全因素。为此，根据不同情况，规定必要的限制条件。

(一)对跟踪出站调车的限制

1. 为使调车作业不影响列车运行及安全，应对跟踪出站调车的区间、距离等加以限制。

2. 跟踪出站调车只准在单线区间及双线正方向线路上办理，并须经列车调度员口头准许，取得邻站值班员的承认号码，发给司机出站(跟踪)调车通知书办理。双线反方向行车是不正常情况，跟踪反方向运行的列车出站调车，势必增加不安全因素，因而禁止双线反方向跟踪调车。

3. 为保证跟踪出站调车作业的机车车辆与运行列车保持一定距离，只有当先发列车尾部越过预告、接近信号机(或靠近车站的第一个预告标)或《站细》规定的时间间隔后，方可跟踪出站调车，但最远不得越出站界 500 m，如图 3-8 所示。

4. 出站方向区间内有对瞭望不利的地形，或有连续长大上坡道时，禁止跟踪调车，以防止在长大上坡道上，因列车制动不当或车辆发生溜逸时与跟踪调车的机车、车辆发生冲突。此类车站由铁路局集团公司在《行车组织规则》(以下简称《行规》)内公布。

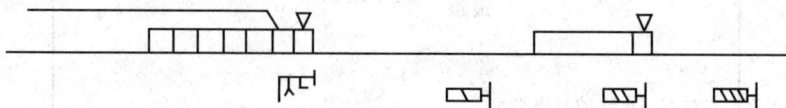

图 3-8　跟踪出站调车示意图

5. 先发列车需由区间返回或挂有由区间返回的后部补机时,禁止跟踪调车,以防止返回的列车或补机与正在跟踪调车的机车车辆发生冲突。

6. 车站一切电话中断,不能与列车调度员及邻站联系时,禁止办理跟踪调车;降雾、暴风雨雪天气,因瞭望不便,亦禁止跟踪调车。

7. 动车组调车作业禁止跟踪出站。

8. 列车虽已到达邻站,但跟踪调车通知书尚未收回时,禁止办理区间开通手续。

(二)办理手续

1. 列车调度员准许,以防因办理跟踪出站调车,影响其他列车运行。

2. 相邻车站值班员同意。防止跟踪出站的机车、车辆返回车站前,两站错误办理闭塞。

3. 发给调车司机跟踪调车通知书。填写时应将"出站"字样及"对方站承认的号码第号"字样抹掉。跟踪调车完毕,车站值班员确认跟踪调车通知书收回后,向邻站发出电话记录号码。列车虽已到达邻站,但跟踪调车通知书仍未收回时,禁止办理区间开通手续。

第四节　进出货场及专用线调车

一、设　　施

在办理货运的车站,应根据需要设有站台、仓库及货位、堆场、集装箱装卸场地、雨棚、排水、消防、照明、通路及围墙等设备。

较大的车站有综合性的货场和专业性货场,除以上设施外,根据需要应设装卸设备、禽畜等供水设备、储存爆炸品、危险品的专用仓库、制冰及加冰、加盐、轨道衡、货车洗刷设备。在货车洗刷消毒地点,还应设有处理污染及排泄设备。

二、特点及要求

(一)特　　点

货场及专用线旁附近,具有设备复杂,货物堆放繁多,易燃、易爆品多,线路弯道大、坡度大,路基质量不高,装卸繁忙,脱轨器多,道口多的特点。因此,在这些地点调车及送、取车辆时,应严格遵守有关调车规章制度,确保调车作业的安全,着重防撞车、挤岔、脱线、上土挡等。

(二)要　　求

1. 进入货场及专用线前应确认道岔,接近连挂的车辆,一度停车,确认脱轨器和线路两旁堆放货物的状态。严格遵守各种道岔限速的规定。

2. 在等待取车时,乘务员不得擅离机车,做好机车防溜、防冻、防火工作,运行中应注意检查机车、车辆制动力,要做到心中有数。认真执行"机车乘务员调车作业呼唤应答标准用语"。为防止人身伤亡事故,要认真执行不间断瞭望制度。动车前、出入货场、专用线大门及车站和运行中都要按规定鸣笛,特别在天气不良或繁忙道口,瞭望困难时,要注意减速并时常鸣笛。

发现行人、车辆时应及时采取停车或减速措施。

3. 严禁非法登乘机车,机车乘务员对非法登乘机车的人员劝阻无效时,有权不开车。

4. 在专用线调车时,凡坡道超过 6‰,但未达到长大坡道的取送作业时,应由调车组人员负责连接风管并进行自动制动机简略试验,试验时,由调车组人员检查主管全部贯通,机车司机检查泄漏量每分钟不超过 20 kPa。

5. 长大坡道的专用线取送作业时,通常要遵守以下原则:

(1)所挂车辆由列检负责全部连接风管并进行自动制动机持续一定时间的全部试验;无列检时,由调车人员负责全部连接风管并进行制动机简略试验,司机检查制动主管每分钟泄漏量不超过 20 kPa。

(2)主管压力为 600 kPa。

(3)不得向下坡方向推进。

(4)原则上不得挂"关门车",但因货物装载或自动制动机临时故障,需停止制动作用的车辆,其辆数不超过有关规定。

(5)在专用线取送作业时,要认真执行联系、检查制度。在进入取送车辆的专用线前,经一度停车后,方准进入。联系办法、检查内容及停车地点在《站细》内规定。

(6)在货场、专用线的走行线上推进车辆运行时,由调车人员在前瞭望,必要时显示规定信号,司机鸣笛回示,并按要求及时采取措施。

(7)由车站接轨的专用线,根据坡道取送车数、速度、连接风管的数量等调车作业的安全措施,由车站、机务段共同商定后,在站、段细则内规定。

(8)专用线取送作业的牵引重量,由有关部门组织查定。

为保证作业人员行走时及机车、车辆的安全,司机应严格遵守《技规》中关于货物堆放的规定:"线路两旁堆放货物距钢轨头部外侧不得少于1.5 m。站台上堆放货物,距站台边缘不得少于1 m。货物应堆放稳固,防止倒塌。不足上述规定距离时,不得进行调车作业",司机有权不进该线。任何人没有理由命令司机进入该线违章作业。除非当有关人员清除了侵入限界的货物后,方可进入,如图 3-9 所示。

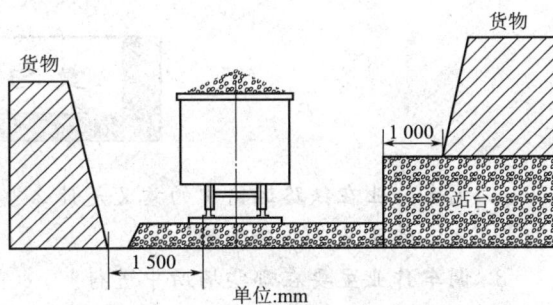

图 3-9 货物堆放的限制

机车车辆停留应做到:机车车辆必须停在警冲标内方,调车作业中,车辆临时停在调车线警冲标外方时,一批作业完了后,应立即送入警冲标内方。因特殊情况需在警冲标外方进行装卸作业时,须经车站值班员、调车区长准许,在不影响列车到发及调车作业的情况下,方可进行,装卸完了后,应立即送入警冲标内方。

安全线及避难线上,禁止停留机车车辆。在超过 6‰ 坡度的线路上,不得无动力停留机车车辆。

装载爆炸品、气体类危险货物的车辆及救援列车,必须停放在固定的线路上,两端道岔应扳向不能进入该线的位置并加锁;临时停留公务车线路上的道岔应扳向不能进入该线的位置并加锁;集中操纵的道岔可在控制台上进行锁闭。

　　编组站、区段站在到发线、调车线以外的线路上停留车辆，不进行调车作业时，应连挂在一起，并拧紧两端车辆的人力制动机，或以铁鞋（止轮器、防溜枕木）牢靠固定。因装卸车对货位等情况，不能连挂在一起时，应分组做好防溜措施。一批调车作业中临时停留的车辆，须拧紧两端车辆的人力制动机，或以铁鞋（止轮器）止轮。编组站和区段站的到发线、调车线是否需要防溜以及作业量较大的中间站执行上述规定有困难时，由铁路局集团公司规定。

　　由以上内容可见，为了确保调车作业的安全高效，有关部门制定了许多严格的规章制度。尽管如此，在车站调车组和机务段机车乘务组之间因安全、效益、任务等各方面原因，工作中常会发生矛盾。值得强调指出的是：在以上两联劳单位之间应团结协作，默契配合，努力搞好关系；机车司机责任重大，应该严守规章，决不能因某些原因而放弃原则，违章作业，否则就会造成事故，不但给国家造成无法挽救的损失，对机务段的安全生产成绩构成威胁，同时也会对个人安全成绩造成不良影响。

　　因此，作为机车乘务员，尤其是司机必须学习技术业务，遵守规章。在工作中坚持原则，把好安全生产的每一道关口，保质保量，出色干好每一个班次的调车作业任务。

本 章 小 结

　　本章具体阐述了调车作业的意义和分类；站场设施的特点；调车作业的要求；调车作业中有关主要工作人员的职责；调车作业应遵守的各项规章制度；在正线、到发线上的作业；接发客运列车时的调车作业限制；越出站界调车的手续、凭证及其注意事项；对跟踪出站调车的限制、手续；进出货场及专用线调车的特点及相关要求等主要内容。要求在学习时重点掌握。

复习思考题

1. 调车作业在铁路运输中的意义是什么？
2. 调车作业是怎样分类的？
3. 调车作业主要在哪些场所中进行？
4. 司机在调车作业中要准确掌握速度，不准超过哪些规定？
5. 调车机车司机在作业中应做到哪些？
6. 遇哪些情况不得进行溜放作业？
7. 接发客运列车时的调车作业应注意什么？
8. 越出站界调车时手续及凭证是什么？有哪些注意事项？
9. 对跟踪出站调车的限制有哪些？
10. 如何办理跟踪出站调车的手续？
11. 进出货场及专用线调车的特点及相关要求有哪些？货场铁路线两旁及站台上堆放货物的规定是什么？

第四章

列车运行

列车运行是完成铁路运输的重要环节,是行车组织的一项主要内容。它由铁路运输各部门、各工种互相配合、协调动作,并正确合理使用铁路技术设备来完成。列车运行关系到人民生命财产的安全和铁路的运输效率。为此,有关行车人员必须严格执行各项规章制度,确保列车运行安全。

第一节 列车运行的一般要求

一、列车与列车乘务组

(一)列   车

列车是指编成的车列并挂有机车及规定的列车标志。动车组列车为自走行固定编组列车。

根据运输需要,单机、大型养路机械及重型轨道车开往区间时,虽未完全具备列车条件,但进入区间后却一样对区间安全和效率有着重要影响,为此亦应按列车办理。

旅客列车的尾部标志应使用电灯。动车组以外的旅客列车尾部标志灯的摘挂、保管由车辆部门负责。对中途转向的旅客列车应有备用标志灯,以备转向时使用。

(二)列车乘务组

为了完成列车运行中的各项作业,及时处理运行中发生的各种问题,以及在有碍安全时采取临时防护措施,根据列车的任务、要求和运行条件,配备直接为列车服务的人员组成列车乘务组。包括:

1. 机车乘务人员

机车乘务人员负责操纵机车,并及时处理列车运行中发生的有关问题。

2. 车辆乘务人员

旅客列车、行邮列车和机械冷藏车组,由于构造较一般车辆复杂,运行中又有特殊要求,为便于及时检修和处理故障,规定旅客列车、特快货物班列和机械冷藏车组均应有车辆乘务人员。车辆乘务人员应按技术作业过程的规定检查车辆,并参加制动试验。在列车运行途中,应监控车辆运行状态,及时处理车辆故障,并将本身不能完成的不摘车检修工作预报前方站列检。

3. 旅客乘务组

旅客列车应有客运乘务组,包括列车长、列车广播员、列车员、乘警以及餐车工作人员等,负责旅客的服务工作及行李包裹的作业等。

二、列车运行中对动车组以外的列车司机的要求

司机是完成列车运输任务的主要工作人员,在乘务作业中,应严格执行《技规》和《铁路机车操作规则》等的各项规定,确保列车安全正点运行,较好地完成铁路运输任务。因此,在列车运行中,要求司机做好以下各项工作。

1. 根据监控装置的使用情况,要求司机在列车出发前输入监控装置有关数据(如司机代号、区段号、车站号、车次、计长、辆数、总重等参数),作为分析事故的依据。为防止折角塞门关闭等,应按规定,对列车制动机进行机能试验,同时,在制动保压状态下,确认列车制动主管的压力 1 min 内漏泄不得超过 20 kPa,否则会引起列车自然制动,不能保证制动装置的正常有效作用。确认列尾装置作用良好。

装备机车综合无线通信设备的机车,开车前,司机要选定机车综合无线通信设备通信模式和运行线路。在 GSM-R 区段运行时,机车综合无线通信设备 GSM-R 手持终端按规定注册列车车次,并确认正确。

2. 为了安全、迅速、准确地完成运输生产任务,列车司机应遵守列车运行图规定的运行时刻和各项允许及限制速度。在操纵列车时,应严格、认真执行"彻底瞭望、确认信号、高声呼唤、手比眼看"的呼唤应答制度。"彻底瞭望"要做到:车动集中看,瞭望不间断;"确认信号"要做到:听不清就问,看不清就停;"高声呼唤"要做到:看准再喊,准确无误;"手比眼看"要做到:呼唤为主,手比为辅。另外还必须做到列车运行不超速,区间不运缓,确保列车安全正点。

信号是指示列车运行和减速、停车的命令,应严格按信号显示要求行车。遇有信号显示不明、不正确或灯光熄灭以及天气恶劣信号辨认不清时,必须立即减速或停车,严禁臆测行车。在列车运行中,如发现危及行车和人身安全时,应立即采取减速或停车措施。

3. 机车信号、列车无线调度通信设备、列车运行监控装置必须全程运转,严禁擅自关机。运行途中,遇列尾装置、机车信号、列车运行监控装置发生故障时,司机应立即使用列车无线调度通信设备报告车站值班员、列车调度员,并根据实际情况掌握速度运行;在自动闭塞区间,遇机车信号、列车运行监控装置发生故障时,列车以不超过 20 km/h 的速度运行至前方站;遇列车无线调度通信设备发生故障时,列车应在前方站停车报告。

4. 起动稳,加速快,精心操纵,停车准确,按规定鸣笛,防止列车冲动和断钩。这主要是为了防止因列车冲动而引起撞伤旅客或损坏货物、车辆、钢轨和断钩等事故。为此,司机在操纵列车时要做到:

(1)合理调速,内燃机车提手柄时不应越位,每个挡次应按规定时间间隔,缓和变换手柄位置。

(2)制动适当,合理使用制动机,减压量或单阀缓解时不可一次过多;列车速度降至 15 km/h 以下时,不准缓解;减压时列车管排风未完不准缓解;紧急制动后车未停妥不准缓解等。

(3)注意双机牵引时的紧密配合。

(4)停车准确,是防止列车越过警冲标、冒进信号及列车后部压岔的可靠保证;也是方便旅

客乘降和货物装卸,防止人身伤亡事故的有效措施。

(5)按规定鸣笛,是为了及时警告行人,施工及有关行车人员离开妨碍行车地点,避免发生车马、人身伤亡或行车事故。

5. 随时检查机车总风缸、制动主管的压力。检查内燃机车柴油机的润滑油压力、冷却水的温度及转数等情况。

随时检查机车总风缸、制动主管的压力。这是为了及时发现因机车制动系统等故障而引起的列车制动主管的压力增减现象,以便根据变化情况及时采取措施,保证列车制动力,防止发生事故或扩大事故性质。

内燃机车润滑油借助于油泵的作用,以一定的压力通过冷却后循环于柴油机润滑系统内,以润滑各机械摩擦部位和冷却活塞。润滑油压力(当转速为 735 r/min 时不小于 180 kPa,430 r/min时不小于 100 kPa)和冷却水温度(正常为 65~75 ℃,不得超过 88 ℃)需保持在规定的标准以内,以保证柴油机安全运转和正常工作。为此,在列车运行中要认真执行机械间检查制度,司机还要随时检查主发电机的电流、电压变化情况,润滑油压力,冷却水温度和柴油机转速。

6. 在区间内列车停车进行防护、分部运行、装卸作业或使用紧急制动阀停车后再开车时,司机必须检查试验列车制动主管的贯通状态,确认列车完整,具备开车条件后,方可起动列车。

7. 单机自轮运转特种设备在自动闭塞区间紧急制动停车或被迫停在调谐区内时,司机必须立即通知后续列车司机,向两端车站值班员(列车调度员)报告停车位置(具备移动条件时,司机需先将机车移动不少于 15 m),并在轨道电路调谐区外使用短路铜线短接轨道电路。

8. 为了使机车总风缸经常储备规定压力空气,列车在车站等会列车时,不准关闭空气压缩机,以便发车前使列车迅速缓解,保证正点发车。同时,也可以防止因等会列车时关闭空气压缩机而发车时忘开,造成运行途中列车管压力下降。

夜间在车站等会列车时,为了不影响对方开来列车的机车乘务员确认信号、进路开通状态及是否有阻碍行车的障碍物,应将头灯灯光减弱或熄灭。

9. 负责货运票据的交接与保管。

10. 将列车运行中发生的问题及使用紧急制动阀的情况,及时报告列车调度员。

三、列车运行限制速度的规定

为了保证列车运行的正点,列车应按规定速度运行;为了保证列车运行的安全,列车运行不得超过规定的限制速度。根据信号显示、机车牵引方式和在列车中的位置、接车线的特点等不同要求,分别规定了不同情况下列车运行的限制速度,具体规定见表 4-1。

表 4-1 列车运行限制速度表

项 目	速 度/(km/h)
四显示自动闭塞区段通过显示绿黄色灯光的信号机	在前方第三架信号机前能停车的速度
通过显示黄色灯光的信号机及位于定位的预告信号机	在次一架信号机前能停车的速度
通过显示一个黄色闪光灯光和一个黄色灯光的信号机	该信号机防护进路上道岔侧向的允许速度

项　目	速　度/(km/h)
通过减速地点标	标明的速度,未标明时为 25
推进	30
退行	15
接入站内尽头线,自进入该线起	30

(一)根据信号显示的要求

1. 四显示自动闭塞区段通过显示绿黄色灯光的信号机时,由于前方第三架信号机在关闭状态,因此要求司机在前方第三架信号机前按能停车的速度运行。

四显示自动闭塞区段装设列车速度监督设备,即带速度监督的机车信号。列车运行时,四显示机车信号自动显示底色光和表示速度的数码,以指示列车运行。当列车运行速度超过速度监督设备的规定速度时,自动迫使列车停车。

四显示自动闭塞区段采用绿、绿黄、黄、红四种显示。闭塞分区的长度较三显示短,约为600~1 000 m。四显示自动闭塞区段设有红灯保护区,即在列车占用的闭塞分区后连续有两架通过信号机显示红色灯光。正常情况下两列车的追踪间隔为五个闭塞分区,如图4-1所示。

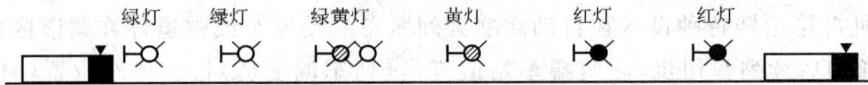

图 4-1　四显示自动闭塞区段列车追踪运行示意图

司机在驾驶机车遇到绿黄灯光时,应减速,越过黄色灯光后在红色灯光前停车。由于该系统设有速度监督设备,当司机未对机车实施控制时,机车在越过黄色信号后,自动开始减速,越过第一个红色灯光。在第二个红色灯光前停车,以确保列车运行安全,如图 4-2 所示。

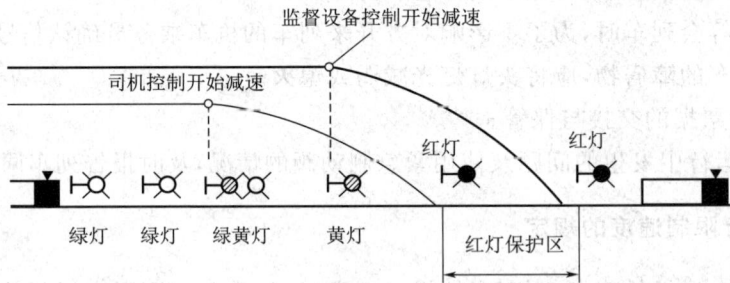

图 4-2　四显示自动闭塞区段列车控制减速示意图

2. 通过显示黄色灯光的信号机及位于定位的预告信号机,由于次一架信号机在关闭状态,因此要求司机在次一架信号机前按能停车的速度运行。

3. 通过显示一个黄色闪光灯光和一个黄色灯光的信号机,列车将进入一个侧向道岔,不得超过此侧向道岔所允许的通过速度。

4. 通过减速地点标时,应按减速地点标上标明的速度运行。司机应根据牵引的列车长度,由减速地点标开始按限制速度运行,待全列车通过限速地段终点的地点标后,方可加速。

（二）根据机车的牵引方式和在列车中的位置要求

机车在列车中运行条件见表4-2。

机车在一般情况下，应正向牵引列车运行。在特殊情况下，方可采用推进运行或退行方式。

1. 列车推进运行时，因机车挂在列车后部，司机瞭望困难，而且车列在前，车辆的转向架动作不灵活，若速度过大，有脱轨危险，故规定不得超过 30 km/h。

表 4-2　机车在列车中运行条件

列车运行方式	运行方向	机车在列车中的位置
正向牵引	←	
推进运行	←	
退　　行	←	

2. 退行列车除有列车推进运行的弱点外，列车退行还是在不正常情况下进行的。所以限制速度比推进运行更低，规定不得超过 15 km/h。

（三）根据接车线路的特点要求

为防止列车接入站内尽头线时，由于制动不当，越过线路终端造成脱轨，致使人员发生意外伤害和损坏机车、车辆、货物或建筑物等，规定自进入该线起，运行速度不得超过 30 km/h。

（四）根据道岔不同的要求

列车侧向通过道岔的最高速度，主要决定于道岔的转辙角与导曲线半径的大小。转辙角越大，导曲线半径越小（辙叉号越小），列车侧向通过道岔的速度也越低。当列车侧向通过道岔的速度超过其规定限速时，有脱轨的危险。根据道岔不同型号的要求，规定了列车侧向通过一般构造的道岔（标准型单开道岔）的最高速度。

四、列车进站停车位置的规定与货物列车在站停车时应采取的措施

（一）列车进站停车位置的规定

列车进站后，应停于接车线警冲标内方，如图4-3所示。在设有出站（进路）信号机的线路，列车头部不得越过出站（进路）信号机，如图4-3（b）所示。

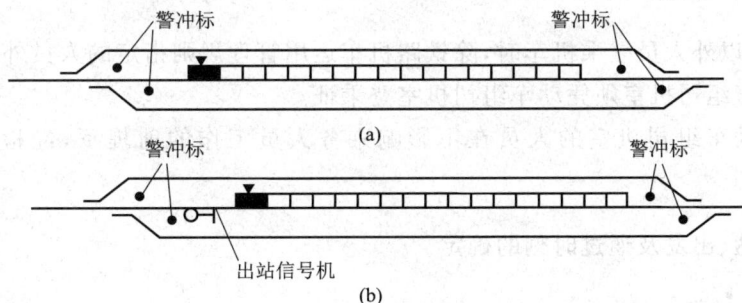

图 4-3　列车进站停车位置示意图

如列车尾部停在警冲标外方或压轨道绝缘时，车站接车人员应使用列车无线调度通信设备等通知司机或显示向前移动的手信号（昼间为拢起的手信号旗，夜间为白色灯光上下摇动），使列车向前移动。

当超长列车尾部停在警冲标外方，接入相对方向的列车时，在进站信号机外制动距离内进站方向为超过 6‰ 的下坡道，而接车线末端无隔开设备，须使列车在站外停车后，再接入站内。

如在邻线上未设调车信号机,又无隔开设备,相对方向需要进行调车作业时,必须派人以停车手信号对列车进行防护。

(二)货物列车在站停车时应采取的措施

货物列车在站停车时,司机必须使列车保持制动状态(铁路局集团公司指定的凉闸站除外)。发车前,司机进行缓解,确认发车条件具备后,方可起动列车。

货物列车在中间站停车时,由于货物列车编组较长,为保持列车停车平稳和防止断钩事故,司机施行制动后,应将自阀置于制动位,即采取保压停车措施。停车后司机不得缓解列车制动,目的是防止列车或车辆溜走。发车前进行缓解,同时确认列车尾部车辆的缓解状态及风表是否达到规定压力(一般为 600 kPa),具备发车条件后,方可起动列车。如发现列车尾部车辆制动不缓解或风表指针未恢复规定压力,说明列车制动主管不通,可能折角塞门被关闭。此时,不得显示发车信号,应与司机联系或会同司机对全列车制动折角塞门进行检查,发现问题及时处理。经制动试验确认全列车制动主管贯通后,方可发车。

当列车处于长大下坡道地段时,为了冷却闸瓦,保证列车应有的制动力,由铁路局集团公司规定的凉闸站进行凉闸,停车后可缓解列车制动,但开车前须进行列车制动机试验。

五、列车发车的规定

列车在发车前,有关人员应做到:

1. 发车进路准备妥当,行车凭证已交付,出站(进路)信号机已开放,发车条件完备后,车站值班员(助理值班员)方可显示发车信号。

2. 司机必须确认占用区间行车凭证及发车信号或发车表示器显示正确后,方可起动列车。在自动闭塞和半自动闭塞区间,必须确认出站信号机显示规定的进行信号;在使用路票和许可证时,应认真检查确认路票和许可证填写得是否正确,确认无误后,方可起动列车。

六、登乘机车规定

机车乘务组以外人员登乘机车时,除铁路机车运用管理规则指定的人员外,需凭登乘机车证登乘,登乘动车组司机室须凭动车组司机室登乘证。

登乘机车、动车组司机室的人员在不影响乘务人员工作的前提下,经检验准许后方可登乘。

七、列车到达、出发及通过时刻的确定

1. 列车到达时刻

以列车进入车站,停于指定的到达线警冲标内方时刻为准。列车长度超过实际到发线有效长时,以第一次停车时刻为准。列车在区间分部运行时,则以全部车辆到达车站为准。

2. 列车出发时刻

以列车机车向前进方向起动,列车在站界内(场界内)不再停车为准。列车全部发出站界后,因故退回发车站再次出发时,则以第一次出发时刻为准。

3. 列车通过时刻

以列车机车通过车站值班员室的时刻为准。

第二节 列车在区间被迫停车的处理与防护

一、被迫停车的概念

被迫停车是指列车在区间除因根据运输需要,预先规定在区间指定的地点停车以外,其他发生的临时停车。

列车在区间可能因发生事故、行车设备故障(机破、牵引力不足、断钩、断轴等)以及自然灾害等原因造成在区间非计划性的停车,不能继续运行。这种停车严重影响铁路的运输秩序和安全,如处理不当,不仅运输秩序遭到破坏,造成堵塞,还有可能造成列车的冲突、颠覆、人员伤亡等重大事故的发生。因此,要求司机应积极采取措施,利用无线电话与有关部门密切联系,以保证列车安全和防止事故后果继续扩大,并以最短的时间恢复行车。

二、造成列车在区间被迫停车的原因与处理办法

造成列车在区间被迫停车的原因与处理办法见表4-3。

表 4-3 造成列车在区间被迫停车的原因与处理办法

造成列车在区间被迫停车的原因	被迫停车后的处理办法
因进站信号机未及时开放或未及时显示引导信号	等待进站信号机开放或引导信号显示后,继续运行
线路发生阻碍或故障	1. 排除故障后,继续运行 2. 退回发车站 3. 无力排除,请求救援
机车牵引力不足,造成坡停	1. 退行后闯坡(自动闭塞区段除外) 2. 分部运行 3. 请求救援
机车故障	1. 排除故障后,继续运行 2. 无力排除,请求救援
货物倾斜、倒塌、有人坠落以及车辆故障、脱线、颠覆、火灾等	1. 排除故障后,继续运行 2. 退回发车站 3. 无力排除,请求救援

1. 列车在区间被迫停车后,司机应及时了解能否继续运行,不能继续运行时,司机应立即使用列车无线调度通信设备通知两端站(列车调度员)及车辆乘务员(随车机械师),报告停车原因和停车位置。同时,根据具体情况,按列车在区间被迫停车的处理规定(表4-3),采取适当措施,并根据需要迅速请求救援。需要防护时,列车前方由司机负责,列车后方由车辆乘务员(随车机械师)负责,无车辆乘务员(随车机械师)为列车乘务员负责。配备列车防护报警装置的列车应首先使用列车防护报警装置进行防护。单班单司机值乘的列车防护作业办法由铁路局集团公司规定。关于处理防护与列车调度员联系的先后次序,应根据具体情况而定。

2. 自动制动机是列车的主要制动装置,一旦发生故障时,动车组以外的旅客列车司机应通知车辆乘务员立即组织列车乘务人员拧紧全列人力制动机,以保证就地制动。其他列车司机应立即采取安全措施,并向车站值班员(列车调度员)报告,请求救援。

3. 列车在区间被迫停车后,根据具体情况决定是否请求救援,对已请求救援的列车,不得

再行移动,并按规定对列车进行防护,以免与救援列车发生冲突。

4. 车站值班员(列车调度员)接到司机通知后,应将区间内列车运行情况通知司机,并立即使用列车无线调度通信设备转告区间内有关列车。在停车原因消除前不得再放行追踪、续行列车。

三、列车被迫停车可能妨碍邻线时的处理

列车在区间内被迫停车,不仅应对本列车采取就地制动、防护以及进行必要的通知、联系等措施,而且一旦发生脱轨、颠覆等事故,可能妨碍邻线或已经妨碍邻线时,作为应急措施,司机应按下列规定的步骤,判明情况,采取防护措施,以免扩大损失。

1. 列车在区间内被迫停车,尤其是因冲突、脱轨而导致的停车,有可能妨碍邻线时,司机应立即用列车无线调度通信设备通知邻线上运行的列车和两端站(列车调度员),并与车辆乘务员(随车机械师)分别在列车的头部和尾部附近邻线上点燃火炬,以示邻线列车前方有障碍,须紧急停车。

2. 如为自动闭塞区间,还应对邻线来车方向短路轨道电路,使防护该分区的通过信号机关闭。配备列车防护报警装置的列车应首先使用列车防护报警装置进行防护。在上述作业完成后,为确认是否妨碍邻线,司机应亲自或指派其他人员沿邻线一侧对列车进行检查,发现妨碍邻线时,应立即派人对邻线按规定防护。如发现邻线有列车开来时,应急速鸣示紧急停车信号(连续短声)。单班单司机值乘的列车防护作业办法由铁路局集团公司规定。

车站值班员(列车调度员)接到列车被迫停车有可能妨碍邻线的通知后,应立即通知邻线有关列车停车,在原因消除前不得向邻线放行列车。

双线区间,列车在区间内被迫停车后,应立即通知邻线有关列车停车,一旦妨碍邻线,防护不及时,随时可能发生列车冲突。因此,在此情况下,司机应特别判明是否妨碍邻线,并根据情况及时采取防护措施。

四、被迫停车后的防护

为保证区间内迫停列车及邻线上运行列车的安全,防止后续运行的列车追尾,及开往区间的救援列车与迫停列车发生冲突,列车在区间被迫停车后,除使用无线调度通信设备联系外,还应使用响墩(夜间还应点燃火炬)对列车进行防护。

列车在区间被迫停车后,分别根据下列规定放置响墩:

1. 已请求救援时,从救援列车开来方面(不明时,从列车前后两方面),距离列车不少于300 m处防护,如图4-4、图4-5所示。因为列车调度员已在调度命令中指明被迫停车列车的位置,救援列车的司机可以提前减速,在300 m距离内停车。

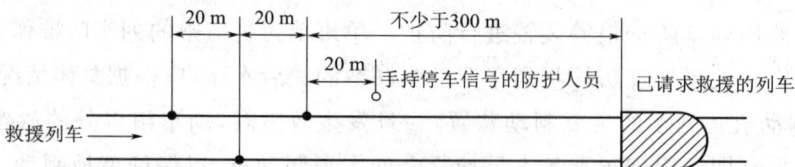

图 4-4　已知救援列车开来方向防护示意图

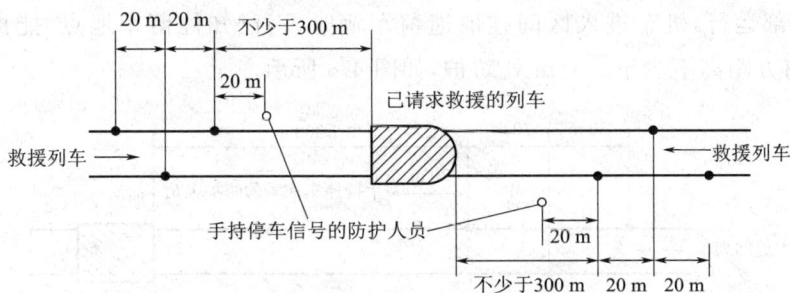

图 4-5 不明救援列车开来方向防护示意图

2. 一切电话中断后发出的列车(持有红色许可证通知书1的列车除外),应于停车后,立即从列车后方按线路最大速度等级规定的列车紧急制动距离(图 4-6 中的距离值 A 见表 4-4)位置处防护。

表 4-4 列车紧急制动距离限值表

列车类型	最高运行速度/(km/h)	紧急制动距离限值/m
旅客列车(动车组)	120	800
	160	1 400
	200	2 000
行邮列车	120	800
	160	1 400
行包列车	120	1 100
货物列车	90	800
	120	1 400

一切电话中断后发出的列车有两种可能:一种是持有红色许可证通知书1的列车,后面无追踪列车,故不要防护;另一种是持有红色许可证通知书2的列车,后面有追踪列车。在后面有追踪列车的情况下,因追踪列车对前行列车在区间停车没有准备,因此列车后部防护距离应为线路最大速度等级规定的列车紧急制动距离,如图 4-6 所示。

3. 对于邻线上妨碍行车地点,应从两方面按线路最大速度等级规定的列车紧急制动距离(图 4-7 中的距离值 A 见表 4-4)位置处防护,如确知列车开来方向时,仅对来车方面防护。放置响墩距离应为线路最大速度等级规定的列车紧急制动距离,如图 4-7 所示。

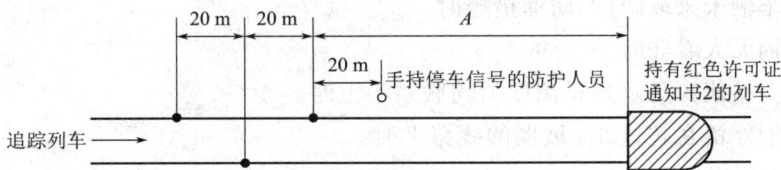

图 4-6 有追踪列车的防护示意图

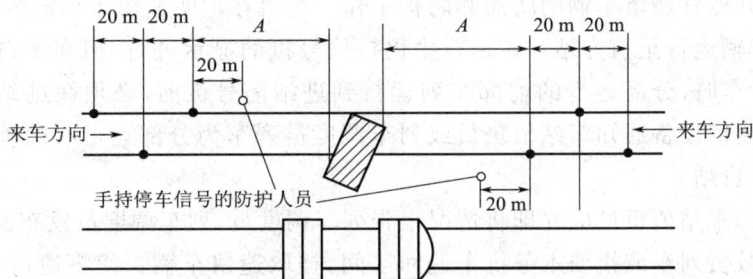

图 4-7 对于邻线上妨碍行车地点的防护示意图

4. 列车分部运行,机车进入区间挂取遗留车辆时,因已知停留车地点,能提前减速并停车,应从车列前方距离不少于 300 m 处防护,如图 4-8 所示。

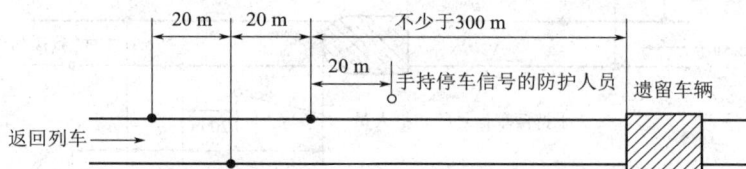

图 4-8　挂取遗留车辆的防护示意图

防护人员设置的响墩待停车原因消除后可不撤除(运行动车组列车的区段除外)。意即在防护人员撤除响墩后,走向本列的途中,防止后续列车闯入防护地段。

第三节　列车分部运行与列车退行

一、列车分部运行

(一)列车分部运行的概念

列车在区间内发生断钩、脱轨、制动主管破裂、坡停等事故,被迫停车后,不能原列运行,也就是在不得已情况下必须分批牵引,运行到前方站或后方站的处理过程,称为列车分部运行。

(二)造成列车分部运行的原因

造成列车分部运行的原因主要有:机车牵引力不足(超重)、断钩(无法修复)、制动主管破裂、货物倒塌、倾斜、列车脱轨等。

(三)不准分部运行的情况

以下情况只要有一条不符合要求时,即应禁止分部运行。

1. 采取措施后可整列运行时。

2. 对遗留车辆未采取防护、防溜措施时。

3. 遗留车辆无人看守时。

4. 司机与车站值班员及列车调度员均联系不上时。

5. 遗留车辆停留在超过 6‰ 坡度的线路上时。

(四)分部运行的办法

在不得已情况下,列车必须分部运行时,司机应使用列车无线调度通信设备报告前方站(列车调度员),并做好遗留车辆的防溜和防护工作。司机在记明遗留车辆辆数和停留位置后,方可牵引前部车辆运行至前方站。在运行中仍按信号机的显示进行,但在半自动闭塞区间或按电话闭塞法行车时,分部运行的前部车列运行到进站信号机前,必须在进站信号机外停车(司机已用无线通信设备通知车站值班员或列车调度员列车为分部运行时除外),将情况通知车站值班员后再进站。

列车到达后,车站值班员应立即将情况报告列车调度员,列车调度员发布调度命令封锁区间,按请求派出救援列车或指派本务机车返回区间,挂取遗留车辆。待将遗留车辆拉回车站,车站值班员确认区间空闲后报告列车调度员,列车调度员再次确认区间空闲(因区间封锁后,可能两端站均向区间开行救援列车)后,方可发布调度命令,开通区间。

二、列车退行

(一)列车退行的概念

列车在区间运行时,由于各种原因使列车不能向预定运行方向继续运行。因此,把列车向预定运行方向反方向的运行称为列车退行。

列车退行是在迫不得已的非正常情况下,如线路故障、山洪暴发、泥石流冲埋线路、桥梁隧道倒塌、列车坡停等。这一般都是按事故进行处理(不可抗拒的自然原因除外)的。

(二)造成列车退行的原因

1. 坡停,此时需退至适当地点,为闯坡准备条件。

2. 前方线路中断。

3. 自然灾害等。

(三)列车不准退行的规定

下列情况列车不准退行:

1. 按自动闭塞法运行时(列车调度员或后方站车站值班员确知区间内无列车,并准许时除外)。

因为在自动闭塞区间,列车是以出站和通过信号机显示的进行信号作为占用闭塞分区的凭证,在区间实行追踪运行。在这种情况下,列车退行有与追踪列车发生冲突的可能,因此不准退行。但已得到列车调度员或后方站车站值班员准许,确知区间内无追踪列车时除外。

2. 在降雾、暴风雨雪及其他不良条件下,难以辨认信号时。

因为列车退行时,司机不易瞭望,特别在降雾、暴风雨雪及其他不良条件下,难以辨认信号,操纵列车更为困难,若盲目退行即会危及行车安全。

3. 一切电话中断后发出的列车(持有红色许可证通知书1的列车除外)。

4. 挂有后部补机的列车,除上述情况外,是否准许退行,由铁路局集团公司规定。

(四)列车退行时的行车办法

必须退行时,应执行下列要求:

1. 车辆乘务员或随车机械师(无车辆乘务员或随车机械师时为指派的胜任人员)听到司机两长声的退行信号或通知后,应站在列车尾部注视运行前方,发现危及行车或人身安全时,应立即使用紧急制动阀(紧急制动装置)或列车无线调度通信设备通知司机,使列车停车。

2. 列车退行速度不得超过 15 km/h,以便在遇到意外情况时能及时停车。

3. 退行列车未得到后方站(线路所)车站值班员准许,不得退行到车站的最外方预告标或预告信号机(双线区间为邻线预告标或特设的预告标)的内方。以防止与跟踪出站调车的机车车辆发生冲突,停车后向车站值班员报告。

4. 车站接到列车退行的报告后,除立即报告列车调度员外,根据线路占用情况,可开放进站信号机或按引导办法将列车接入站内。

第四节　路用列车的开行办法

一、路用列车的概念

路用列车是指专为运送铁路内部自用物资而开行的列车,即不以营业为直接目的,专为运送铁路内部自用路料、线路施工机械或非运用车专列等开行的列车。

路用列车按用途主要有以下五种。

1. 进、出施工封锁区间,为运送施工作业人员和各种路用机械器材而开行的列车。

2. 为区间内收集路用器材而开行的列车。

3. 为施工而开行的按列车办理的线路作业机械。

4. 以非运用车编成的专列,如回送入厂的列车、试验列车、除雪车和救援列车等。

5. 回送封存车的列车。

二、路用列车的行车凭证

1. 当路用列车运行在非封锁区间时,仍按该区间的行车闭塞法运行,行车凭证为该行车闭塞法的行车凭证。

2. 向施工封锁区间开行路用列车的行车凭证为调度命令。该命令中应包括列车车次、运行速度、停车地点、停车时间、到达车站的时刻等有关事项,需限速运行时在命令中一并注明。

三、向施工封锁区间开行路用列车的有关要求

1. 向施工封锁区间开行路用列车,原则上每端只准进入一列,如超过时,其安全措施及运行办法由铁路局集团公司规定。

路用列车应由施工单位指派胜任人员携带列车无线调度通信设备值乘,并在区间协助司机作业。路用列车或线路施工机械进入施工地段时,应在施工防护人员显示的停车手信号前停车,根据施工负责人的要求,按调车办法,进入指定地点。

2. 凡妨碍行车的施工及故障地点的线路,均应设置防护。防护人员应由指定的、经过考试合格的铁路职工担任。

未设好防护,禁止开工。线路状态未恢复到准许放行列车的条件,禁止撤除防护,放行列车。

施工防护信号的设置与撤除,由施工负责人决定。

第五节　非正常情况下接发列车

车站接发车工作是列车运行的重要环节,也是保证列车按运行图安全正点运行、保证铁路畅通的关键环节。由于行车设备故障、列车运行计划变更或有特殊运行要求时,正常情况下的接发列车办法已不能适应。为确保行车安全和维持正常的行车秩序,对非正常情况下的接发列车,做了特殊规定。

一、客运列车变更接车进路时

原规定为通过的客运列车由正线变更为到发线接车及动车组列车、特快旅客列车遇特殊情况必须变更基本进路,分为两种情况:一种是到发线通过,另一种是到发线接车。由于客运列车运行速度高,在站内正线的运行速度也不低,而列车进入到发线受侧向通过道岔速度的限制,若列车超速进入到发线,可能造成脱轨颠覆事故。有的车站虽有预告信号机,但只能预告进站信号机的开放状态,不能预告道岔开通位置,因此,为保证客运列车的安全,原规定为通过的客运列车由正线变更为到发线接车及特快旅客列车遇特殊情况必须变更进路时,除有关信

号机的正常显示外,还应采取以下措施:

1. 须经列车调度员准许,并预告司机,以严格手续监督车站接发车线路的使用,使司机提前做好准备。预告办法为在前方站停车预告或使用列车无线调度通信设备预告。

2. 来不及预告时,应使列车在站外停车后,再开放进站信号机,接入站内。

对于规定在车站正线停车的客运列车,由正线变更为到发线接车时,由于司机已有在站停车的准备,可以控制列车进站速度,故不必采取上述措施。

3. 动车组列车遇特殊情况需变更办理客运业务的固定股道时,须经调度所值班主任(值班副主任)准许。

二、引导接车

引导接车是指凡进站或接车进路信号机故障、不能使用或在双线区段有反方向开来列车而又无进站信号机时,以引导信号或引导手信号接车的办法。

(一)引导接车的条件

在下列几种情况下,车站应使用引导信号或派引导人员引导接车:

1. 进站、接车进路信号机发生故障或因联锁失效不能开放使用时。

2. 进站、接车进路信号机施工停用时。

3. 变更规定接车线路,向进站、接车进路信号机联锁以外的线路上接车时。

4. 双线区段接入反方向开来列车(包括区间返回的列车、补机)时。

(二)引导接车的种类

1. 使用引导信号接车:车站接车进路准备妥当后,开放进站、接车进路信号机上的引导信号,列车可直接进站,不必站外停车。

2. 派引导员引导接车:未装设引导信号之月白色灯光或其故障以及不能构成引导信号时(如进站或接车进路信号机灯光熄灭),应派引导员在引导员接车地点标(未设引导员接车地点标的,应在进站、接车进路信号机或站界标外方)处,显示引导手信号,列车可直接进站,不必站外停车。

(三)引导接车的注意事项

引导接车时,司机应做到:无论使用引导信号或派引导人员引导接车,均应考虑到进路无联锁作用,万一进路不正确,就有可能发生接入有车线的事故。为使司机易于发现问题并能及时停车,在引导接车时,列车应以不超过 20 km/h 速度进站或通过接车进路,并做好随时停车的准备。列车头部越过引导信号,即可关闭信号或收回引导手信号。

随着列车速度的提高,部分铁路局集团公司采用了客运列车的"高速引导"方式,其进站速度提高到 60 km/h。

三、站内无空闲线路的接车办法

由于发生事故、自然灾害或组织不当等原因,造成站内正线、到发线及符合接车条件可以用来接车的所有线路(如调车线、货物线),均被占用或因故障不能正常接车的情况,称为站内无空闲线路。

(一)对接入列车的限制

站内无空闲线路时,已不具备接车条件。为及时开通线路,只准接入为排除故障、事故救援、疏散车辆等所需要的救援列车、不挂车的单机、动车、重型轨道车,以保证抢险、救灾及事故救援的紧急需要。

（二）接车办法

接入上述列车，是向有车线接车，线路空闲地段短又无规定的停车地点，因此规定特殊的接车办法。

1. 接车前，车站值班员应亲自或指派有关人员确认接车线内停留车位置，并通知在接车线内停留的机车、重型轨道车、动车司机，禁止移动位置，防止与接入的列车发生冲突。

2. 接车时不开放进站信号机，也不得使用引导接车办法，接车人员应站在进站信号机（反方向接车时为站界标）外方。所接列车应在站外停车，由接车人员通知被接入列车的司机接车线路、停留车位置、列车停车地点及其他注意事项，然后以调车手信号旗（灯）用调车办法将列车领入站内。

四、超长列车尾部停在警冲标外方，接入相对方向列车的办法

列车进站后，应停于接车线警冲标内方。在设有出站（进路）信号机的线路，列车头部不得越过出站（进路）信号机。

如列车尾部停在警冲标外方或压轨道绝缘时，车站接车人员应使用列车无线调度通信设备等通知司机或显示向前移动的手信号，使列车向前移动。当超长列车（指超过到发线有效长的列车）尾部停在警冲标外方时或压轨道绝缘时，相对方向接入的列车可能越过接车线末端警冲标，与超长列车尾部发生冲突。为防止事故发生，应根据不同情况采取措施。

1. 进站信号机外制动距离内，进站方向为超过 6‰ 的下坡道，而接车线末端无隔开设备时，须使列车在站外停车后，再开放进站信号机将列车接入站内，如图 4-9 所示。以防止接入列车越过接车线末端警冲标，与超长列车尾部发生冲突。

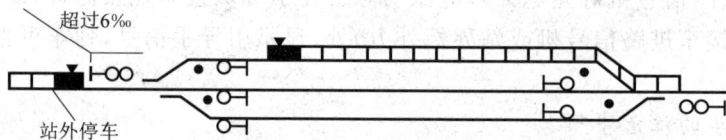

图 4-9　超长列车在规定条件下会车示意图

2. 超长列车尾部停在警冲标外方，如在邻线上未设调车信号机，又无隔开设备，相对方向需要进行调车作业时，为引起司机和作业人员注意，车站必须派人以停车手信号对列车进行防护，如图 4-10 所示。

五、出站信号机故障时的行车办法

出站信号机起防护区间、指示列车由车站出发运行条件的作用，并与发车进路上有关道岔及信号相联锁。出站信号机故障时，除按规定交递行车凭证外，对通过列车应预告司机，并显示通过手信号，列车可不停车通过该站。

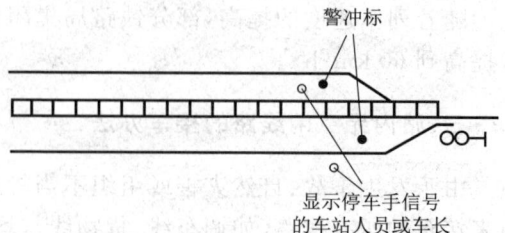

图 4-10　列车未进入警冲标防护示意图

装有进路表示器或发车线路表示器的出站信号机，当该表示器不良时，由办理发车人员，以口头通知司机后，列车可凭出站信号机的显示出发。因为进路表示器或发车线路表示器只是出站信号机显示的附加表示,而不是列车占用区间的凭证。

第六节　应急处理措施

一、列车发生火灾、爆炸时的处理办法

1. 列车发生火灾、爆炸时,须立即停车(停车地点应尽量避开特大桥梁、长大隧道等,选择便于旅客疏散的地点),车站不再向区间放行列车,并通知邻线及后续相关列车停车。电气化区段,现场需停电时,应立即通知供电部门停电。

2. 列车需要分隔甩车时,应根据风向及货物性质等情况而定。一般为先甩下列车后部的未着火车辆,再甩下着火车辆,然后将机后未着火车辆拉至安全地段。对甩下的车辆,在车站由车站人员负责采取防溜措施;在区间由司机、车辆乘务员负责采取防溜措施。

二、出站(进路)信号机突变时的处理办法

遇开放的出站(进路)信号机突然关闭时,司机应立即采取停车措施,并使用列车无线调度通信设备报告车站值班员或列车调度员。如列车停车后未越过关闭的信号机,待信号重新开放后再按规定开车;如列车停车后已越过关闭的信号机,应按下列规定办理:

1. 在自动闭塞区间,经查明不危及行车安全时,由列车调度员发布准许列车继续运行的调度命令(此项调度命令仅发给司机)或口头指示后,车站按规定发车,司机凭调度命令(或口头指示)和车站发车信号启动,按前方列车信号机的显示继续运行。如整列车全部越出车站(司机无法判别时为列车头部进入第二闭塞分区)时,在有良好通信记录装置的条件下准许使用列车无线调度通信设备向司机发布或转达准许列车继续运行的调度命令或口头指示,司机凭调度命令或口头指示直接开车。

2. 在半自动闭塞区间,原则上应使列车退回发车线重新办理发车。如因故无法退回时应按列车头部越过出站信号机的规定办理列车出发,并发给司机路票。

遇开放的出站(进路)信号机由绿色灯光或绿黄色灯光变为黄色灯光时,司机可按照信号机的显示继续运行,并将情况通知车站。

三、机车头灯在夜间故障时的处理办法

机车头灯在夜间运行途中故障时,应使用机车标志灯继续运行。若均故障时,应运行至前方站停车修复(在防洪、防台期间,遇暴风雨应减速运行),并立即用列车无线调度通信设备报告列车调度员。如均不能修复时,不能继续运行。

本 章 小 结

本章具体阐述了列车运行的基本要求;列车在区间被迫停车;列车分部运行与退行;救援与路用列车的开行;非正常情况下的接发列车以及列车运行中有关应急处理方法等内容。

在机车乘务工作中,有时会遇到一些非正常行车情况,学习中要重点掌握有关非正常情况下行车规定及知识,熟悉相关情况的处理方法和程序。

复习思考题

1. 何谓车列、列车？按列车办理必须具备哪些条件？什么叫列车乘务组？其任务有哪些？

2. 列车运行速度受哪些因素的限制？具体有什么要求？

3. 行车工作为什么要执行集中领导、统一指挥、逐级负责的原则？列车调度员的职责是什么？

4. 列车运行时对司机有何具体要求？

5. 登乘机车有什么规定？

6. 列车到达、出发及通过时刻是如何确定的？

7. 什么叫被迫停车？被迫停车后应如何处理？

8. 当被迫停车后，可能妨碍邻线时应如何处理？

9. 列车在区间被迫停车后，根据不同情况怎样使用响墩对列车进行防护？

10. 什么叫列车分部运行？哪些情况下禁止分部运行？若要分部运行，应如何处理？

11. 什么叫列车退行？哪些情况下禁止退行？若要退行，应如何处理？

12. 什么叫引导接车？哪些情况下要引导接车？引导接车时应注意什么？

13. 站内无空闲线路，对接入列车有什么限制？怎样将列车接入站内？

14. 超长列车尾部停在警冲标外方，接入相对方向列车有何限制？

15. 出站信号机故障的车站，办理通过列车时应注意什么问题？

16. 救援列车怎样派遣？开行救援列车对机车乘务员有何要求？

17. 路用列车占用区间的凭证是什么？开行路用列车有哪些注意事项？

18. 列车在区间内被迫停车时应如何联系？

19. 列车发生火灾时应如何处理？

第五章

事故与救援

　　为及时准确调查处理铁路交通事故,严肃追究事故责任,防止和减少铁路交通事故的发生,原铁道部根据国务院颁布的《铁路交通事故应急救援和调查处理条例》(国务院令第501号),制定了《铁路交通事故调查处理规则》(以下简称《事规》)。

　　《事规》明确:铁路机车车辆在运行过程中发生冲突、脱轨、火灾、爆炸等影响铁路正常行车的事故,包括影响铁路正常行车的相关作业过程中发生的事故;或者铁路机车车辆在运行过程中与行人、机动车、非机动车、牲畜及其他障碍物相撞的事故,均为铁路交通事故(以下简称事故)。

　　铁路运输企业和其他有关单位、个人应当遵守铁路运输安全管理的各项规定,防止和避免事故的发生。事故发生后,铁路运输企业和其他有关单位应当及时、准确地报告事故情况,如实提供相关证据,积极配合事故调查,开展应急救援工作,减少人员伤亡和财产损失,尽快恢复铁路正常行车。任何单位和个人不得干扰、阻碍事故应急救援、铁路线路开通、列车运行和事故调查处理。

　　铁路管理机构应当加强日常的铁路运输安全监督检查,指导、督促铁路运输企业落实事故应急救援的各项规定,按照规定的权限和程序,组织、参与、协调本辖区内事故的应急救援和调查处理工作。

　　事故调查处理应坚持以事实为依据,以法律、法规、规章为准绳,认真调查分析,查明原因,认定损失,定性定责,追究责任,总结教训,提出整改措施。

第一节　铁路行车事故等级

　　《事规》根据事故造成的人员伤亡、直接经济损失、列车脱轨辆数、中断铁路行车时间等情形,将事故等级分为特别重大事故、重大事故、较大事故和一般事故四个等级。具体规定如下:

一、特别重大事故

有下列情形之一的,为特别重大事故:

1. 造成30人以上死亡。
2. 造成100人以上重伤(包括急性工业中毒,下同)。
3. 造成1亿元以上直接经济损失。
4. 繁忙干线客运列车脱轨18辆以上并中断铁路行车48 h以上。
5. 繁忙干线货运列车脱轨60辆以上并中断铁路行车48 h以上。

二、重大事故

有下列情形之一的,为重大事故:

1. 造成 10 人以上 30 人以下死亡。

2. 造成 50 人以上 100 人以下重伤。

3. 造成 5 000 万元以上 1 亿元以下直接经济损失。

4. 客运列车脱轨 18 辆以上。

5. 货运列车脱轨 60 辆以上。

6. 客运列车脱轨 2 辆以上 18 辆以下,并中断繁忙干线铁路行车 24 h 以上或者中断其他线路铁路行车 48 h 以上。

7. 货运列车脱轨 6 辆以上 60 辆以下,并中断繁忙干线铁路行车 24 h 以上或者中断其他线路铁路行车 48 h 以上。

三、较大事故

有下列情形之一的,为较大事故:

1. 造成 3 人以上 10 人以下死亡。

2. 造成 10 人以上 50 人以下重伤。

3. 造成 1 000 万元以上 5 000 万元以下直接经济损失。

4. 客运列车脱轨 2 辆以上 18 辆以下。

5. 货运列车脱轨 6 辆以上 60 辆以下。

6. 中断繁忙干线铁路行车 6 h 以上。

7. 中断其他线路铁路行车 10 h 以上。

四、一般事故

一般事故分为:一般 A 类事故、一般 B 类事故、一般 C 类事故、一般 D 类事故。

(一)有下列情形之一,未构成较大以上事故的,为一般 A 类事故

1. 造成 2 人死亡。

2. 造成 5 人以上 10 人以下重伤。

3. 造成 500 万元以上 1 000 万元以下直接经济损失。

4. 列车及调车作业中发生冲突、脱轨、火灾、爆炸、相撞,造成下列后果之一的:

(1)繁忙干线双线之一线或单线行车中断 3 h 以上 6 h 以下,双线行车中断 2 h 以上 6 h 以下。

(2)其他线路双线之一线或单线行车中断 6 h 以上 10 h 以下,双线行车中断 3 h 以上 10 h 以下。

(3)客运列车耽误本列 4 h 以上。

(4)客运列车脱轨 1 辆。

(5)客运列车中途摘车 2 辆以上。

(6)客车报废 1 辆或大破 2 辆以上。

(7)机车大破 1 台以上。

(8)动车组中破 1 辆以上。

(9)货运列车脱轨 4 辆以上、6 辆以下。

(二)有下列情形之一,未构成一般 A 类以上事故的,为一般 B 类事故

1. 造成 1 人死亡。

2. 造成 5 人以下重伤。

3. 造成 100 万元以上 500 万元以下直接经济损失。

4. 列车及调车作业中发生冲突、脱轨、火灾、爆炸、相撞,造成下列后果之一的:

(1)繁忙干线行车中断 1 h 以上。

(2)其他线路行车中断 2 h 以上。

(3)客运列车耽误本列 1 h 以上。

(4)客运列车中途摘车 1 辆。

(5)客车大破 1 辆。

(6)机车中破 1 台。

(7)货运列车脱轨 2 辆以上 4 辆以下。

(三)有下列情形之一,未构成一般 B 类以上事故的,为一般 C 类事故

1. 列车冲突。

2. 货运列车脱轨。

3. 列车火灾。

4. 列车爆炸。

5. 列车相撞。

6. 向占用区间发出列车。

7. 向占用线接入列车。

8. 未准备好进路接、发列车。

9. 未办或错办闭塞发出列车。

10. 列车冒进信号或越过警冲标。

11. 机车车辆溜入区间或站内。

12. 列车中机车车辆断轴,车轮崩裂,制动梁、下拉杆、交叉杆等部件脱落。

13. 列车运行中碰撞轻型车辆、小车、施工机械、机具、防护栅栏等设备设施或路料、坍体、落石。

14. 接触网接触线断线、倒杆或塌网。

15. 关闭折角塞门发出列车或运行中关闭折角塞门。

16. 列车运行中刮坏行车设备设施。

17. 列车运行中设备设施、装载货物(包括行包、邮件)、装载加固材料(或装置)超限(含按超限货物办理超过电报批准尺寸的)或坠落。

18. 装载超限货物的车辆按装载普通货物的车辆编入列车。

19. 电力机车、动车组带电进入停电区。

20. 错误向停电区段的接触网供电。

21. 电化区段攀爬车顶耽误列车。

22. 客运列车分离。

23. 发生冲突、脱轨的机车车辆未按规定检查鉴定编入列车。

24. 无调度命令施工,超范围施工,超范围维修作业。

25. 漏发、错发、漏传、错传调度命令导致列车超速运行。

(四)有下列情形之一,未构成一般 C 类以上事故的,为一般 D 类事故

1. 调车冲突。

2. 调车脱轨。

3. 挤道岔。

4. 调车相撞。

5. 错办或未及时办理信号致使列车停车。

6. 错办行车凭证发车或耽误列车。

7. 调车作业碰轧脱轨器、防护信号，或未撤防护信号动车。

8. 货运列车分离。

9. 施工、检修、清扫设备耽误列车。

10. 作业人员违反劳动纪律、作业纪律耽误列车。

11. 滥用紧急制动阀耽误列车。

12. 擅自发车、开车、停车、错办通过或在区间乘降所错误通过。

13. 列车拉铁鞋开车。

14. 漏发、错发、漏传、错传调度命令耽误列车。

15. 错误操纵、使用行车设备耽误列车。

16. 使用轻型车辆、小车及施工机械耽误列车。

17. 应安装列尾装置而未安装发出列车。

18. 行包、邮件装卸作业耽误列车。

19. 电力机车、动车组错误进入无接触网线路。

20. 列车上工作人员往外抛掷物体造成人员伤害或设备损坏。

21. 行车设备故障耽误本列客运列车 1 h 以上，或耽误本列货运列车 2 h 以上；固定设备故障延时影响正常行车 2 h 以上（仅指正线）。

对影响行车安全的其他情形，列入一般事故。因事故死亡、重伤人数 7 日内发生变化，导致事故等级变化的，相应改变事故等级。

第二节 事故报告及调查

事故发生后，事故现场的铁路运输企业工作人员或者其他人员应当立即向邻近铁路车站、列车调度员、公安机关或者相关单位负责人报告。有关单位和人员接到报告后，应立即将事故情况向企业负责人和事故发生地安全监管办安全监察值班人员报告，安全监管办安全监察值班人员按规定向安全监管办负责人报告。

一、事故报告的主要内容

1. 事故发生的时间、地点、区间（线名、公里、米）、线路条件、事故相关单位和人员。

2. 发生事故的列车种类、车次、机车型号、部位、牵引辆数、吨数、计长及运行速度。

3. 旅客人数，伤亡人数、性别、年龄以及救助情况，是否涉及境外人员伤亡。

4. 货物品名、装载情况，易燃、易爆等危险货物情况。

5. 机车车辆脱轨辆数、线路设备损坏程度等情况。

6. 对铁路行车的影响情况。

7. 事故原因的初步判断，事故发生后采取的措施及事故控制情况。

8. 应当立即报告的其他情况。

事故报告后,人员伤亡、脱轨辆数、设备损坏等情况发生变化时,应及时补报。

二、事故调查

特别重大事故按《铁路交通事故应急救援和调查处理条例》规定由国务院或国务院授权的部门组织事故调查组进行调查。重大事故由国务院铁路监管部门组织事故调查组进行调查。较大事故和一般事故由事故发生地铁路监管部门组织事故调查组进行调查。发生一般 B 类以上、重大以下事故(不含相撞的事故),涉及其他安全监管办辖区时,事故发生地铁路监管部门应当在事故发生后 12 h 内发出电报通知相关铁路监管部门。相关安全监管办接到电报后,应当立即派员参加事故调查组。自事故发生之日起 7 日内,因事故伤亡人数变化导致事故等级发生变化,依照《铁路交通事故应急救援和调查处理条例》规定由上级机关调查的,原事故调查组应当及时报告上级机关。

(一)事故调查组履行的职责

(1)查明事故发生的经过、原因、人员伤亡情况及直接经济损失。

(2)认定事故的性质和事故责任。

(3)提出对事故责任者的处理建议。

(4)总结事故教训,提出防范和整改措施建议。

(5)提交事故调查报告。

事故调查组在事故发生后应当及时通知相关单位和人员;一般 B 类以上、重大以下的事故(不含相撞的事故)发生后,应当在 12 h 内通知相关单位,接受调查。事故调查组到达现场前,组织事故调查组的机关可指定临时调查组组长,组成临时调查组,勘察现场,掌握人员伤亡、机车车辆脱轨、设备损坏等情况,保存痕迹和物证,查找事故线索及原因,做好调查记录,及时向事故调查组报告。事故调查组到达后,发生事故的有关单位必须主动汇报事故现场真实情况,并为事故调查提供便利条件。事故发生单位的负责人和有关人员在事故调查期间应当随时接受事故调查组的询问,如实提供有关资料和物证。事故调查组有权向有关单位和个人了解与事故有关的情况,并要求其提供相关文件、资料,有关单位和个人不得拒绝。事故调查中需要对相关的铁路设备、设施进行技术鉴定或者对财产损失状况以及中断铁路行车造成的直接经济损失进行评估的,事故调查组应当委托具有国家规定资质的机构进行技术鉴定或者评估。调查组成员意见不一致时,应在事故报告中分别进行表述,报组织调查的机关审议、裁定。事故调查中发现涉嫌犯罪的,事故调查组应当及时将有关证据、材料移交司法机关。

(二)铁路交通事故调查报告应包括的内容

(1)事故概况。

(2)事故造成的人员伤亡和直接经济损失。

(3)事故发生的原因和事故性质。

(4)事故责任的认定以及对事故责任者的处理建议。

(5)事故防范和整改措施建议。

(6)与事故有关的证明材料。

(三)各等级事故的调查期限

事故调查组应在下列期限内向组织事故调查组的机关提交《铁路交通事故调查报告》:

(1)特别重大事故的调查期限为 60 日。

（2）重大事故的调查期限为 30 日。

（3）较大事故的调查期限为 20 日。

（4）一般事故的调查期限为 10 日。

事故调查期限自事故发生之日起计算。《铁路交通事故认定书》是事故赔偿、事故处理以及事故责任追究的依据，应按照规定的统一格式制作，内容包括：

（1）事故发生的原因和事故性质。

（2）事故造成的人员伤亡和直接经济损失。

（3）事故责任的认定。

（4）对有关责任单位及人员的处理决定或建议。

第三节　事故责任判定和损失认定

一、事故责任判定

事故分为责任事故和非责任事故。事故责任分为全部责任、主要责任、重要责任、次要责任和同等责任。

铁路运输企业或相关单位发布的文电，违反法律法规、铁路规章或铁路相关技术标准和作业标准等，直接导致事故发生的，定发文电单位责任。因设备管理不善造成的事故，定设备管理单位责任。因产品质量不良造成事故，属设计、制造、采购、检修等单位责任的，定相关单位责任；应采用经行政许可或强制认证的产品而采用其他产品的，追究采用单位责任；采购不合格或不达标产品的，追究采购单位责任。自然灾害原因导致的事故，因防范措施不到位，定责任事故。确属不可抗力原因导致的事故，定非责任事故。营业线施工中发生责任事故，属工程建设、设计、监理、施工等原因造成的，定上述相关单位责任；同时追究设备管理单位责任。已经竣工验收的设备，因质量问题发生责任事故，确属工程建设、设计、施工、监理等单位责任的，定上述相关单位责任；属设备管理不善的，定设备管理单位责任。涉嫌人为破坏造成的事故，在公安机关确认前，定发生单位责任事故；经公安机关确认属人为破坏原因造成的，定发生单位非责任事故。机车车辆断轴造成事故，由于探测、监测工作人员违章违纪或设备不良、管理不善等原因造成漏报、误报或预报后未及时拦停列车的，定相关单位责任。由于货物超载、偏载造成车辆断轴事故，定装车站或作业站责任。因列车折角塞门关闭造成事故，无法判明责任的定发生地铁路运输企业责任事故。

错误办理行车凭证发车或耽误列车事故的责任划分：司机起动列车，定车务、机务单位责任；司机发现未动车，定车务单位责任；通过列车司机未及时发现，定车务、机务单位责任；司机发现及时停车，定车务单位责任。

应停车的客运列车错办通过，定车站责任；在区间乘降所错误通过，定机务单位责任。因断钩导致列车分离事故，断口为新痕时定机务单位责任（司机未违反操作规程的除外），断口旧痕时定机车车辆配属或定检单位责任；机车车辆车钩出现超标的砂眼、夹渣或气孔等铸造缺陷定制造单位责任。未断钩造成的列车分离事故根据具体情况进行分析定责。

因货物装载加固不良造成事故，定货物承运单位责任；属托运人自装货物的，定托运人责任，货物承运单位监督检查失职的，追究货物承运单位同等责任。因调车作业超速连挂和"禁溜车"溜放等造成货物装载加固状态破坏而引发的事故，定违章作业站责任；产权单位委托其他单位维修设备设施，因维修质量不良造成事故，定维修单位责任；产权单位管理不善的，追究其同等责任。凡经国铁集团批准或铁路运输企业批准并报国铁集团核备后的技术革新项目、科研项目在运营线上试验时,在限定的试验期限内确因试验项目本身原因发生事故,不定责任事故;但由于违反操作规程以及其他人为因素造成的事故,定责任事故。

事故发生后,因发生单位未如实提供情况,导致不能查明事故原因和判定责任的,定发生单位责任。

事故涉及两个以上单位管理的相关设备,设备质量均未超过临修或技术限度时,按事故因果关系进行推断,确定责任单位。事故调查组未及时通知有关单位接受事故调查,不得定有关单位责任。有关单位接到通知后,应派员而未派员接受事故调查的,事故调查组可以直接定责。

铁路作业人员在从事与行车相关的作业过程中,不论作业人员是否在其本职岗位,由于违反操作规程、作业纪律,或铁路运输生产设备设施、劳动条件、作业环境不良,或安全管理不善等造成伤亡,定责任事故。

铁路机车车辆与行人、机动车、非机动车、牲畜及其他障碍物相撞造成事故,按以下规定判定责任:

1. 事故当事人违章通过平交道口或者人行过道,或者在铁路线路上行走、坐卧造成人身伤亡,定事故当事人责任。

2. 事故当事人逃逸或者有证据证明当事人故意破坏、伪造现场、毁坏证据,定事故当事人责任。

3. 事故当事人违反国家法律法规,有明显过失的,按过错的严重程度分别承担责任。

二、事故损失认定

事故相关单位要如实统计、申报事故直接经济损失,制作明细表,经事故调查组确认后,在《铁路交通事故认定书》中认定。

下列费用列入事故直接经济损失:

1. 铁路机车车辆、线路、桥隧、通信、信号、供电、信息、安全、给水等设备设施的损失费用。报废设备按报废设备账面净值计算,或按照市场重置价计算;破损设备设施按修复费用计算。

2. 铁路运输企业承运的行包、货物的损失费用。

3. 事故中死亡和受伤人员的处理、处置、医治等费用(不含人身保险赔偿费用)。

4. 被撞机动车、非机动车、牲畜等财产物资,造成的报废或修复费用。

5. 行车中断的损失费用。

6. 事故应急处置和救援费用。

7. 其他与事故直接有关的费用。

有作业人员伤亡的,直接经济损失统计范围、计算方法等按《企业职工伤亡事故经济损失统计标准》执行。

负有事故全部责任的,承担事故直接经济损失费用的100%;负有主要责任的,承担损失费用的50%以上;负有重要责任的,承担损失费用的30%以上、50%以下;负有次要责任的,承担损失费用的30％以下。有同等责任、涉及多家责任单位承担损失费用时,由事故调查组根据责任程度依次确定损失承担比例。负同等责任的单位,承担相同比例的损失费用。

铁路运输企业及其职工违反法律、行政法规的规定,造成事故的,依法追究行政责任。构成犯罪的,依法追究刑事责任。

在事故调查中,调查人员索贿受贿、借机打击报复或不负责任,致使调查工作有重大疏漏的,由组成事故调查组的机关给予处分,构成犯罪的,依法追究刑事责任。

第四节　救援工作

铁路运输条件复杂,职工技术水平、经验各不相同。工作中一旦疏漏或设备出现故障,事故便可能发生。铁路运输组织上设置了各级救援组织,就是为了在事故发生后,即能以最短的时间、保证铁路区间、车站咽喉道岔的迅速开通,使运输畅通,减少事故对整个铁路的干扰和影响。铁路是一部联动机,其中一个环节堵塞,就会立即影响到全局。一个站或一条线发生事故,特别是正线堵塞,就会立即影响到铁路局集团公司的安全生产,打消本部门安全成绩,甚至会影响其他相邻铁路局集团公司的正常运输,给国家造成重大损失。因此,铁路运输既要积极预防事故,做到防患于未然,又必须做好事故后的补救工作,尽快恢复行车,减少损失,这就体现出了救援工作在铁路运输中的重要性。

一、救援组织及救援设备的管理

事故发生后,列车司机等现场铁路工作人员应当立即采取停车措施,并按规定对列车进行安全防护。遇有人员伤亡时,应当向邻近车站或者列车调度员请求施救,并将伤亡人员移出线路、做好标记,有能力的应当对伤员进行紧急施救。

列车司机等现场铁路工作人员应当立即将事故情况报告邻近车站、列车调度员,接到报告的邻近车站、列车调度员应当立即组织处置。

为排除事故障碍,减少人民生命财产及国家财产损失,尽快恢复正常行车,必须迅速组织救援。因此,在指定地点设事故救援列车、电线路修复车、接触网检修车,配备应急通信设备,并处于整备待发状态,其工具备品应保持齐全整洁,作用良好。根据运输生产需要,铁路局集团公司应在无救援列车的编组站、区段站和二等以上车站成立事故救援队,配备简易起复设备和工具。机车、动车、重型轨道车上均应备有复轨器和铁鞋。

铁路局集团公司应急救援指挥中心应配备相应的应急通信设备,确保事故现场的图像、话音及数据在规定的时限内传送至应急救援指挥中心。

（一）事故救援队

在不需要出动救援列车时,事故救援队单独出动即能起复和处理一般脱轨事故。

通常,救援队由脱产或不脱产的职工组成,队长应由与行车有关的站、段长担任,救援队长接到命令后,应按规定立即组织救援队,并会同有关单位制订召集和出动办法。

向事故现场派出救援队时,人员、工具、材料的运送,可利用该地各单位的一切交通工具,任何单位必须服从调动,不得借故拒绝。到达事故现场后,由队长指挥做好下列工作:

1. 抢救负伤人员,保护国家财产。

2. 采取一切措施,起复机车、车辆,清除线路上的障碍物,迅速恢复行车。

3. 如事故严重需出动救援列车时,应于救援列车到达前,做好各项准备工作,并保护事故现场痕迹。

(二)救援列车

救援列车是为及时处理机车车辆颠覆、脱轨等事故而设的。在规定的地点应设救援列车。

1. 管理

救援列车的归属和管理,由所在机务段负责,或由铁路局集团公司确定。

救援列车设主任、管理员和工程技术人员、工长、救援起重机司机、救援机械司机和机车钳工、车辆钳工、熔接工等,技术工种的配备及救援列车的定员,由铁路局集团公司根据实际情况自行确定。

组成救援列车的车辆最大允许速度应与轨道起重机最大允许速度相适应,不得使用报废车辆。救援轨道起重机不应做非救援工作。遇特殊情况必须使用时,按出租办理,具体办法由铁路局集团公司制定,但不得影响救援任务。

2. 布局、等级及组成

救援列车的布局及担当的区域,原则上单方向救援距离一般为 250 km。60 t(内燃)轨道起重机的救援管辖半径一般应为 150 km,救援列车应配置 100 t 及其以上的轨道起重机(窄轨线路除外)。担当电气化区段和隧道地区救援任务的,应逐步配置液压伸缩式轨道起重机,配置 100 t 及以上吨位内燃轨道起重机的救援列车所管辖的半径一般应为 200 km。根据管辖区段运量可分为特等(担当路网性编组站救援任务)和一等。

救援列车均应配备所需的游车、办公指挥车、宿营车、餐车、轨枕车、工具车、备品车、臂架平车、发电车等特殊车辆及电焊机、砂轮机、内燃发电机组等机械设备和工具备品,水源困难的地区可配水槽车,平时应编成出动时不需要改编的完整车列。起重机应挂于救援列车的任一端,不准连挂于中部。各车风管连接好,制动作用保持良好。救援列车停留线,原则上应设在两端接通、便于救援列车出动的段管线上。其停留线两端道岔应开通不能进入的位置并加锁,钥匙由段(站)值班员保管。

3. 任务

救援列车的基本任务是:按照调度命令,争分夺秒地抢救事故,开通线路,迅速恢复行车,以及完成其他调度给予的作业任务;负责本列车管辖区域内各事故救援班的技术训练和业务指导及其工具备品的配置、改进、修理、补充工作;经常不断改革救援工具,改进救援方法,提高技术,保养好救援列车的设备。

4. 基本要求

对救援列车的要求是做到:出动快、起复快、开通快,拟定救援方案准确。

5. 救援列车的出动、开行及指挥

(1)出动

救援列车的出动,由铁路局集团公司机车调度发令,需要邻局集团公司救援时由国铁集团机车调度发令。机务段和救援列车接到出动命令时,要立即召集救援列车当班和休班人员,应迅速做好准备,保证在 30 min 之内出动,通信工、电力工和医护人员随行。在电气化区段接触网工亦需随行。

(2)开行

车站值班员接到司机或工务、电务、供电等人员的救援请求后,应立即报告列车调度员,列车调度员应向有关车站发布命令封锁区间,并派出救援列车。

向封锁区间发出救援列车时,不办理行车闭塞手续,以列车调度员的命令,作为进入封锁区间的许可。

当列车调度电话不通时,应由接到救援请求的车站值班员根据救援请求办理,救援列车以车站值班员的命令,作为进入封锁区间的许可。

司机接到救援命令后,机车乘务员必须认真确认。命令不清、停车位置不明确时,不准动车。

救援列车进入封锁区间后,在接近被救援的列车或车列 2 km 时,要严格控制速度,同时,使用列车无线调度电话与请求救援的机车司机进行联系,或以在瞭望距离内能够随时停车的速度运行(最高不得超过 20 km/h),在防护人员处或压上响墩后停车,联系确认,并按要求进行作业。

救援列车的出发或返回,均应通知列车调度员及对方站。如事故现场设有临时线路所,车站值班员应于发车前,商得线路所值班员的同意。

(3)指挥

现场救援工作实行总指挥负责制,按照事故应急救援响应等级,由相应负责人担任总指挥,或者视情况由上级事故应急救援工作机构指定人员担任临时总指挥,统一指挥现场救援工作。各工作组及参加事故应急救援的单位、部门应当确定负责人。救援列车进行起复作业时,由救援列车负责人或者指定人员单一指挥。

现场总指挥以及参加事故应急救援的各工作组负责人、各单位和部门负责人、作业人员应当区别佩戴明显标志。

现场指挥部应当在全面了解人员伤亡以及机车车辆、线路、接触网、通信信号等行车设备损坏、地形环境等情况后,确定人员施救、现场保护、调查配合、货物处置、救援保障、起复救援、设备抢修等应急救援方案,并迅速组织实施。在实施救援过程中,各单位、部门应当严格执行作业规范和标准,防止衍生事故。

各部门应根据救援需要,按系统分工准备足够的救援材料、工具、劳力等,保证生活供应,接通事故现场与列车调度员和最近两端车站的通话联系;如事故发生在夜间或短时间不能起复时,水电部门应在现场安装照明;需利用各单位交通工具时,必须服从调动,并不准以任何借口阻碍救援起复工作。

二、机车脱线后的起复

机车乘务员应能熟练掌握各种复轨器的使用方法,以便于当机车发生轻微脱线时能达到迅速起复机车的目的。常用起复工具有海参形、人字形及经过改造的人字形复轨器等。如图 5-1 所示为海参形复轨器,斜面 1 使车轮容易爬上,环圈 3 使复轨器不动阻止其爬行,突出钉 7 用以和枕木侧面连接。图 5-2 所示为人字形复轨器。

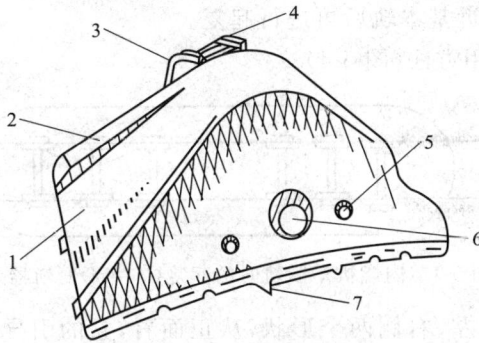

图 5-1　海参形复轨器

1—斜面;2—车轮引导部分;3—环圈;4—轮挡;

5—复轨器悬挂孔眼;6—复轨器手提孔眼;7—突出钉

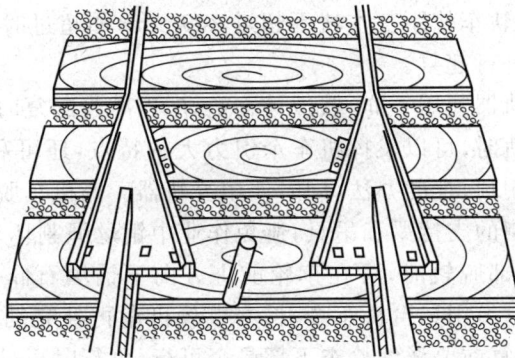

图 5-2　人字形复轨器

1. 海参形复轨器的使用方法(图 5-3)

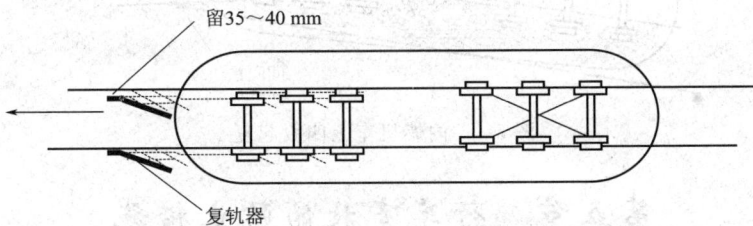

留35~40 mm

复轨器

图 5-3　内燃机车脱轨时的起复(海参形复轨器)

(1)海参形复轨器分内、外侧两种,其顶部外侧比内侧稍高,要注意选择使用。

(2)使用时外侧复轨器应安装在钢轨外侧与基本轨密贴。内侧复轨器安放在钢轨内侧与基本轨保持 35~40 mm 的间隙,以便轮缘通过。安放复轨器时,要安放在两钢轨同侧面的两根轨枕上(要躲开鱼尾板、有轨撑时要拆除),复轨器应对称安装。可在水泥枕间串木枕使用。

(3)复轨器安放后,必须用螺栓卡子、道钉固定好,以防使用时滑动,复轨器顶部须涂油,在脱轨车轮至复轨器之间应用石砟及铁板垫好,以减轻阻力和防止轧坏枕木。

(4)使用海参形复轨器时,脱轨车轮距基本轨不超过 150 mm,如超过时,可采取用钢丝绳拉轴箱或逼轨法,使车轮靠近基本轨后再进行起复。

2. 人字形复轨器的使用方法(图5-4)

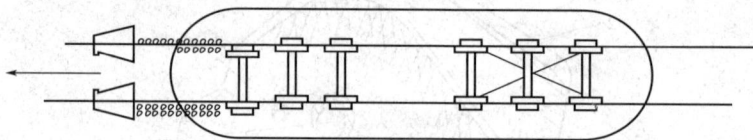

图5-4 内燃机车脱轨时的起复(人字形复轨器)

(1)人字形复轨器分为左、右侧两个形状,从正面看,它的引导楞是外股长,内股短,形成"左人右入"形状。使用时将长引导楞安放在钢轨外侧,短引导楞安放在钢轨内侧。

(2)使用时,必须放在拉车的前进方向,左右分开摆齐(要躲开鱼尾板、有轨撑要拆除),将安放复轨器尾部的石砟挖出,装好串销拧紧,顶丝固定好,复轨器下部的空处用石砟、铁板等垫硬,复轨器前端与钢轨面接触处,可垫少量棉纱、砂粒、木片等物,以防滑行。

(3)使用时要注意:脱轨车轮距基本轨不超过240 mm,如超过时,须用"拉"和"逼"的方法使车轮靠近基本轨,然后进行起复。

(4)由脱轨车轮至复轨器间用石砟、铁板等物垫好,以减少起复时的阻力和损坏轨枕。

(5)内燃机车发生脱轨时,可以发挥机车牵引力大的特点,还可利用本身的拉力起复。发生一般严重的脱轨,要采用顶、挂的办法,同时使用复轨器。当机车脱轨或颠覆歪倒,而使用起重机复位时,均应使用特制的支持梁和吊具,避免作业中钢丝绳割坏车体,扩大损坏。

当内燃机车进四股全部脱轨时,可在车轮前进方向下铺填石砟直到间隔铁至脱轨轮间。铺垫的石砟应略高于轨面,另用一台机车牵引,本事故机车再补充动力向前慢慢运行,利用间隔铁达到复轨目的。在起复前要详细检查下部是否可行,可行时再进行起复,如图5-5所示。

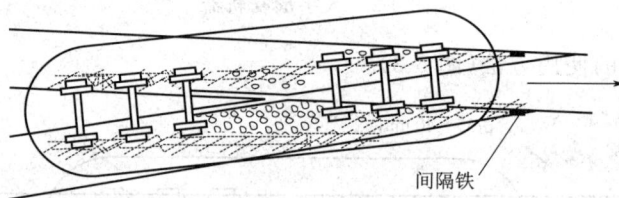

间隔铁

图5-5 内燃机车上四股起复

第五节 行车事故的防止措施

安全生产是铁路运输的生命线。机务安全是运输安全的重要组成部分,又是本部门职工素质、设备质量、基本工作和管理水平的综合反映,是一项复杂的系统工程。既要重视安全管理和安全教育,又要重视安全设备科技开发。必须贯彻"标本兼治、预防为主"的方针。各级机务干部和专业技术人员都要经常深入第一线,添乘机车,调查研究,掌握信息,针对每个时期出现的关键问题和事故隐患及时采取措施,将事故消灭在发生之前。

机车乘务员应刻苦钻研业务,精通各有关行车安全规章,遵守各项制度。

为了保证安全行车,乘务员出乘前应充分休息、睡眠,出乘后思想集中、精力充沛。机车在出段前认真检查制动机机能,制动缸活塞行程要符合标准。挂车时,确认停留车位置,严格按照"十、五、三车"距离的要求控制机车速度。挂车后,在进行列车制动机试验时严格按照规定要求,进行全部或简略试验。列车在接近长大下坡道区间的车站应进行持续一定时间的全部试验,司机要从列检取到制动效能证明书。开车前,对行车凭证、出站信号、发车信号厉行二人以上确认和呼唤应答。严格按照信号显示的要求和规定速度行车。遇信号显示不明、不正确、无信号或天气不良、信号辨认不清时,必须立即停车。严禁臆测行车、超速运行。信号瞭望困难的车站,应提前采取措施降速确认信号。进站施行二段制动时,要准确掌握速度和充风时间。实行隔时、续行办法行车、跟踪调车或在自动闭塞区间运行的列车,通过黄色灯光的分区信号时,应立即减速,保证在次一信号前停车。

机务安全工作应以防止列车冒进信号为主,把好"两进""两出"(进出站及专用线)。除认真贯彻执行国铁集团所公布的各项规定、命令外,各铁路局集团公司机务部门还应制定落实下列基本制度:

(1)机务段、运用车间安全例会制度。

(2)机务段干部安全管理工作及考核奖励制度。

(3)列车运行监控装置各项管理制度。

(4)指导司机安全管理制度。

(5)机车乘务员待乘休息管理制度。

(6)一次出乘作业标准。

(7)瞭望及呼唤应答制度。

(8)人身安全及电气化铁路安全制度。

以上除行车途中呼唤应答制度由国铁集团统一制定外,其余由铁路局集团公司制定并下达执行。各铁路局集团公司还应制定下列安全措施,汇编成册,组织乘务员学习并贯彻执行:

(1)防止冒进信号措施。

(2)自动闭塞区段防止追尾措施。

(3)防止断钩措施。

(4)防止坡停措施。

(5)机车防火措施。

(6)机车防溜措施。

(7)雨天、雾天行车安全措施。

(8)防止列车折角塞门关闭措施。

各级机务部门必须建立严格的制度,用好管好车载行车安全装备,并与电务部门协调配合,保证出段机车的安全装备作用良好。运行途中严禁擅自关机。机务部门要逐步推进性能可靠的机车运行自动监控记录装置,进一步提高行车安全的可靠性。"车机联控"是防止列车冒进信号、错误办理行车进路的有效制度,机务部门必须认真贯彻执行,并与运输部门协调配合,不断完善和发展这项制度。机车乘务员要熟记以上各项制度和措施并严格遵照执行。

机车乘务员只有平时注意积累行车经验,有针对性地预想预防,练就一身过硬本领,才能在工作中有效防止事故的发生,或在事故发生后做到冷静处理,把事故损失降低至最低程度。

本章小结

本章介绍了铁路行车事故等级;列车在发生各种行车事故时的通报及相关规定;行车事故

的分析调查及处理方法与机务行车相关联的事故责任判定原则；列车发生事故的救援工作、救援组织及救援设备的管理；机车脱线后的起复方法；防止行车事故的重要制度及措施。

复习思考题

1. 铁路行车事故按性质、损失及对行车造成的影响，有哪些分类？
2. 铁路交通发生哪些情形构成特别重大事故？
3. 铁路交通发生哪些情形构成重大事故？
4. 较大事故是怎样规定的？
5. A 类一般事故是怎样规定的？
6. B 类一般事故是怎样规定的？
7. 事故报告的主要内容有哪些？
8. 救援列车的管理工作有哪些要求？
9. 救援列车在前往事故地点的运行途中有哪些注意事项？
10. 简述海参型复轨器的使用方法。
11. 简述人字形复轨器的使用方法。
12. 机务部门应制定哪些防止责任事故的重要措施？

第六章

内燃机车整备

第一节 机车整备作业及整备设备的布置原则

一、机车整备作业内容及整备设备项目

内燃机车出段前的一切整备和准备工作,称为内燃机车的整备作业。机车整备作业内容包括:

1. 机车检查、修理(行检和乘务员自检自修的项目)。

2. 日常给油。

3. 机车控制装置、制动机等系统的机能试验。

4. 机车信号、运行监控记录装置的检测。

5. 燃油、机油、冷却水与砂的补充。

6. 机车清洁作业。

7. 机车转向和重联机车配对。

为进行内燃机车的整备作业所设置的各项专用设备,称为内燃机车的整备设备。机车整备设备是机务设备的重要组成部分。它对保证机车正常工作,缩短机车整备作业时间,提高机车运行效率,都有极为重要的作用。

由于整备作业的内容及整备工作量的不同,机务段或机车运用段整备设备的项目和能力也有所不同,一般应设置下列整备设备:

1. 卸放、储存及供应机车燃油的设备。

2. 卸放、储存及发放机车用润滑油、脂的设备。

3. 制备和供应机车用冷却水的设备。

4. 卸放、储存、干燥及供给机车用砂的设备。

5. 机车转向设备。

6. 机车检查设备,包括整备地沟等。

7. 机车外壳洗刷设备。

除上述设备之外,尚有机车自动信号、列车运行监控装置和机车自动停车装置及无线电通信设备的检修测试所等,油、水化验室,段内停放机车和整备作业的线路应平直,线路纵断面的坡度不得超过 1‰。

二、内燃机车的整备工作量

内燃机车的整备工作量,包括每昼夜整备台次及燃油、机油、冷却水、干砂的消耗量,现分述如下。

（一）机车每昼夜整备台次

运用机车每次自进段进行整备作业，至整备完毕出段，算作一个整备台次。机务段每昼夜的整备台次应按照机车所采用的运转制及作业性质分别计算，计算方法如下：

1. 沿线客、货运机车整备台次

（1）肩回式运转制

每担当一对列车牵引任务，机车要入段整备一次。

$$N_整 = \sum n \tag{6-1}$$

式中　$N_整$——由本段担任整备的机车台次数；

　　　n——由本段担任整备的一个交路区段的列车对数。

（2）循环运转制

循环运转制的机车整备作业，是在本段内和本段所在站上两处进行的。

由机务段内的整备台次：

$$N'_整 = \frac{S_{沿日}}{L_辅} \tag{6-2}$$

式中　$S_{沿日}$——实行循环运转制的全部机车日走行公里（km）；

　　　$L_辅$——机车辅修走行公里标准（km）。

在机务段所在站上的整备台次：

$$N''_整 = \sum n - N'_整 \tag{6-3}$$

式中　n——实行循环运转制的一个交路区段的列车对数。

（3）半循环运转制

实行半循环运转制时，机车在机务段内和在机务段所在站上的整备台次相等。

$$N_整 = \frac{1}{2} \sum n \tag{6-4}$$

式中　n——实行半循环运转制的一个交路区段的列车对数。

2. 调小机车整备台次

调车机车及小运转运用机车，一般按每台机车每昼夜进段整备一次计算。

（二）机车整备台位数的计算

在确定了机务段每昼夜的整备工作量之后，机车整备台位数可按下式计算：

$$A_整 = \frac{N_整 \cdot t_整 \cdot C}{1\,440} \tag{6-5}$$

式中　$A_整$——机务段整备台位数；

　　　$N_整$——每昼夜整备机车台数；

　　　$t_整$——每台机车整备作业时间（min）；

　　1 440——一昼夜的分钟数；

　　　C——机车整备不均衡系数，取 $C = 1.2 \sim 1.5$。

（三）内燃机车燃油消耗量

1. 客、货运机车一次上油允许走行的最大里程 L_{max} 可按下式计算：

$$L_{max} = \frac{0.85 E_容}{Q q_c} \times 10^4 \tag{6-6}$$

式中　$E_容$——机车燃油容量（kg）；

　　　Q——列车总质量（t）；

q_c——机车燃油消耗指标$[kg/(10^4 t \cdot km)]$;

0.85——机车燃油箱储油量的安全许用系数。

2. 沿线客、货运机车牵引区段单程耗油量

沿线客、货运内燃机车的燃油消耗量与线路条件、机车类型、运输组织、气候条件等许多因素有关,一般采用平均万吨公里耗油指标,按下式作近似计算。

$$E_沿 = QLq_c \times 10^{-4} \tag{6-7}$$

式中　$E_沿$——沿线客、货运内燃机车交路区段的单程耗油量(kg);

Q——列车总质量(t);

L——机车牵引交路长度(km);

q_c——机车燃油消耗指标$[kg/(10^4 t \cdot km)]$。

3. 调车机车燃油消耗量

调车机车燃油的消耗量按平均每小时耗油指标作近似计算,一般为 $25\sim30$ kg/h。

4. 机车检修及其他用燃油消耗量

机车检修及其他用燃油量,一般按机车运用耗油量的 $1\%\sim2\%$ 计算。

(四)内燃机车柴油机润滑油消耗量

机务段柴油机润滑油的消耗量包括机车运用耗油和机车检修耗油两部分。

机车运用耗油包括运用中补油、正常换油、非正常换油(未到规定的走行公里而更换)及机车检修时的换油。检修耗油量是指各检修班组的零星耗油量,这部分耗油量甚小。机车每昼夜耗油量一般按千机公里耗油指标作近似计算。

$$E_润 = \frac{S_日 \cdot q_{h1}}{1\,000} \tag{6-8}$$

式中　$E_润$——机车每昼夜的柴油机润滑油总耗油量(kg);

$S_日$——机务段全部机车日总走行公里(km);

q_{h1}——每千机公里耗油指标,以每千机公里耗油公斤数计算。

(五)内燃机车冷却水消耗量

内燃机车冷却水的消耗量,运用机车按千机公里计算,机车中修时,要更换冷却水。机务段全部运用机车每昼夜的耗水量按下式计算:

$$H = \frac{S_日 \cdot q_{h2}}{1\,000} \tag{6-9}$$

式中　H——运用机车每昼夜总耗水量(kg);

$S_日$——机务段全部机车日总走行公里(km);

q_{h2}——耗水指标,以每千机公里耗水公斤数计算。

(六)机车耗砂量

内燃机车耗砂量与机车类型、线路纵断面的情况、气候条件等因素有关,一般按下式计算:

$$A = \frac{S_日 \cdot q_a}{1\,000} \tag{6-10}$$

式中　A——机车每昼夜总耗砂量(m^3/d);

$S_日$——机务段全部机车日总走行公里(km);

q_a——耗砂指标,以每千机公里耗砂量(m^3)计算。

三、内燃机车整备作业进度表

机车整备作业必须按照一定的顺序进行。整备作业组织直接影响着机车的运用效率。为了提高机车的运用效率,就要尽可能地缩短机车整备作业时间。各项整备作业的单项时间应根据现场的实际情况查定。在采用合理的整备作业组织与机械化整备设备的前提下,力求在一个整备地点上达到最大限度的平行作业。在设备条件限制下不能满足平行作业的要求时,其整备作业的顺序应依据现有设备的构造特点及它们的相互位置来确定。

机车整备作业进度表,是以图线表示机车整备作业的程序和进度的图表,如图 6-1 所示。从整备作业进度表中可以看出,机车开到整备线以后,上燃油、润滑油、冷却水都可以进行平行作业,只有上砂是单独进行的。机车检查和给油作业,需要较长时间,因此机车整备作业时应停在有地沟的线路上,使机车检查与给油作业同时进行。

顺序	作业项目	作业时分	标 准 时 间/min							
			10	20	30	40	50	60	70	80
1	机车开到整备线	3								
2	上燃料油	15								
3	上冷却水	5								
4	领取润滑油和擦拭材料	10								
5	上　砂	10								
6	擦拭和机车给油	30								
7	检查机车	60								
8	机车开出整备线	2								
总 的 时 间/min			90							

图 6-1　内燃机车整备作业进度表

机车整备作业进度表,是根据机车整备作业内容、检查设备的能力和布置情况等具体条件制定的。机务折返段、机务整备点与机务段的情况各不同,应按照它们的具体条件,制定相应的整备作业进度表,以指导整备作业顺利地进行。

四、布置整备设备的原则

要保证机车在机务段内进行全面的整备作业,就必须设置全套的运转整备设备,其规模和能力视整备工作量而定。

在布置机车运转设备时,应遵循下列主要原则:

1. 整备待班线及出段线的布置,应使机车从进段到出段的作业顺畅,尽量避免机车在段内走行时相互干扰,使机车调动灵活。

2. 所有整备设备应尽可能集中布置,使其紧凑合理,尽量满足平行作业的要求,达到行程短、作业快、效率高,以缩短机车整备作业时间。

3. 根据整备作业量的大小及需要,尽量采用新技术、新工艺、新设备,提高机械化、自动化的水平,以改善劳动条件,提高生产率及减少占地面积。

五、整备作业方式

机车整备设备的选择与布置和整备作业方式有着密切的关系。拟定机车整备作业方式时,要以整备设备的形式及条件为依据,同时,选用整备设备时,也要使其适用于对应的整备作业方式。

现将几种常用的整备作业方式介绍如下。

第一种机车整备作业方式的作业顺序如图6-2所示,依次为:

机车入段→机车外壳洗刷→(机车转头)→给燃油、润滑油、冷却水、砂,机车给油检查→机车待班→机车出段。

此种作业方式中,机车在专门的台位上用洗刷机进行外壳清洗,以减轻体力劳动,缩短机车整备作业时间。

第二种机车整备作业方式的作业顺序如图6-3所示,依次为:

机车入段→(机车转头)→给燃油、润滑油、冷却水、砂→机车给油检查,机车外壳擦洗→机车待班→机车出段。

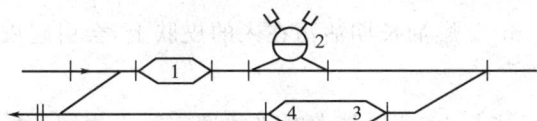

1—机车洗刷;2—机车转头;3—给燃油、润滑油、
冷却水、砂,机车给油检查;
4—机车待班

图6-2　第一种机车整备作业方式示意图

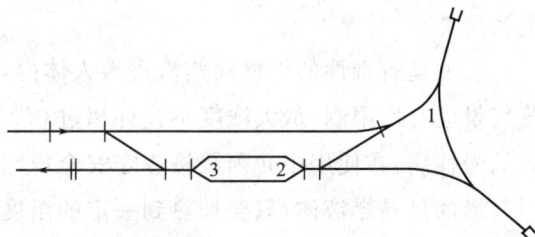

1—机车转头;2—给燃油、润滑油、冷却水、
砂,机车给油检查,机车外壳擦洗;
3—机车待班

图6-3　第二种机车整备作业方式示意图

此种作业方式与第一种作业方式的区别,在于不设专门的洗刷台位与洗刷机。目前,大部分内燃机务段采用此种方式。

第三种整备作业方式的作业顺序如图6-4所示,依次为:

机车入段→机车外壳洗刷→给燃油、润滑油、冷却水、砂→(机车转头)→机车给油检查→机车待班→机车出段。

此种作业方式特点是:燃油、润滑油、冷却水、砂等供应作业,在专门的发放台

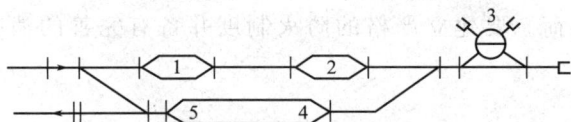

1—机车外壳擦洗;2—给燃油、润滑油、
冷却水、砂;3—机车转头;
4—机车给油检查;5—机车待班。

图6-4　第三种机车整备作业方式示意图

位上进行,在发放台位附近设置发放室,室内装有自动化计量仪表,可以定量发放燃油、润滑油,便于实现发放作业机械化、自动化,并相应减少发放台位,易于集中管理。但发放作业与机车的给油检查作业由平行改为流水,相应地延长了整备作业时间。

第二节　内燃机车整备设备

一、燃油整备设备

(一)燃油的储备和安全技术

为了保证内燃机车的燃油供应,机务段设有燃油库,燃油库的总储量是根据每昼夜燃油的

最大消耗量和规定的储备天数确定的。每昼夜最大的消耗量,系指满足最大客、货运量时一天的轻燃油用量。储备天数则根据燃油库所在地区的供油条件而定,一般为 1～2 个月。燃油库的总储量可按下式计算:

$$Q_{油总} = Q_油 \cdot T_储 \tag{6-11}$$

式中　$Q_{油总}$——燃油库的总储备量(t);

　　　$Q_油$——每昼夜最大燃油消耗量(t);

　　　$T_储$——燃油的规定储备天数。

燃油库用储油罐储油。根据计算的燃油总储量,选择单罐容量和油罐数量。为便于施工、检修和技术管理,在同一油库内尽量采用同一容量的油罐,并尽量减少油罐的数量。考虑到油品号的更换,以及油罐的倒罐、清洗、检修等作业,一般库内的油罐数量以 2～4 个为宜。燃油罐按其安装位置,可分为地下式、半地下式和地上式三种,按制造材料的不同可分为金属和非金属两类。

燃油是有毒性的。燃油蒸汽进入人体内,对人的健康是有害的。因此空气中含有燃油的蒸气量应有所限制,最大浓度不允许超过 0.3 mg/m³。燃油长期沾污在人的皮肤上,会引起皮肤的慢性病,在使用中必须严格遵守安全规则。

燃油是易燃液体,只要加热到一定的温度就可能起火,所以储存时必须遵守防火规则。燃油与金属、橡胶和丝织物摩擦时能产生静电荷。当油罐某个部位集聚的静电,其电位达到与低电位物体之间的绝缘介质(如空气、油蒸气)不能承受的程度时,就会产生静电放电,这种放电火花对上部聚有大量油蒸气的油罐来说,具有较大的火灾危险性。因此机务段的燃油库内油罐之间、油罐与相邻建筑物之间的防火距离,都要符合严格的要求。油库罐区应采取切实的隐蔽防护措施(如建铁刺丝围墙,做好绿化伪装等)。油罐上要安装必要的安全装置,油罐要可靠地接地,以导除静电及雷电副作用产生的电荷。要建立严格的防火制度并备有完善的消防设备。

(二)燃油的输送和发放

1. 燃油的输送

内燃机务段内为停放油罐车进行卸油作业,设有卸油专用线。卸油线应为平坡直线段,其股道数和长度,应根据燃油消耗量及地形条件确定。油罐车开到卸油线后,通过卸油设备将燃油从罐车卸至储油罐内。卸油设备采用卸油台和卸油柱两种。卸油台是沿着卸油线用钢筋混凝土建成的栈台,栈台宽度为 1 500 mm,栈台上每隔一定距离设置一个卸油鹤管,其数量及布置的间距根据作业要求而定。

卸油立柱是独立的卸油鹤管,如图 6-5 所示。卸油柱设备费用低,多用于燃油消耗量不大的机务段。卸油柱也可用于卸放润滑油。

为了将燃油从油罐车卸至储油罐,以及从储油罐通过发放柱向机车供油,都要用设在油泵房内的输油泵,经输油管道连通起来,组成一个完整的燃油输送系统。

输油泵有离心泵、往复泵和齿轮泵三种,通常采用离心泵,用电动机驱动,电动机选用封闭式或防爆式的,以保证工作中的安全。

油管的敷设有两种方法:一种为埋设法,即把油管埋在土壤里,其深度应在冻土层以下,管顶埋深不小于 0.7 m,管底应高出地下水位 0.5 m 以上,埋设的管道每隔 200～300 m 接地一次,以防静电聚积产生静电电压,并根据土壤电阻率确定涂刷不同类型的绝缘防腐层。另一种为管沟法,即在管线较多(如冷凝水管、压缩空气管等)、布置复杂的情况下,将油管敷设在不燃材料制成的支架上。管沟按高度可分为通行的(管沟高 h=1.5～1.8 m)、半通行的(h=1.0～1.5 m)和不通行的(h≤1.0 m)三种。管沟应有一定的排水坡度。架高敷设的管沟要在装附件或其他需要维修设备的地方设置平台或扶梯,并考虑照明问题。

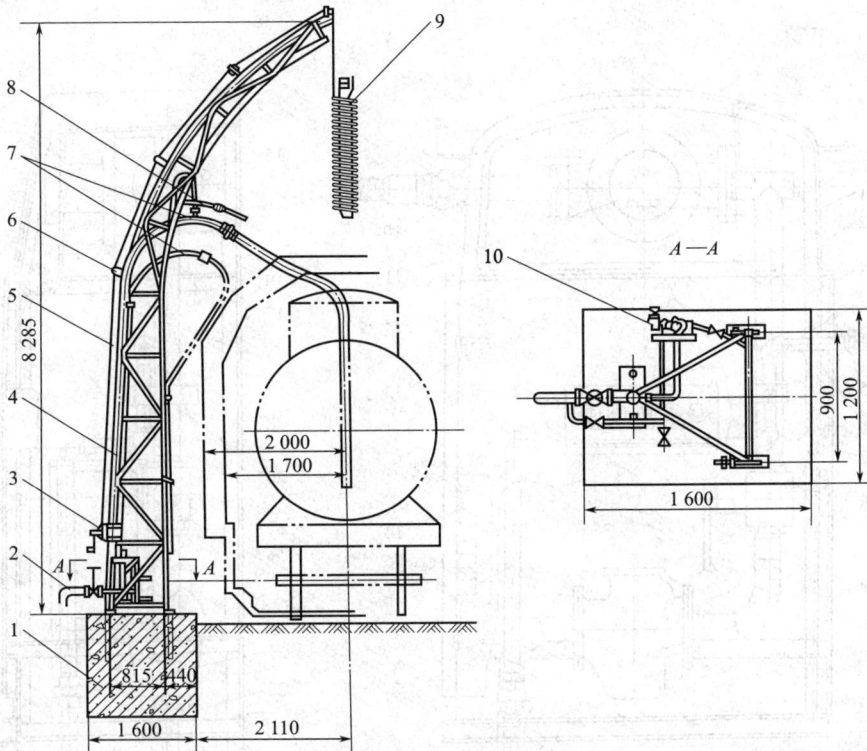

1—基础;2—出油管;3—手摇绞车;4—卸油柱架;5—钢丝绳;6—滑轮;7—吸油管;

8—蒸汽管;9—加热式吸油管;10—手摇泵。

图 6-5　卸油柱(单位:mm)

2. 燃油的发放

向机车供给燃油的主要设备是发放柱。油泵房内的离心泵将储油罐内的燃油压送到发放柱,再从发放柱通过输油胶管向机车燃油箱注油。

放发柱有单发放燃油的,也有与冷却水或机油合柱的。图 6-6 即为燃油、冷却水发放柱的构造图。

发放柱的骨架用螺栓固定在基础上,骨架分上、下两部分。在上骨架上有顶盖、吊架、上盖前窗和上盖后板。在下骨架上,用外壳组成后壁和侧壁,前面安装发放柱的门。

发放柱内有燃油管 3 和冷却水管 6。燃油管用活接头 22 同外部燃油管相连接。燃油在输送过程中,先通过过滤器 9 过滤,进入可启闭的锻钢球阀 8,然后进入流量计 11。燃油从流量计流出来,通过接头 10 进入输油胶管,再经过胶管向机车的油箱注油。

发放柱内的冷却水管,用活接头 21 同外部冷却水管相连接,并用管卡 20 同燃油管紧固在一起。冷却水通过接头 5 进入输水胶管再向机车注送。

二、润滑油、脂整备设备

内燃机车使用的润滑油、脂在日常运用中必须加以补充,机车定期修理时又必须进行更换,所以应有一定的储备量。油、脂的种类较多,各项油、脂的储备量,可按其不同品种分别计算。

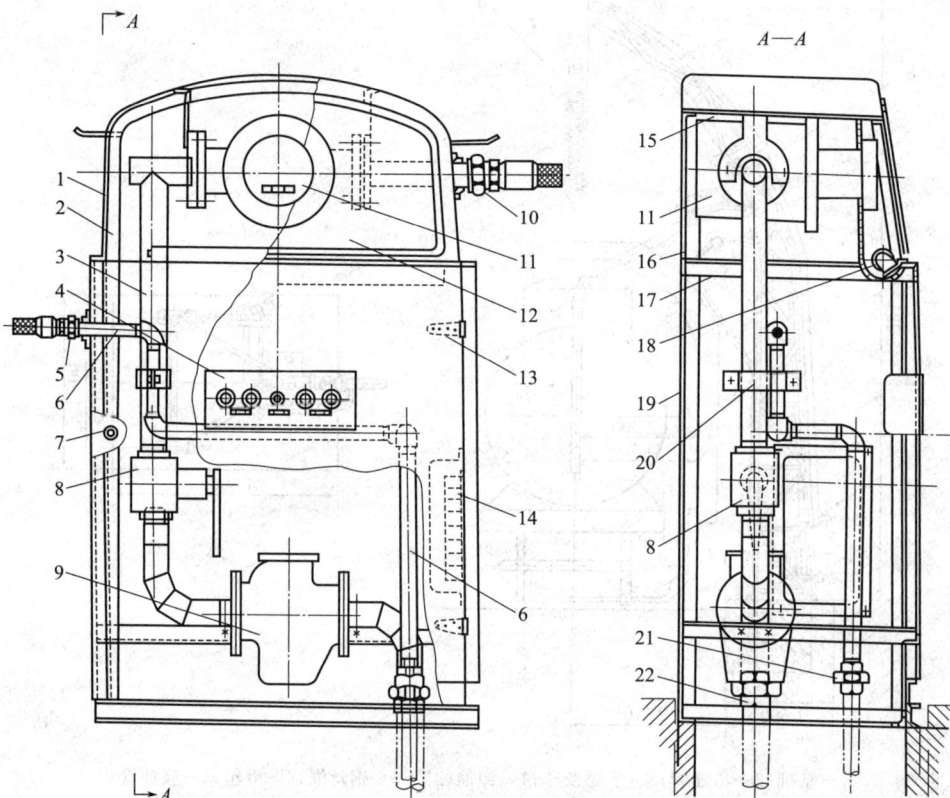

1—顶盖;2—上骨架;3—燃油管;4—控制板;5—输水胶管接头;6—冷却水管;7—门锁;

8—启闭式锻钢球阀;9—过滤器;10—输油胶管接头;11—流量计;12—上盖前窗;13—门铰链;

14—电器板;15—上盖后板;16—框架;17—上骨架;18—荧光灯;19—外壳;20—管卡;

21—水管活接头;22—油管活接头。

图 6-6　燃油、冷却水发放柱

柴油机机油的用量最大,机油一般是用铁路黏油罐车运送的。机务段卸机油的设备通常与卸燃油的设备布置在一起,其卸油方法有自流法和卸油柱两种。自流法是靠罐车与储油罐间的油位差,使机油经卸油管道流入储油罐的方法。在冬季气温低时,可将黏油罐车加热,以增加机油的流动性。黏油罐车下部都设有加热套,将蒸汽管与罐车的加热套连接,通入蒸汽,在加热的同时,把罐车底部的排油阀与卸油管路连接,待加热完毕时,开启排油阀,机油则经卸油管路流至地下机油罐内。为了加快卸油速度,还可在卸油管路中安装一套齿轮油泵。使用卸油柱是从罐车顶部卸油,如同卸燃油的方式。即把卸油柱的吸油管伸入罐车顶口,用真空虹吸的方法使吸油管路内全部充满机油,再启动电动离心泵进行卸油。

储存机油一般为卧式油罐,罐内设蒸汽加热器(加热器的型式有盘管、分段加热器等)。在机车整备线附近设有油脂发放间,发放间内的电动齿轮油泵从储油罐把机油泵入室内的油罐中,发放时再从室内油罐流入移动油泵车内,送到整备线上,通过软管向机车泵送。

其他各种消耗量不大的润滑油,一般都是采用桶装储存在油脂发放间内。发放时,用手摇泵送到高位油桶,再用自流方式放入乘务员的盛油容器内。

润滑油经过一定时间的使用后会发生化学变化及沾污,逐步失去润滑性能,这种情况即为老化。老化的润滑油通过一定的处理方法,还能够恢复润滑性能,这称为润滑油的再生。再生的方法很多,设备也比较复杂,但是,在耗油量很大的机务段,安装一套再生设备还是比较经济的。

三、冷却水整备设备

(一)冷却水的制备方法

制备符合质量要求的冷却水,主要是除去水中的机械杂质和胶体物质,对水进行软化,并按配方加以腐蚀抑制剂。天然水中含有大量的悬浮物,应预先用蓄水池澄清,然后再用石英砂过滤,进一步除去水中的悬浮物。当采用城市自来水时,就不必进行这种处理了。

对水进行软化,一般可采用下述几种方法:

1. 煮沸水

将蒸汽直接通入水中,把水煮沸,成为煮沸水。采用煮沸水作为冷却水时,须加入适量的软化剂氢氧化钠($NaOH$)及水合磷酸三钠($Na_3PO_4 12H_2O$)进行软化,所需要的软化剂的数量应根据原水中的含盐量和水箱的容积经计算确定,并在每立方米水中加入防蚀剂重铬酸钾($K_2Cr_2O_7$)$1.5 \sim 2.0\,kg$,亚硝酸钠($NaNO_2$)$2.0 \sim 2.5\,kg$,这样能降低金属离子进入溶液的速度,或在金属表面形成密实的保护层以减少腐蚀。

2. 蒸馏水

将锅炉蒸发的蒸汽,利用蒸发器或热交换器冷凝成水。采用蒸馏水作为冷却水时,须在每立方米水中加入软化剂氢氧化钠$0.5 \sim 0.7\,kg$,磷酸三钠$0.16 \sim 0.2\,kg$,防蚀剂重铬酸钾$1.5 \sim 2.0\,kg$,亚硝酸钠$2.0 \sim 2.5\,kg$。

采用煮沸水作为冷却用水,经使用证明水质较差,还容易形成水锈。而使用蒸馏水,水质固然能符合要求,但成本却很高。

3. 离子交换软水

离子交换软水是一种用离子交换剂使水软化的方法。水中溶解物的主体是电解质,也就是能导电的水溶性物质。电解质分子在水溶液中分解成带正(＋)、负(－)电荷的离子。阳离子通常是金属离子,如 Ca^{2+}、Mg^{2+}、Na^+ 等;阴离子是非金属离子,如酸根 Cl^-、SO_4^{2-}、CO_3^{2-} 等。

离子交换软水法采用一种复杂的高分子化合物——树脂。树脂是一种不溶性物质,在一切有机、无机溶剂中溶解度都极为微小,但在结构中则含有活动性的阴、阳离子。含有阴、阳离子的天然水（硬水），通过阴、阳离子的交换树脂层时，树脂中的阳离子与原水中的阳离子置换，树脂中的阴离子与原水中的阴离子置换。通过上述离子交换过程，即可使原水软化。从离子交换装置中出来的就是中性的纯水，其交换反应式如下：

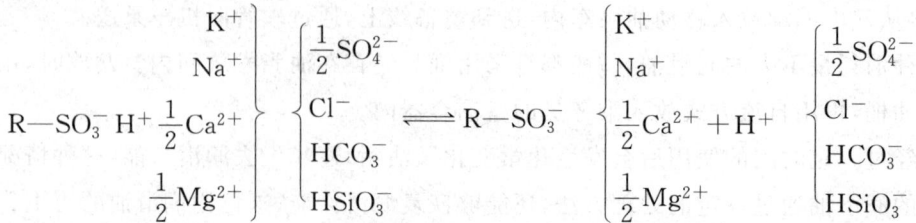

$$
R{-}SO_3^-\ H^+\ \tfrac{1}{2}Ca^{2+}\ \tfrac{1}{2}Mg^{2+}\ \begin{Bmatrix}\tfrac{1}{2}SO_4^{2-}\\ Cl^-\\ HCO_3^-\\ HSiO_3^-\end{Bmatrix} \rightleftharpoons R{-}SO_3^- \begin{Bmatrix}K^+\\ Na^+\\ \tfrac{1}{2}Ca^{2+}\\ \tfrac{1}{2}Mg^{2+}\end{Bmatrix}+H^+ \begin{Bmatrix}\tfrac{1}{2}SO_4^{2-}\\ Cl^-\\ HCO_3^-\\ HSiO_3^-\end{Bmatrix}
$$

原水通过阳树脂层时，水中的钾、钠、钙、镁等金属离子与树脂中的氢离子置换，从交换装置的阳柱下方流出，谓之脱盐水，呈酸性，再经管路导入交换装置阴柱上方，通过阴树脂层，水中的氢离子与树脂中的氢氧根（OH⁻）离子结合成水，从交换装置阴柱下方流出的水即为中性的软水。这种反应可用下式表达：

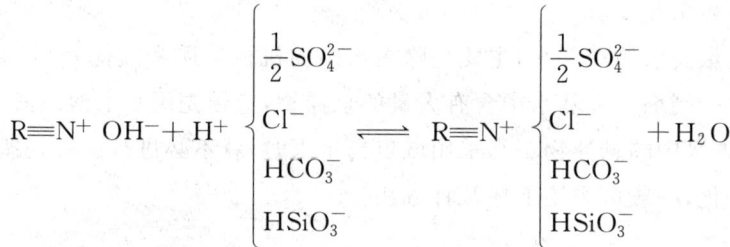

$$
R{\equiv}N^+\ OH^- + H^+ \begin{Bmatrix}\tfrac{1}{2}SO_4^{2-}\\ Cl^-\\ HCO_3^-\\ HSiO_3^-\end{Bmatrix} \rightleftharpoons R{\equiv}N^+ \begin{Bmatrix}\tfrac{1}{2}SO_4^{2-}\\ Cl^-\\ HCO_3^-\\ HSiO_3^-\end{Bmatrix}+H_2O
$$

上述离子交换过程可综合如图 6-7 所示。

经过交换装置制取纯水，仍须进行水质检验，符合要求后，再加入一定数量的重铬酸钾防腐添加剂，就可以成为合格的柴油机冷却水。

在离子交换装置中的置换反应是可逆的，离子交换树脂经过一个时期的工作后，和原水中的电解质离子达到平衡，就失去了交换能力，需要对树脂再生，使上述反应逆转进行。

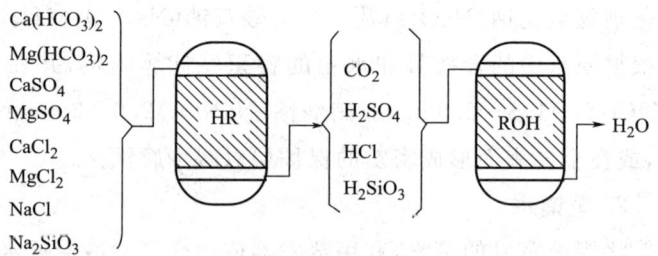

图 6-7　离子交换法制取纯水反应示意图

（二）冷却水的发放

冷却水的发放（即向机车供水）是通过发放柱进行的。发放柱往往是燃油与冷却水合在一起的。

四、机车给砂设备

（一）机车用砂的技术要求

机车在运用中发生空转的危害性是很大的。为了增大机车车轮与钢轨间的黏着系数，防止机车轮对空转，在运用中的适当时机，采用撒砂措施，使车轮与钢轨间增大黏着力。

机车用砂要能使其在砂管中均匀流动，不会结成砂块堵塞砂管；砂子应保持松散，不致黏附在砂箱壁上；黏土含量不得超标；同时，对砂粒的颗粒度有一定的要求，颗粒过小时容易从钢轨上吹掉,过大时又容易从钢轨上滚落;砂粒要具有足够的硬度和强度,砂粒中含石英量越大,硬度和强度就越大;原砂中所含的水分应很少而且容易排掉,烘干后砂的品质不会降低。综上所述,机车用砂的质量应符合表 6-1 的要求。

表 6-1　机车用砂技术要求

砂种	成分/%		砂粒及比例		备　注
	石英	黏土	粒度直径/mm	占有比例/%	
普通砂	>70	≤3	0.1~0.2	≥90	石英粒度直径为 0.2~0.5 mm 的应占 60%~65%
			<0.1	≤10	
优质砂	>90	≤1	0.1~0.2	≥95	
			<0.1	≤5	

为了满足上述要求,首先要选用合适的原砂,同时在机务段内要有一套用于筛选、烘干、储存和发放砂子的设备。

机车的给砂作业包括储砂、干砂及上砂。给砂作业中,必须采取严格的防砂尘措施,因为它直接关系到作业人员的健康。国家规定在给砂作业中的砂尘允许浓度标准为 2 mg/m^3,以保护作业人员的身体健康。

(二)原砂储存

原砂从砂源地运到机务段储存,根据当地的气候条件,可在露天的晒砂场或在专用的储砂库存放。原砂的储量一般不少于 3 个月的机车用砂量。

机务段的耗砂量与机车类型、列车重量、交路长度、线路纵断面的情况、气候条件以及机车乘务员的操纵技术等有关。

由于干砂的作业方式不同,干砂库的容量也有不同的要求。采用自然干砂时,应能储存不少于 2 个月的机车耗砂量;采用机械干砂时,不少于 15 天的机车耗砂量。

(三)干砂设备

使湿砂干燥,可用日晒或用炉烤。日晒法不需什么特别的设备,较为经济,但受气候条件限制,难以保证正常供应。一般机务段都是采用机械烤砂设备。烤砂炉的种类较多,规格不一,现以滚筒式烤砂炉为例简述如下:

滚筒式烤砂炉的构造如图 6-8 所示,由火箱、滚筒、卸砂箱、烟筒、传动装置和支承装置等组成。两个输送砂子的电动提斗机设在烤砂炉两端,湿砂从后端的提斗机送入滚筒内,干砂从前端的提斗机送出。

烤砂炉为直流式,砂子和燃气的流动方向是一致的。滚筒具有 1/25 的坡度,由电动机经传动装置带动滚筒旋转,筒内的砂子旋转前移,直接与燃气接触。砂子初进炉内时湿度很大,由于被高温的燃气加热,砂内的水分很快就被蒸发,燃气的温度在滚筒内逐渐下降,因而砂子不致烧坏。烤砂滚筒与前端的筛砂筒相连接,筛后的粗砂流入废砂箱,合格的干砂则漏入集砂箱,再通过挤压罐送向砂塔,或用提斗机运至干砂的储砂房储存。滚筒式烤砂炉热效率高,节省燃料,机械化程度及生产效率高,劳动条件好,不烤砂时还可以作筛砂机用,而且为密封作业,对防止砂尘危害效果很好,因而在机务段得到广泛采用。

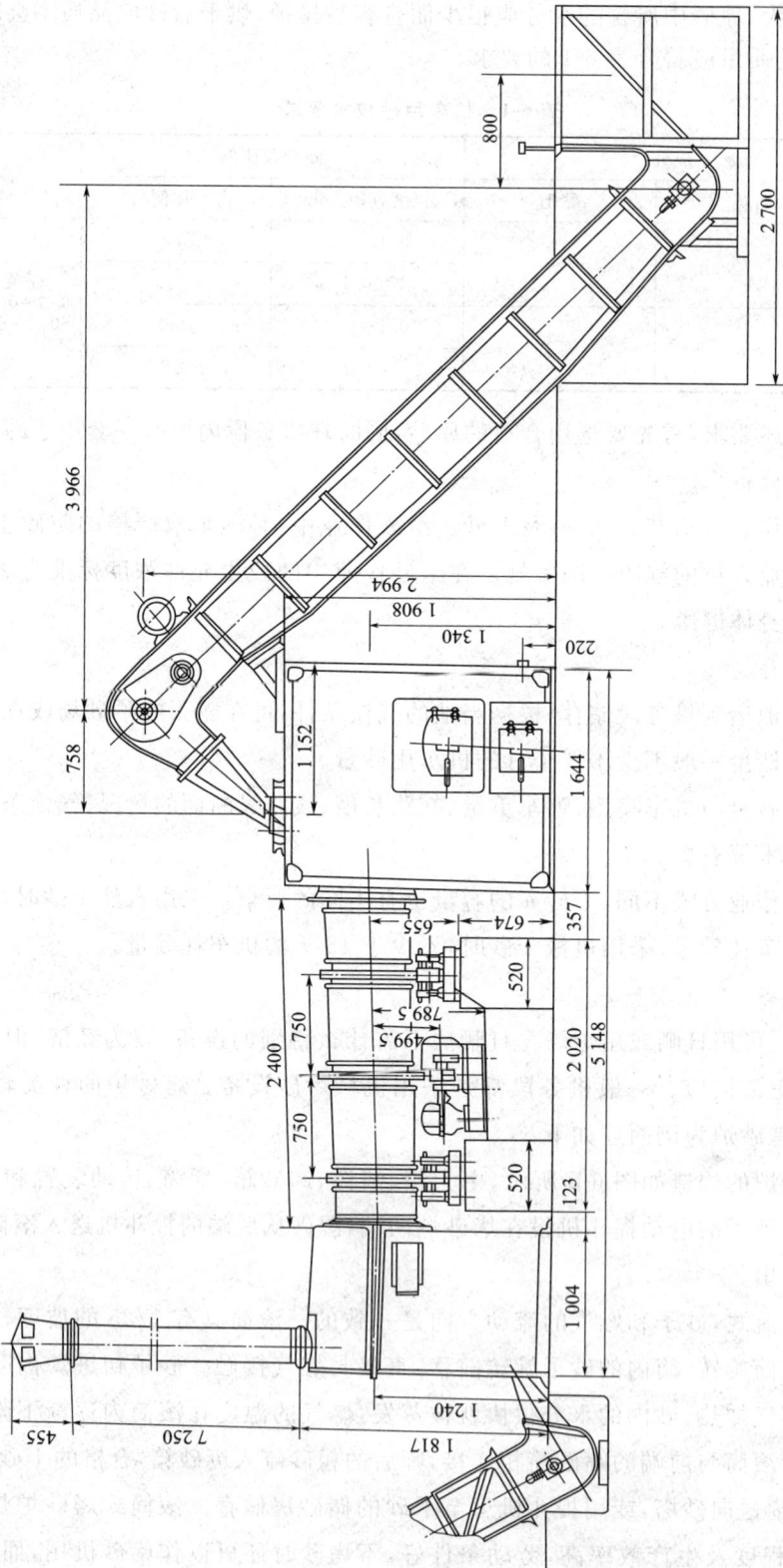

图 6-8 滚筒式烤砂炉（单位：mm）

（四）上砂设备

在机车整备台位处应设置上砂设备。向机车上砂要快，并且不使砂子撒落。机械化上砂设备多采用挤压罐配高架砂塔的上砂方式。挤压式风力给砂装置的作用原理如图 6-9 所示。

经烘烤筛选后的干砂送入挤压罐后，用压缩空气（压力一般为 500 kPa）将干砂经输砂管压送到高架砂塔内。由于挤压罐要承受一定的压力，所以对罐体构造强度及运用的要求较为严格。

砂塔分为配砂罐、架两部分，配砂罐的容量一般不少于 6 h 的机车用砂量。配砂罐的顶部装有防尘帽，以防止挤砂时灰尘飞扬并便于压缩空气外逸。配砂罐下部配有扇形阀及配砂管两套，向机车上砂时，干砂从配砂罐经配砂管以自流方式向机车砂箱给砂。图 6-10 为上坡式输砂管及砂塔示意图。

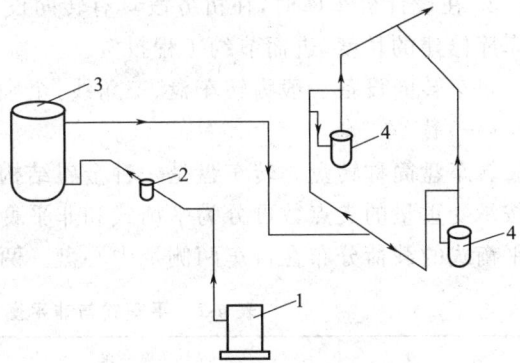

1—空气压缩机；2—油水分离器；
3—储风缸；4—挤压罐。

图 6-9　挤压式给砂装置作用原理图

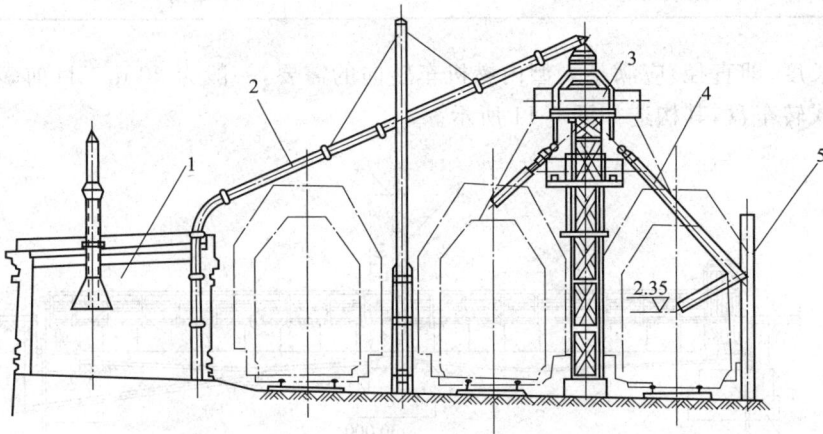

1—干砂间；2—输砂管；3—砂塔；4—配砂管；5—配砂管支架。

图 6-10　上坡式输砂管及砂塔示意图

对于耗砂量很小的机务段，一般不需采用机械化的上砂设备，可将蓄电池叉车（或内燃叉车）上装设砂箱，当机车需要上砂时，把叉车开到机车砂箱附近，将叉车上的砂箱升起，经砂管注入机车砂箱。此种上砂方式机动灵活，投资又少。

五、机车转向设备

单司机室的机车在运用中是需要转向的。双节连挂或双司机室的机车从驾驶的角度来讲并不需要转向，但是存在轮缘磨耗不匀等原因。因此不论配属哪种类型的机车，对于机务段还是应该设置一套机车转头设备，其原因是：

1. 因线路条件（如曲线多、半径小）使机车轮对发生偏磨，造成机车落轮修的次数增加。如在机务段设有转向设备时，待机车运行一定的公里之后，能够进行一次调头转向，则可使机车轮缘磨耗均匀,延长机车走行公里,提高机车运用效率。

2. 机车在段修时,因机车检修作业位置与库内机械设备配合的需要,对机车进行转向。

3. 在设计机车库时,在机务段具有转向设备的条件下,考虑机车转向落轮问题,可以缩短机车库修建的长度,进而节约工程投资。

机车转向设备一般为转车盘、三角线,个别地区也有采用回转线的。

(一)转 车 盘

转车盘简称转盘。转车盘是一种金属结构的架梁,梁上铺轨,轨面与线路标高平齐。转车盘按承受重量的支点数可分为平衡式和非平衡式两种。平衡式的载荷集中在中心盘(座),而非平衡式的载荷分布在台车两侧及中心盘。两者的主要优缺点比较见表6-2。

表 6-2　平衡式与非平衡式转车盘主要优缺点比较

项　　目	平　衡　式	非平衡式
载荷(机车转车盘)	集中于中心座	分布在台车两端及中心座
转向时间	时间较长(机车重心必须与转车盘中心一致,要对准重心)	时间较短(不需找重心,可随意停车)
回转阻力	较小	较大
维修费用	维修费用多	维修费用少

转盘的长度(即直径)应满足大型内燃机车转向的需要,一般为 30 m。目前多采用焊接结构的非平衡式转车盘,其构造如图 6-11 所示。

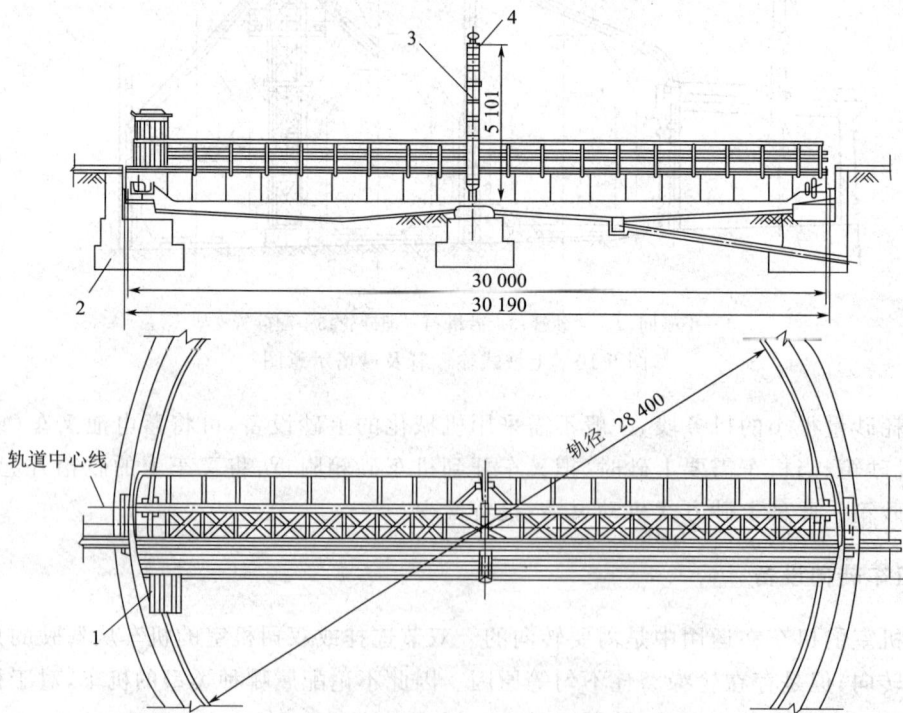

1—操纵室;2—围墙;3—拱门;4—过电盘。

图 6-11　非平衡式转车盘(单位:mm)

金属桁架梁落在特别的转盘坑内,沿着转盘坑围墙的坑底铺设有环形的台车轨道。梁上一端操纵室下部设有驱动转盘的电动机及其机械传动装置,电动机的电源经拱门过电盘引入。

转车盘与其他转向设备比较,有转向时间短、占地面积小、容易布置等优点,但在维修时对机车的转向需考虑补救措施。

（二）三　角　线

三角线是一种常用的机车转向设备。三角线的形式有直边式、等边式和不等边式三种。选用何种形式,是根据地形和设备布置的具体位置而定的。直边式、等边式三角线的配线布置如图 6-12 所示。三角线主要数据及布置要求见表 6-3 及表 6-4。

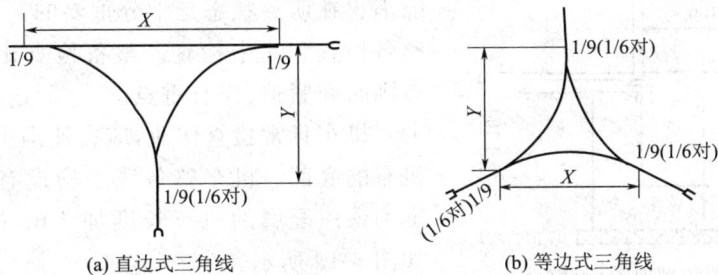

(a) 直边式三角线　　　　(b) 等边式三角线

图 6-12　三角线配线布置图

表 6-3　三角线主要数据　　　　单位:m

项　目	直　边　式		等　边　式	
	1/9 道岔	1/6(对)道岔	1/9 道岔	1/6(对)道岔
X 值	397.2	396.7	216.3	197.9
Y 值	209.9	199.4	187.3	171.4
铺轨长	1 261.1	1 249.3	723.4	691.2
曲线半径	200	200	200	200

表 6-4　三角线布置要求

项　目	内　　容
半径	不小于 200 m
坡道	曲线坡道应尽量平缓,困难地段坡度不陡于 12‰;在尽头线范围内,要求为平道或面向车挡不陡于 5‰的上坡
尽头线长度	尽头线的有效长度,内燃、电力机车不小于 60 m
车挡	尽头线应设车挡及标志灯

（三）回　转　线

回转线是一条环形线路,占地面积较大,单独修建作为机车转向的情况极少。回转线的半径不得少于 200 m,坡道应尽量平缓,由于它能使机车兼列车自然转向,如在枢纽内的机务段,当条件允许时,亦可利用。

六、机车检查设备

机车在运用过程中，不间断地、定期地进行检查、维护保养，保持机车的完好技术状态，对保证机车正常工作，提高运输效能具有十分重要的意义。

机车在运用状态下的维护与保养，一般可分为日常检查和中间技术检查两种。

机车的检查是机车维护保养的依据。以往并无特别的设备，但随着科学技术的发展，新的检测手段和检测技术的采用，机车检查制度及检查设备都将逐渐完善起来。

（一）机车的日常检查

机车在运用中，由于受到动力作用，机车各部件存在自然耗损、磨损和材料性能等问题。通过日常检查，发现不良处所，及时进行维修，把故障消灭在萌芽状态是十分重要的。日常检查可分为整备检查和途中检查。整备检查比较全面，途中检查则时间紧迫，应有重点。

机车日常检查作业，应在地沟上进行，以便检查机车的底部。机车整备线上均设有地沟，地沟的长度为该段配属的机车长度加 4 m，机车地沟的剖面如图 6-13 所示。

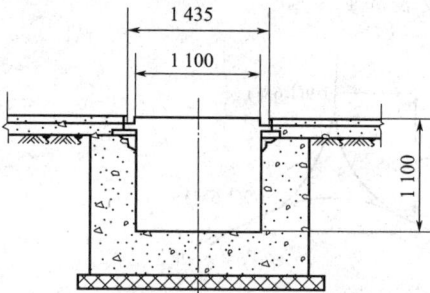

图 6-13　整备地沟剖面图（单位：mm）

（二）中间技术检查

中间技术检查是在机车完成辅修走行公里的一半左右时，由机车乘务员或中间技术检查组，在中检库（或中检棚）内专门的台位上进行的一种比较全面的检查。

通过中间技术检查，对机车进行一次比较全面的检查、给油和调整，鉴定机车质量，评定保养等级，同时也为机车下一次定期修理提供依据。

中间技术检查的主要内容包括：机械部分检查、电气部分检查、各运动部件的油润保养、各滤清器的清洗以及机车重要部件（如增压器、联合调节器、蓄电池组等）的维护保养。

在采用轮乘制时，运用机车回段后的日常检查及中间技术检查都有专设的机车检查员进行。机车的碎修由行修小组负责。相应地在整备场附近设置机车保养钳工室存放小型的配件、工具，并需要设置台钻、砂轮机、钳工工作台等设备。

人工检查造成机车在段内停留时间长，耗时费力，且效果也不好，不仅影响机车运用效率，而且往往使机车带着潜在的缺陷投入运用。目前所采用的柴油机润滑油光谱分析，对机车柴油机运动部件进行技术诊断，使机车检查的手段和范围大大地前进了一步。

七、机车清洗设备

内燃机车经过运行回段后，外部的尘土油污甚多，为了保持机车外部清洁，便于检查保养，必须进行外部清洗。另外，在机车修理之前，亦应对机车外壳及走行部进行洗刷，以达到文明生产、提高机车检修质量的目的。

机车外壳洗刷，通常是人工擦拭刷洗，劳动强度大，作业时间长，应尽量采用机械化、自动化的设备来代替，以改善劳动条件，缩短机车整备作业时间。

设计机车外壳洗刷设备需满足以下要求：

1. 能够把机车外壳各部分及走行部清洗干净而不破坏油漆。

2. 选择价格便宜、效果好的清洗剂,其配方最好是中性的,不需对冲洗后的污水进行特殊处理。

3. 不能使清洗液侵入机车内部及走行部的牵引电机内。

4. 作业要简单方便,清洗时间要短。

机车洗刷台位的布置位置,最好应使机车入段后先洗刷再进行其他技术作业。机车外壳洗刷作业过程,视地区和季节而不同。

南方地区及北方温暖季节的洗刷作业过程为:

进入洗刷台位→喷附洗涤液→喷水刷洗→驶出洗刷台位。

严寒地区严寒季节的洗刷作业过程为:

进入洗刷台位→预热→喷附洗涤液→喷水刷洗→干燥→驶出洗刷台位。

南方地区一般设洗刷场,洗刷场两侧设挡水墙;北方严寒地区一般设洗刷库,洗刷设备均设置在库内。洗刷场或洗刷库可设在机车走行线上,也可设在专用的洗刷线上。

第三节 机车整备作业

一、概　述

做好机车整备作业是质量良好地完成一次乘务作业的前提,是机车能否投入运用的先决条件。因此,做好这项工作,对全面完成运输任务有着重要的意义。

对机车整备作业的要求,一是作业的质量,二是作业的时间。作业的质量是按照一定的顺序,一丝不苟地进行作业,保证机车以良好的质量投入运用;作业的时间是要求在规定的时间内,完成机车乘务组所应负责的全部整备工作。整备作业是接车作业的主要内容之一,因此整备作业的时间,只许缩短,不可延长,否则将会造成机车迟拨(机车出库晚点),以致延误整个运输计划的完成。

运用网络控制管理技术做好机车整备工作,能及时掌握机车的整备作业进度和质量信息,有利于做好对机车的统筹管理,提高整备台位的通过能力,充分发挥现有整备设施的效率。

机车的整备作业由地勤作业和乘务员作业两部分组成。虽然各机务段担当交路和区段长短不同,一般地说,只要机车入段,就要进行整备作业,并按照规定的程序进行,以达到整备要求,保证整备质量。

新的或修理后以及经防腐处理的柴油机,在第一次启动前,除对机车进行清扫、整备、全面检查外,应对柴油机重点检查以下各项:

1. 去掉柴油机各机件的防腐油。

2. 检查所有机件的安装状态。

3. 检查机油、冷却水、燃油、空气系统的管路连接是否紧固,各阀的位置是否正确。

4. 排除燃油管路中的空气。

5. 打开示功阀,进行盘车,使柴油机曲轴转动 3～5 圈,检查各运动部件的动作是否灵活。

6. 检查每一个喷油泵齿条拨叉座与夹头销的吻合状态。

二、燃油的整备作业

(一)对燃油的基本要求

对机车柴油机用的燃油主要有以下要求:

1. 易于与空气组成良好的可燃混合物,并有良好的燃烧性能,以提高柴油机的热效率。

2. 灰分和杂质应尽量少些,以减少柴油机的磨损,保证柴油机工作可靠。

3. 应具有高的热值。

4. 为了贮存和使用上的安全,燃油应有较高的闪点。

5. 在外界温度过低时能输送方便,不致失去流动性。

6. 具有良好的安定性,宜长期储存,不发生质量变化,也不产生大量的沉积物。

(二)燃油的质量指标

我国内燃机车柴油机的燃油都采用轻柴油,即国家标准中规定的 0、-10、-20、-35 号轻柴油。0 号柴油表示其凝点不高于 0 ℃,其余以此类推,一般选用柴油的凝点应比最低环境温度低 5～7 ℃,具体使用须根据不同地区,随季节和气温的变化作适当的选择。轻柴油的主要指标见表 6-5。

标号中的 R 代表石油燃料类,C 代表柴油组,后面的数字代表柴油的凝固点。

1. 十六烷值

十六烷值是评定柴油燃烧性能的指标。柴油喷入气缸并不是立即着火,而是有一个着火落后期,评定柴油的着火落后期,可用十六烷值来表示。柴油的十六烷值高,表明柴油燃烧平稳,自然性能好,柴油机启动快,不发生爆震,使柴油机能发挥出高的效率。十六烷值低,表明柴油放热不均匀,因而引起压力的急速增长,使柴油机工作粗暴,着火落后期长,并过多地消耗柴油。但十六烷值过高时,柴油的着火落后期过短,在未形成良好的混合气前,即闪火燃烧,使柴油燃烧不完全,气缸内易产生积炭,也会造成燃料的浪费,影响功率的发挥。因此,内燃机车所使用的柴油十六烷值的最低数,规定在 40～50 的范围内。

表 6-5　轻柴油的主要质量指标

项　　目	质　量　指　标			
	RC-0 号	RC-10 号	RC-20 号	RC-35 号
十六烷值,≥	45	45	45	45
20 ℃时的运动黏度/(mm²/s)	3.0～8.0	3.0～8.0	2.5～8.0	1.8～7.0
灰分/%,≤	0.01	0.01	0.01	0.01
机械杂质	无	无	无	无
闪点(闭口)/℃,≥	65	65	60	45
水分	痕迹	痕迹	痕迹	痕迹
酸值/(mgKOH/100 mL),≥	5	5	5	5
凝点/℃,≤	0	-10	-20	-35

2. 柴油的黏度

液体受外力作用移动时,在液体分子间发生的阻力称为黏度。柴油的黏度是保证柴油雾化良好、喷油的射程、喷油泵及喷油器润滑的主要指标。黏度过高,喷油雾化状态不良,燃烧不完全,又影响柴油过滤性及在管路中的运动性,即造成液体流动和滤清的困难。黏度过低,造成喷油泵柱塞偶件和喷油器偶件的润滑不良,磨耗加剧,漏油量增加,喷油的射程短,燃烧状态不良。从而使柴油机功率下降,热效率降低。

内燃机车柴油机所使用的柴油的黏度,用运用黏度计测定,当温度为 20 ℃时,应在 2.5～9.0 mm^2/s 范围内。

3. 柴油的灰分、机械杂质和水分

灰分是指有机物质烧尽后所剩下矿物质的残余。灰分的来源,主要是溶解在柴油中的有机酸、无机盐和金属氧化物等成分。灰分会增加气缸套和活塞环的磨损。所以,柴油中的灰分的含量,不允许大于 0.01%。

机械杂质是指柴油中不溶解于溶剂的机械夹杂物,如金属颗粒、泥砂颗粒等。机械夹杂物越多,对机件磨损就越严重,同时还易于堵塞燃油的通路和滤清元件。所以,柴油中决不允许有超量的机械杂质存在。

水分将引起对金属的腐蚀,在低温下,又易结成小冰块而堵塞燃油系统的通路,使柴油机停机。

4. 柴油的残炭、含硫量和酸值

柴油在均匀的高温中进行气化及热分解后燃尽,余留下的胶质及沥青部分为残炭。残炭的含量与油脂中的胶质及沥青质的含量有关。残炭的含量越高,燃烧时就越容易生成积炭。积炭沉积在气阀、燃烧室、气缸、排气道和喷嘴上,可导致各部的磨损加剧以及影响雾化的程度等一系列的危害。柴油的残炭值应不超过 0.05%。

含硫的柴油在燃烧过程中,生成二氧化硫和三氧化硫,这些硫化物在高温条件下对金属的腐蚀较弱,但在停机后或冷却水水温低时与凝结了的水蒸气相接触,最终形成亚硫酸、硫酸,酸液会沿缸壁流入曲轴箱,沾污机油。这样,凡是与机油接触的部件,都将受到严重的腐蚀作用。硫化物有时又可能生成胶质,使活塞、气缸及排气系统增加积炭。因此,柴油中含硫量一般规定不超过 0.5%。

酸值是表示柴油中酸的总含量。酸值的表示法,是指中和 100 mL 柴油所需的苛性钾(KOH)的毫克数。酸值对金属起腐蚀作用,燃烧时在气缸内还会形成积炭。因此,应严格限制酸的含量。一般不大于 10 mgKOH/100 mL。

5. 柴油的凝固点和闪点

凝固点是指柴油失去流动性而开始凝固的温度。柴油应具有低的凝固点,以保证柴油在低温下能在管路内流动。

闪点是指柴油蒸气(在标准状态下)与空气混合后,接触火源而闪火的最低温度。闪点高的柴油,运输、储存时不易着火,但会使柴油机启动困难。闪点低的柴油容易着火。

以上各项指标,在具体使用时须根据不同地区、不同季节和气候的变化而定。

(三)燃油的整备

DF$_4$ 型内燃机车燃油系统如图 6-14 所示。

燃油的整备应注意以下几点:

1. 确认所用燃油的标号及质量状况。

2. 用专用的燃油设备加油;禁止与其他任何油种及其加油设备混用。

3. 加油口应设滤清装置,防止异物混入。

4. 机车上燃油时,应停在平直线路上,若遇线路造成机车倾斜,应注意较低一侧的油箱油位表的显示,防止燃油外溢。

5. 为了加快上油速度,上油时可打开另一侧油箱的注油口盖,以减少油箱内的背压。

6. 燃油箱总容量为 9 000 L,机车在上燃油时,不得少于 8 500 L。在运用中,应保持油位不低于 3 000 L 的刻线。

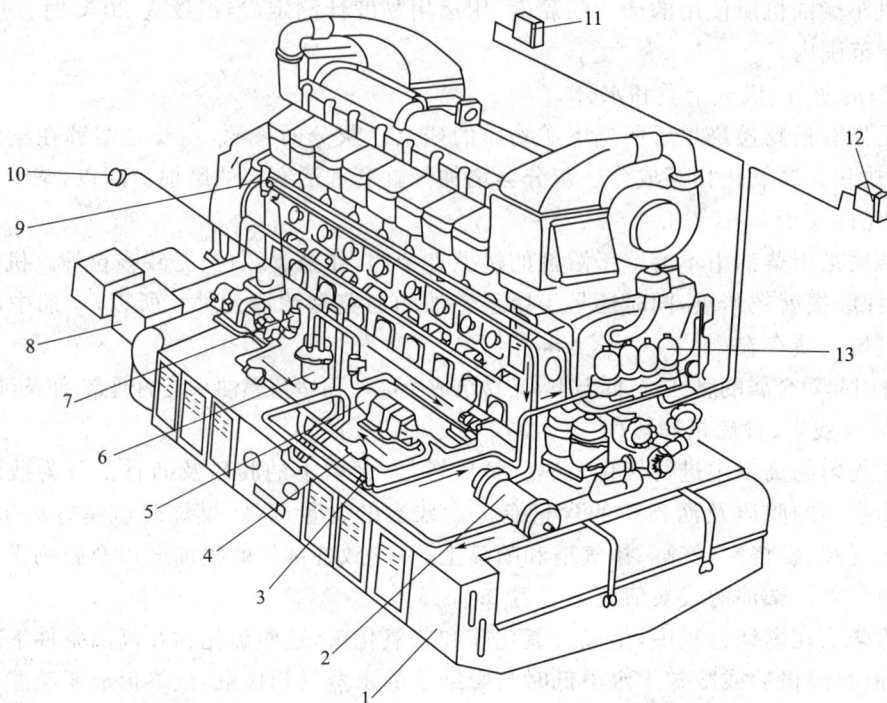

1—燃油箱；2—燃油预热器；3—安全阀；4—逆止阀；5—燃油输送泵机组；
6—燃油粗滤器；7—截止阀；8—污油箱；9—保压阀；10—燃油精滤器前压力表；
11—Ⅰ司机室燃油压力表；12—Ⅱ司机室燃油压力表；13—燃油精滤器。

图 6-14　DF4 型内燃机车燃油系统

7. 应定期打开油箱底部的排污阀，排除底部沉淀的污物。

8. 应按规定修程清洗燃油箱。在清洗时，可打开清洗堵用清水冲入注油口，将污物洗净。

9. 靠机车燃油箱的左前角上部，车架侧梁上安装有一个污油箱，它汇集着以柴油机喷油泵和喷油器等处泄漏的燃油，其中含有部分机油及机械杂质，所以称为污油。这些油切不可直接再注入燃油箱，以免造成不良后果。喷油泵的污油含机油成分较多，经过再生处理，可作他用。而喷油器的污油较纯；经滤清后，仍可作燃油重新利用；在机车车体右侧下部设有两个污油箱，容积各为 80 L，以便分别回收。

10. 冬季加油时，应有防寒预热装置，燃油温度低于 10 ℃时应进行预热。

三、机油的整备作业

(一)对机油的基本要求

对机车柴油机所用机油主要有以下几点要求：

1. 要有足够好的润滑性能，使机油黏附于金属表面上，形成一层坚固的油膜。

2. 适当的黏度。

3. 良好的氧化安定性。

4. 高的清洁度。

5. 对摩擦表面应无腐蚀作用。

6. 可靠的适应性。要求有低的凝固点，以适应低温条件下使用。

(二)机油的质量指标

内燃机车三、四代机油质量指标见表6-6。

表 6-6　内燃机车三、四代机油质量指标

项　目	质 量 指 标		试验方法
	机车三代柴油机油	机车四代柴油机油	
运动黏度(100 ℃时)/(mm²/s)	14~16	14~16	GB/T 265
黏度指数,≥	90	90	GB/T 2541
开口闪点/℃,≥	220	220	GB/T 267
凝点/℃,≤	−5	−5	GB/T 510
机械杂质/%,≤	0.01	0.01	GB/T 511
水分	痕迹	痕迹	GB/T 260
总碱值/(mgKOH/g),≥	8	11	GB 5822.3
氧化安定性(强化)(总分),≤	8	8	SH/T 0299
$w(Ca)/\%,≥$	0.32	0.42	SH/T 0309
$w(Zn)/\%,≥$	0.10	0.12	SH/T 0309

1. 运动黏度

运动黏度表示温度在100 ℃时机油的运动黏度值。黏度是机油主要特性指标之一。运动黏度是根据一定压力下一定量的机油,通过一定直径和长度的毛细管黏度计时所需要的时间来确定,其单位为 mm²/s。该值越大,则黏度越大。

2. 石油醚不溶物

石油醚不溶物指机油的石油醚——二甲氨基乙醇溶液在离心分离时,析出的不溶性物质与沥青树脂状物质的混合物,即为离心分离所测定的不溶物的容积占试样油的百分数。

3. 闪点

闪点指机油在加热蒸发后接触火焰而产生的短促闪火时的最低油温。它是机油的安全指标。闪点值低,说明机油易着火。为了保证工作安全,机油的最高工作温度应大大低于其闪点值。闪点随机油黏度的降低而大幅度下降;而通常闪点的变化是由于机油老化和稀释所造成的。

4. 水分

水分指机油中水的含量。机油中一般不允许含有水分,因水分破坏机油的润滑作用,并促使零件锈蚀,同时还使油底壳内出现大量泡沫,严重影响机油泵供油,导致油压不稳及工作不可靠等后果,因而必须严格限制机油中的含水量。

5. 总碱值

总碱值是指中和1 g油样中全部碱性组分所需的酸量,用与酸相当量的氢氧化钾毫克数表示。它是衡量碱性组分对金属腐蚀强弱程度的指标。

机油在工作一段时间后,应定期检验油质,以了解机油各项指标的变化进程,这有利于对各零件状态的检查、维修和保养,从而可以确定柴油机工作的安全可靠。例如,从黏度和闪点的变化,可以推断燃油的喷雾质量;从总碱度值的变化进程可以了解油质氧化变质的情况;从含水量的增多可以分析某处漏水的可能等。

(三)机油的整备

DF₄型内燃机车的机油储备量约为1 200 kg,其中约2/3储于柴油机的油底壳中。正常运用的机车,油位应保持在上、下刻线之间,但略近于上刻线为佳。

内燃机车运用与规章

DF₄型内燃机车机油系统如图6-15所示。

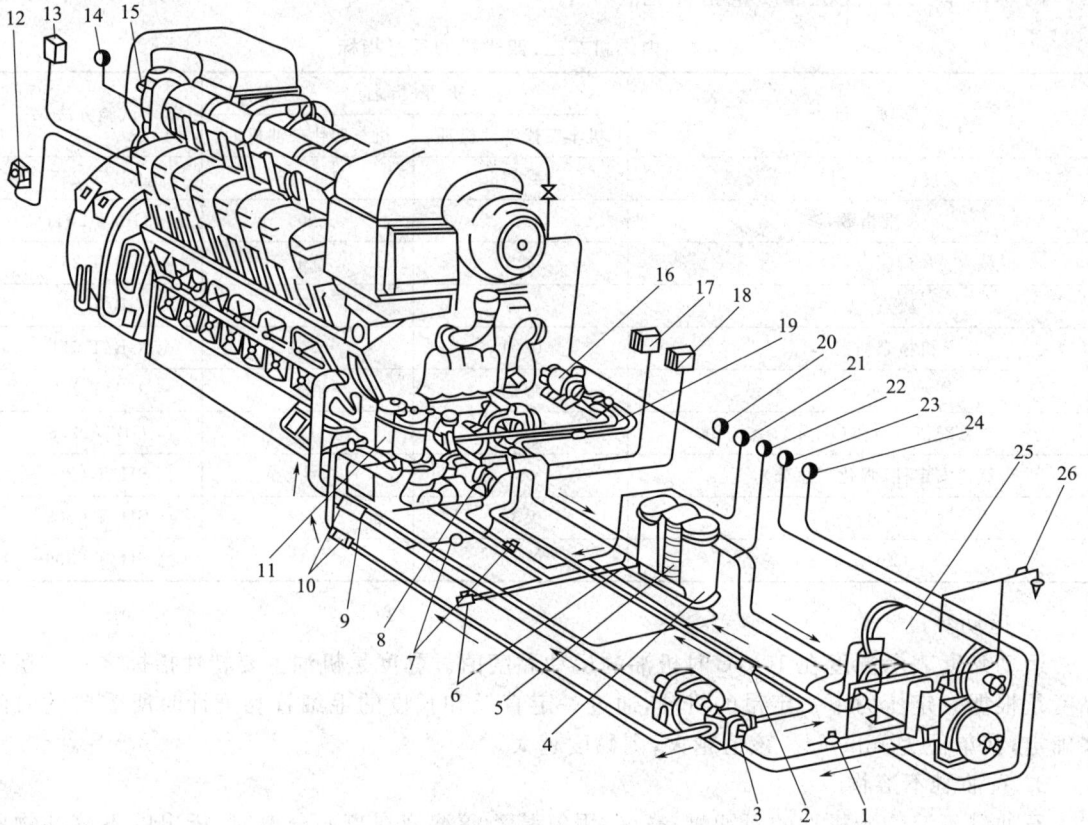

1—放油阀；2—逆止阀；3—启动机油泵；4—机油滤清器；5—安全阀；6—上（排）油阀；7—截止阀；8—主机油泵；
9—塞门；10—胶皮软管；11—机油离心精滤器；12—Ⅱ司机室机油压力表；13—Ⅰ司机室机油压力表；
14—后增压器机油进口压力表；15—机油精滤器（增压器）；16—辅助机油泵；17—Ⅰ司机室机油出口温度表；
18—Ⅱ司机室机油出口温度表；19—逆止阀；20—前增压器机油进口压力表；21—滤清器前机油压力表；
22—滤清器后机油压力表；23—热交换器后的机油压力表；24—热交换器后的机油温度表；
25—机油热交换器；26—放气塞门。

图6-15 DF₄型内燃机车机油系统

1. 日常加油

机车正常运用中补充少量机油时，应从柴油机底座左侧或右侧带有过滤网的加油口加入，油位应符合油尺刻线规定的范围。

2. 用加油设备加油

当柴油机放尽机油后，用加油设备加油。将加油软管拉入车内，从柴油机加油口加入，或从机车的上油（排油）管加入（注意油位应符合规定）。当外温低于5℃时，应预先将机油预热到60～90℃，以保证柴油机启动温度的要求。但加热不应过高，以防止机油变质及蒸发。

3. 放油

当机油性能不符合规定要求或因修程等原因需要放油时，首先开启管路中截止阀，使管路中的机油流回油底壳，再将上油（排油）管上的堵拧下，与排油设备的管子接好后，开启上油（排油）阀（根据情况可开启机油滤清器和热交换器的排油阀）。放完油后，将上油（排油）阀关闭，拧上堵。

4. 保持机油管路畅通

为保持机油管路的畅通，在整备作业中应检查判断机油粗滤器的沾污情况。根据需要，转动机油粗滤器的心轴,清除堵塞在外层滤芯缝处的杂质,以保持油路畅通。当机油粗滤器前、后的机油压力差达到 150 kPa 时应进行清洗。

四、冷却水的整备作业

(一)对内燃机车用冷却水的基本要求

对内燃机车使用冷却水的基本要求是:不含机械杂质;不生成水垢;对金属不发生腐蚀作用;要求添加剂有较低的成本。此外又要求无毒或低毒,且来源较广为好。

(二)冷却水的质量指标

经过软化处理的基础水,外加添加剂就成了内燃机车的冷却水。

基础水包括煮沸水、蒸馏水和离子交换水。

冷却水的主要质量指标如下:

1. 总硬度

硬度的大小决定于溶解于水中的钙盐和镁盐的总含量。水中钙的含量,称为钙硬度。水中镁的含量,称为镁硬度。钙、镁含量的总和,称为总硬度。所谓水垢,即是水中的盐类经过蒸发浓缩,达到饱和程度时在金属表面呈现出的一种沉淀物。

2. 总碱度

碱度的大小决定于水中的氢氧化钠、碳酸盐和重碳酸盐的含量。因为这些化合物使冷却水呈碱性,所以,其总的含量称为总碱度。冷却水具有一定的碱性可以防止水垢的生成。

3. 氯离子

决定于水中氯离子的含量。水中氯离子含量增加到一定的程度,则引起对金属的腐蚀。所以,水中的氯离子越少越好。

4. pH 值

pH 值是水中氢离子浓度。pH 值是 6.5~7.5 时为中性水;pH 值是 7.5~10 时为弱碱性水。pH 值过大、过小都具有腐蚀性。

5. 亚硝酸钠

它是添加剂中的一种化学成分。亚硝酸钠对铁及某些金属是良好的缓蚀剂。pH 值低于6,亚硝酸钠相对无效,随 pH 值的增加,其保护作用增加,当 pH 值为 9~10 时,其保护力最大。

6. 硼砂

它也是添加剂中的一种化学成分,能够抑制钢及锌生锈,保护焊锡。它主要是以吸附性膜附在铸铁的表面,达到了缓蚀作用。另外,它提供 pH 值为 8~9.5 的良好环境,使其防腐性能充分发挥作用。

7. 苯骈三氮唑

它是添加剂中一种新的化学成分,可在铜的表面形成致密的保护膜,阻止了铜和铜合金的腐蚀,所以,它是铜和铜合金的专用缓蚀剂。

内燃机车冷却系统中的材料有:铸铁、铸钢、铝合金、黄铜、紫铜和锡等多种金属,这些金属在冷却水中易发生不同程度的腐蚀,为此,必须提高冷却水的质量。我国各地由于具体情况不同,在不同的客观条件下,所使用的冷却水不一样,其配方也各异。表 6-7 中冷却水质量指标仅供参考。

表 6-7　冷却水质量指标

项　目	质　量　指　标	项　目	质　量　指　标
总硬度	不大于 0.2 mgeq/L	亚硝酸钠	1 800～2 500 mgeq/L
总碱度	1.5～2.5 mgeq/L	硼砂	添加剂的 0.5%
氯离子	不大于 20 mgeq/L	苯骈三氮唑	添加剂的 0.002%
pH 值	8.5～9	外观	清晰、透明、无色

(三)冷却水的整备

DF4B 型内燃机车水系统总容量约为 1 200 kg。机车运用中,水位应在膨胀水箱玻璃水表 2/3 以上。

DF4 型内燃机车冷却水系统如图 6-16 所示。

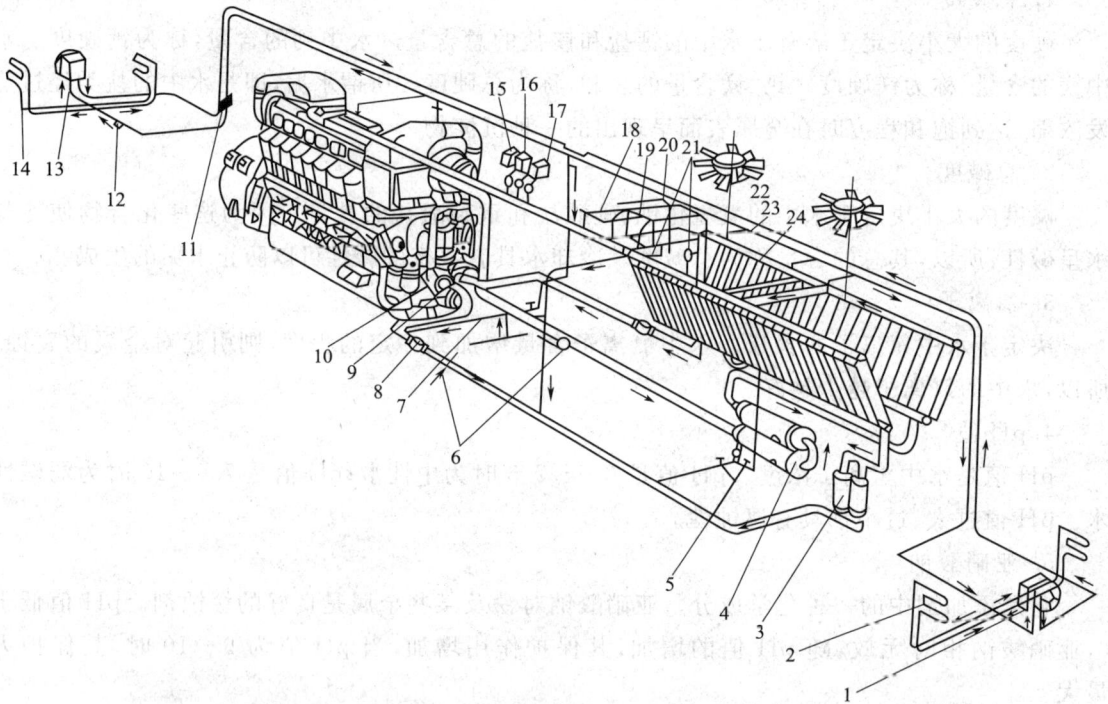

1—Ⅱ司机室热风机组;2—Ⅱ司机室热水管;3—静液压油热交换器;4—机油热交换器;5—放水阀;

6—上(排)水阀;7—上水截止阀;8—逆止阀;9—高温水泵;10—低温水泵;11—热风机截止阀

12—放水阀;13—Ⅰ司机室热风机组;14—Ⅰ司机室热水管;15—Ⅰ司机室水温度表;16—柴油机水温继电器;

17—Ⅱ司机室水温度表;18—放气截止阀;19—膨胀水箱;20—溢水管;21—补水管;

22—冷却风扇;23—放气塞门;24—散热器。

图 6-16　DF4 型内燃机车冷却水系统

1. 加水注意事项及加水方法

(1)加水注意事项

加水温度应在 40～60 ℃为宜,加水完毕后如水温低于 20 ℃时,应使用预热锅炉进行加温。当机车全部加入新水时,应将放气截止阀 18、放气塞门 23 开放,排出空气,待出水后立即关闭。加水不要过多,以免受热膨胀时出现外溢,一般以水位距水表上端略低为宜。

(2)加水方法

在正常运用中加入冷却水时,应从机车两侧上水(排水)管用加水设备加水。用加水设备加水时,将加水设备与机车任一侧上水(排水)管接好,开启上水(排水)阀 6 和上水截止阀 7 即可上水。在正常运用情况下不得加入没有添加剂的水。机车在外运行,因某种原因水位低于规定时,在没有符合要求水质的情况下,可从膨胀水箱上部加水口加入少量自来水,回段后应及时报告,并进行水质的化验。

2. 放水注意事项及放水方法

(1)放水注意事项

①水温降至 50 ℃以下时方准放水。如水温高于 50 ℃但又急于放水时,可将静液压系统中的温度控制阀调整螺钉拧进,使冷却风扇工作,进行强制冷却。

②当气温在 5 ℃以下时,水温应降至 35 ℃以下,方准放水。

③冬季放水时,应迅速将各排水阀、排水堵开启,防止冻结。

④放完水后,各排水阀、堵应保持开启,防止出现管路冻结。

⑤为达到彻底放水的目的,必要时用别的机车移动放水机车。

(2)放水方法

①开启上(排)水阀 6、上水截止阀 7。

②为节省放水时间,在放水时可将水箱加水口盖打开。

③当冷却水基本放净时,根据情况还应开启散热器及管路放水阀、机油热交换器放水阀、静液压油热交换器放水阀,并拧下水泵的排水堵和增压器的排水堵。

④在冬季放水时还应开启预热锅炉放水阀、热水管(司机室)放水阀、管路放水阀以及燃油预热器放水阀等。

五、联合调节器工作油和机车用砂的整备作业

(一)联合调节器工作油

1. 联合调节器工作油的要求

(1)在正常工作温度范围内,工作油的黏度要适当,并且随温度的变化要小。

(2)形成泡沫的可能要小,并且油内含空气量要少。

(3)油内含水分和杂质要少。

(4)要有高的热稳定性,高温下抗氧化和分解的能力强,并且在长期工作中不析出浮游性胶状物。

(5)对机件不腐蚀,不损伤油封及油漆。

2. 联合调节器工作油的质量指标

联合调节器工作油采用内燃机车调速器油。它的质量指标如表 6-8 所示。

表 6-8 内燃机车调速器油的质量指标

项 目	质量指标	项 目	质量指标
100 ℃时的运动黏度/(mm²/s)	19~21	水溶性碱或酸	无
闪点(闭口)/℃,≥	240	酸值(未加剂)/(mgKOH/g),≤	0.05
水分	无	机械杂质	无
腐蚀(100 ℃,3 h)	合格	凝点/℃,≤	-30

3. 联合调节器工作油的整备

（1）换油、清洗时的注意事项

①在正常运行中的机车按规定每走行 6 000～8 000 km 更换一次工作油。

②加油时，应使用清洁的专用容器通过上盖加油杯倒入，并用绸布过滤，加至油位表的中线附近，在柴油机运转时油位应在中线上下约 1～2 mm 处。

（2）换油、清洗时的方法

①柴油机停机后，立即从联合调节器中体下部的放油堵放出全部工作油。

②用低黏度的干净洗涤剂或机油、柴油、煤油等进行冲洗。冲洗后油液留在体内，启动柴油机后，在空载工况下，游车运转（松开补偿针阀）3～5 min，然后停机，并排净冲洗剂。

③注入新的工作油至正常位置。然后启动柴油机，再在游车状态下工作几分钟后，停机排出工作油。

④重新注入内燃机车调速器油，游车几分钟后进行排气，换油工作完成。

应当说明，向联合调节器注入的油（无论是清洗剂还是工作油）不能掺和其他油，以免渗入杂质，为此均须用绸布过滤并经注油口滤网缓慢加入。在联合调节器正常运转时，不应开启上盖，以免工作油受到污染。

（二）机车用砂

DF₄B 型内燃机车共有 8 个砂箱，分别安装于两台转向架的四个角落，砂储备量 8×100 kg。机车用砂整备应注意以下几点：

1. 确认砂的质量和砂箱中的砂量，砂量不应少于砂箱容积的一半。装砂后应盖严扣紧，以防运行中流失和混入水及其他杂质。

2. 机车撒砂装置应作用良好，砂管的撒砂量均应调整到 2～3 kg/min。

3. 砂管距轨面 30～55 mm，砂管距离动轮踏面 15～30 mm。

4. 砂子要经过干燥处理，成分要符合规定要求。

六、整备中乘务员的清扫作业

清扫保养作业由两部分组成，即整备场所的乘务员清扫保养范围和机车中检、小中修清扫保养范围。这里只简单介绍整备场所的交班乘务员清扫保养作业。

机车回到本段整备场（或换班地点）后，按机务段规定，一般是交班乘务员应对本务机车进行清扫保养作业，为接班乘务员创造良好的工作条件。轮乘制时，机车的入库保养作业，由地勤保养组承担。对机车柴油机、电机、电器的清洁是保证质量性能的重要因素，因此做好机车整备的清扫保养工作不可忽视。

机务段制定乘务员清扫保养范围，其依据是：

1. 机车交路的长短和回段整备次数。

2. 担当列车交路的环境。

3. 机车密封与过滤除尘的性能。

4. 整备场所设备条件等。

根据上述条件，合理制订乘务员清扫保养范围，按不同情况对不同部位，分为每次均需清扫保养和隔次（隔日）清扫保养工作。

为保证整备场清扫保养的质量，机务段对此项工作实行司机、学习司机（非操纵司机）分工负责的责任制，清扫保养质量由专人负责监督检查、定期公布评定结果。

机车整备作业完成后,必须零部件齐全,限度尺寸符合规定,各部作用良好,达到出库标准。

本 章 小 结

内燃机车的整备是机车运用工作的重要组成部分。本章就内燃机车整备作业的设备及工艺流程做了系统的介绍,并对整备工作量的计算、冷却水和机车用砂的制作进行了详细的介绍,同时对机车用燃油、机油、联合调节器工作油的性能及使用注意事项做了重点讲解。学好本章,将能系统全面掌握内燃机车的整备作业知识。

复习思考题

1. 什么叫内燃机车的整备作业？其作业过程包含哪些内容？
2. 机务段一般应设置哪些整备设备？
3. 阐述机车整备工作量与机务段承担的机车交路及列车对数的关系。
4. 什么叫机车整备作业不均衡系数？它与哪些因素有关？
5. 布置机车整备设备的原则是什么？
6. 我国机车多采用双端司机室,为什么仍然要设置机车转向设备？
7. 画图介绍机车转向设备,并指出其作业特点。
8. 画图介绍机务段作业布局,并指出其作业特点。
9. 机务段对燃油管路的敷设有什么要求？
10. 机车用冷却水的制备方法有哪几种？通常采用哪种方法？
11. 机车用普通砂和优质砂的技术指标有哪些？
12. 机车整备作业中,为什么优先安排平行作业？
13. 什么叫机车中间技术检查？中间技术检查能按检修指标统计吗？
14. 什么叫燃油的闪点？它和燃点有什么不同？
15. 简述"十六烷值"对柴油机工作的影响？
16. 燃油的整备应注意哪些事项？
17. 画图说明 DF4 型内燃机车的机油管路图。
18. 硼砂对机车冷却水性能有什么影响？
19. 机车加水时为什么不将水箱加满？
20. 机车放水时应注意哪些事项？
21. 对机车用联合调节器工作油有什么要求？
22. 机车撒砂设备在使用中应注意哪些问题？
23. 燃油的编号和使用环境温度之间有什么关系？
24. 寒冷季节向柴油机加机油时应注意哪些问题？

第七章

接班作业

第一节 出勤和接车

一、出　　勤

司机出乘时应做到：

出乘前必须充分休息，严禁饮酒，按规定着装，准时出勤。出勤时，机车乘务员应携带工作证、驾驶证、岗位培训合格证（鉴定期间由机务段出具书面证明）和有关规章制度，到机车调度员处报到，接受指纹影像识别、酒精含量测试，按规定领取司机报单、司机手册、列车时刻表、运行揭示等行车资料和备品。

认真阅读核对运行揭示及有关安全注意事项，结合担当列车种类、天气等情况，做好安全预想，并记录于司机手册。认真听取出勤指导，将司机手册交机车调度员审核并签认。

办理运行揭示和列车运行监控装置专用 IC 卡（以下简称"IC 卡"）交付时，必须实行出勤机班与出勤调度员双审核、双确认的检验签认把关制度。

二、接　　车

按职责分工进行交接。接车时，认真了解机车运用、检修情况，办理燃料、耗电和工具、备品交接。接车后，确认列车运行监控装置（以下简称"LKJ"）、机车信号、列车无线调度通信设备等行车安全装备合格证齐全符合规定。将 IC 卡数据载入 LKJ 并确认无误。

对内燃机车进行检查、给油工作，对发现不良处应及时与有关人员联系，对故障修复不了的要及时更换机车，保证机车达到规定的运用状态出段。

学习司机（非操纵司机）出勤后要辅助司机领取并清点工具及备品，领足各种油脂等，并检查复轨器、铁鞋、闸瓦、灭火器状态，按规定做好机车检查给油工作。

第二节 机车检查方法及程序

一、机车的状态

由于机车在运用过程中，即使一个班次会都造成零部件不同程度的磨损、变形、松动，会直接影响机车的使用寿命乃至行车安全。为了更好完成牵引任务，确保行车安全，要求机车乘务员在工作中不断总结检查、维修等方面的经验，认真做到从接班、运行到交班全过程中的检查工作，尽早发现不良现象，及时进行修理及应急处理，防止部件超常磨损，消灭机破事故，确保行车安全。

机车应有识别的标记：路徽、配属局段简称、车型、车号、最高运行速度、制造厂名称及日期。在机车主要部件上应有铭牌,在监督器上应有检验标记。电气化区段运行的机车应有"电化区段严禁攀登"的标识。内燃机车燃油箱上应标明燃料油装载量。

机车须配备机车信号、列车运行安全监控系统(LKJ、机车安全信息综合监测装置 TAX 箱、机车语音记录装置、列车运行状态信息系统车载设备、机车车号识别设备)、车载无线通信设备、机车列尾控制设备等。机车应逐步配备机车车载安全防护系统、机车限鸣示警系统及空气防滑装置等。机车应向车辆的空气制动装置提供风源,具有双管供风装置的机车应向车辆空气弹簧等其他用风装置提供风源;具有直供电设备的机车应向车辆提供电源。根据需要,机车还可配备车内通信、空调、卫生及供氧等设备。

机车制动缸活塞行程可参考表7-1。采用单元制动器的内燃机车制动闸瓦与轮箍踏面的缓解间隙为 4~8 mm。

表 7-1 内燃机车制动缸活塞行程

车 型	活塞行程/mm
DF$_4$、DF$_{4B}$、DF$_{4C}$、DF$_{4D}$、DF$_5$、DF$_8$	74~123
DF$_7$、DF$_{7B}$、DF$_{7C}$、DF$_{7D}$、DF$_{7G}$	50~90
ND$_5$	69.5~82.5

按规定,牵引列车的内燃机车在出机务段或折返段前,必须达到良好的运用状态。下列主要部件和设备必须作用良好并符合要求:

1. 车钩中心水平线距钢轨顶面高度为 815~890 mm。

2. 轮对:

(1) 轮对内侧距离 1 353 mm,容许偏差为 ±3 mm。

(2) 轮箍或轮毂不松弛。

(3) 轮箍、轮毂、辐板(辐条)、轮辋无裂纹。

(4) 轮缘的垂直磨耗高度不超过 18 mm,并无辗堆。

(5) 车轮踏面擦伤深度不超过 0.7 mm。

(6) 车轮踏面上的缺陷或剥离长度不超过 40 mm,深度不超过 1 mm。

(7) 轮缘厚度在距踏面基线向上 H 处测量应符合表7-2的规定(轮缘原设计厚度在 25 mm 及其以下的,由铁路局集团公司规定)。

表 7-2 机车轮缘厚限度

车轮踏面类型	测量点与踏面基线之间距离 H/mm	轮缘厚度/mm
JM$_2$、JM$_3$	10	34~23
JM	12	33~23

(8)车轮踏面磨耗深度不超过 7 mm。采用轮缘高度为 25 mm 磨耗型踏面时,磨耗深度不超过 10 mm。

二、机车安全装备的使用和管理

机务段对入段机车按规定进行整备、检测、维修。机车信号、列车运行监控装置(LKJ)、车载无线通信设备、机车列尾控制设备等须由相关专业维修机构进行检测,并及时互通信息。各相关单位应对机车车载安全防护系统等行车安全设备记录的运行信息进行转储、分析。

三、机车检查程序

(一)机车检查前的准备工作及安全注意事项

1. 将运用状态良好的内燃机车,停放在有地沟、平直的整备线上。

2. 机车前后两端设置安全渡板。

3. 机车第 2、5 动轮应在不同方向打止轮器。

4. 乘务员应穿戴、使用劳动保护用品(不准戴眼镜)。

5. 防止异物落入电机及电气装置内。

6. 上下机车时应手把牢,脚站稳,面向机车,注意人身安全。在电力、内燃混合机务段严禁上机车大顶。

准备好所用工具:检查锤 1 把,锤重 0.25 kg,木柄全长 420 mm;短路铜线一根;手电筒,棉丝;司机手册;塞尺;卷尺;万用表一只。

(二)机车全面检查项目

对正常运用内燃机车的检查分为全面检查、换班站检查、外段(折返段)检查。外段检查可根据时间和条件,比照全面检查方法。全面检查的内容包括对外观、电器动作、制动机机能进行检查和试验。司机全面检查及途中站停检查顺序(严禁在电气化区段上机车顶部进行任何作业)及内容,可参看图 7-1、图 7-2 及表 7-3、表 7-4。

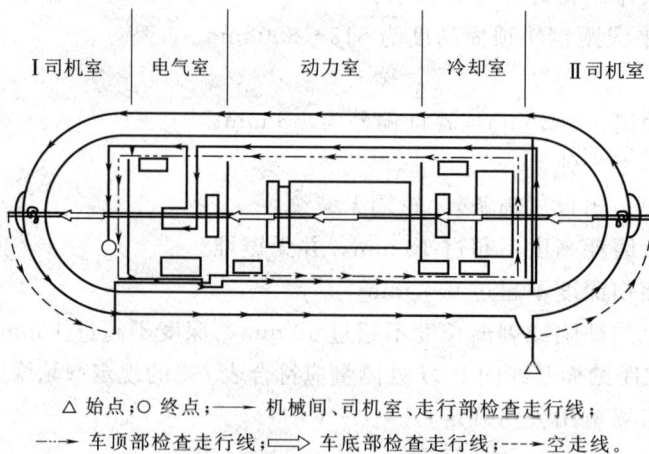

△ 始点;○ 终点;—— 机械间、司机室、走行部检查走行线;
----- 车顶部检查走行线;⇨ 车底部检查走行线;---- 空走线。

图 7-1　司机全面检查机车的顺序

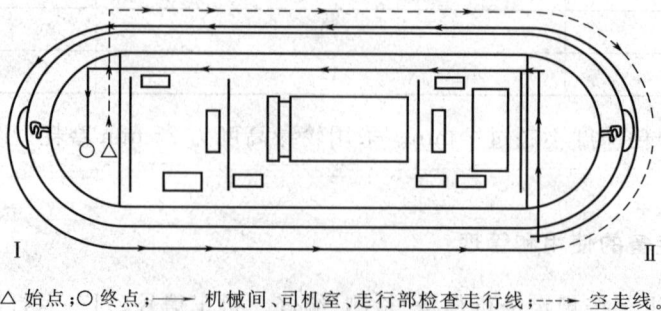

△ 始点;○ 终点;—— 机械间、司机室、走行部检查走行线;---- 空走线。

图 7-2　司机途中站停检查机车的顺序

表 7-3　司机全面检查机车内容及要求

顺序		部　位	部件状态及要求	检查方法	备　注
机车后端	1	左半部	(1)标志灯完整	目视	排障器底面距轨面高为 80～160 mm
			(2)钩提杆弯曲	目视	
			(3)提杆座安装螺栓不松动	目视	
			(4)脚蹬板安装牢固	锤击	
			(5)排障器完整,高度应符合标准	目视、测量	
	2	上部外观	(1)头灯、雨刷、大玻璃应完整	目视	冬季应有防寒罩
			(2)踏板及扶手牢固	目视	
			(3)路徽及型号牌应完整	手动	
			(4)司机室通风孔无异状	目视	
	3	车钩	(1)钩体无裂纹,左右无移动量	目视	车钩中心线距轨面高度为 815～890 mm;车钩开度:开启位为 220～250 mm;闭锁位为 110～130 mm;钩舌销与销孔径向间隙为 1～4 mm
			(2)吊杆无弯曲、裂纹,托板无磨损	手动、目视	
			(3)钩舌销无折损,开口销良好	锤击、目视	
			(4)钩舌、钩锁铁、钩舌销无裂纹及磨损	目视	
			(5)车钩开、关灵活,防跳作用良好	手动、锤击	
			(6)车钩各部尺寸应符合标准	测量	
	4	软管	(1)软管无裂纹,水压试验不过期	目视	水压试验应不超过 6 个月 安装角度为 45°
			(2)软管卡子无松动,胶圈完整	目视	
			(3)折角塞门及软管安装牢固,角度正确,无漏泄	手动	
			(4)开放折角塞门检查通风状态	手动	
			(5)防尘堵及安全链齐全	目视	
	5	右半部	同第 1 项(1)、(4)、(5)		
走行部右侧	1	车体外观	(1)车体应平整,油漆无脱落	目视	
			(2)车身不倾斜	目视	
	2	后端裙板内侧	(1)排障器支架安装牢固,胶皮应完整	目视、锤击	
			(2)制动管卡子良好	接触	
			(3)非常制动放风阀及塞门状态良好	目视	
			(4)均衡风缸排水阀开关应灵活	手动	
			(5)第六动轮闸瓦间隙自动调整器作用良好	手动	
	3	Ⅱ司机室门窗	(1)Ⅱ司机室侧窗、侧门、型号灯、路牌(签)授受器应完整	目视	
			(2)Ⅱ司机室上下脚蹬及扶手安装应牢固	锤击、手动	
	4	第六制动缸	(1)制动缸安装应牢固,前后端盖螺栓不松动、风管无漏泄	锤击、目视	活塞行程 120～140 mm
			(2)制动臂无裂纹,其与制动缸活塞杆连接状态良好	目视	
	5	第四砂箱及砂管	(1)砂箱外观应完整,砂箱盖应严密,砂子应干燥、清洁,装载量应充足	目视	每个砂箱容量为 100 kg 撒砂管距轨面高度为 35～60 mm,胶管距轨面高度不得低于 25 mm
			(2)砂箱安装螺栓无松动	锤击	
			(3)撒砂器及砂管状态应良好,无堵塞,砂管高度应符合标准,砂管口应对正轨面中心	锤击、测量	
	6	百叶窗及走行部照明灯	(1)百叶窗应完整严密	目视	
			(2)照明灯座安装应良好,外罩应完整	目视	

顺序	部　位	部件状态及要求	检查方法	备　　注
7	第六动轮	(1)踏面应无超限、剥离及擦伤现象	目视	踏面擦伤深度应不大于0.7 mm 缓解时,闸瓦与踏面间隙为6~8 mm
		(2)轮箍应无弛缓、裂纹和透锈;轮毂、轮辐及轮辋无裂纹	目视	
		(3)轮箍声音清脆	锤击	
		(4)闸瓦无裂纹、偏磨闸瓦间隙应符合标准	目视、测量	
		(5)闸瓦托、吊杆、制动杠杆各销及开口销状态应良好	目视	
8	第六轴箱及弹簧	(1)内外弹簧应无裂纹、折损,音响应正常	目视、锤击	芯轴与梯形槽的底面间隙为1~4 mm,轴箱止挡间隙为8 mm,通气孔直径为5 mm
		(2)弹簧安装不倾斜,胶垫无变形及龟裂	目视	
		(3)轴箱内侧油封不漏油	目视	
		(4)箱体及轴箱拉杆应无裂纹,拉杆芯轴斜面应密贴,芯轴与梯形槽底面应有间隙,轴箱止挡无开焊	目视	
		(5)轴箱拉杆螺钉、轴箱盖螺钉无松动,通气孔应畅通	锤击、目视	
		(6)油压减振器不漏油,安装良好	目视	
9	第四旁承	(1)旁承螺栓无松动	锤击	
		(2)防尘罩及卡子应完整	目视	
		(3)放油堵紧坚固,无漏油	目视	
10	牵引杆装置	(1)拐臂无裂纹,拐臂销、连接杆销安装状态良好,小油堵无松动丢失	目视、锤击	转向架相对于车体的自由横动量为±15 mm
		(2)牵引杆无裂纹,牵引杆销螺母无松动,小油堵塞及开口销状态应良好	目视、锤击	
		(3)牵引座无开焊,牵引销与梯形槽斜面应密贴,梯形槽底面应有紧余量,托板螺栓紧固,小油堵、防缓铁片状态应良好	目视、锤击	
		(4)车体侧挡螺栓是否紧固,无磨损	目视、锤击	
11	第五动轮	(1)同第7项(1)~(5)	手动	
		(2)闸瓦间隙自动调整器作用良好		
12	第五轴箱及弹簧	(1)同第8项(1)~(5)	手动	
		(2)速度表电机安装牢固,接线无破损,防尘罩应完整	目视	
13	第三旁承	同第9项		
14	第五制动缸	同第4项		
15	第四动轮	同第7项		
16	第四轴箱	同第8项		
17	第四制动缸	同第4项		
18	第三砂箱及砂管	同第5项		
19	第二总风缸附近	(1)第四动轮闸瓦间隙自动调整器作用良好	手动	冬季应有防寒套 排水阀严禁锤击,排水时注意安全
		(2)油水分离器螺栓紧固,排水阀开关应灵活	锤击、手动	
		(3)上水(排水)管及卡子牢固,防尘堵、安全链应齐全	锤触、目视	
		(4)机油放油管及卡子牢固,放油阀应关阀,防尘堵、安全链应齐全	锤触、手动	
		(5)总风缸管接头螺母不漏风	手触、锤击	
		(6)总风缸安装带无位移,螺栓无松动,排水阀开关应灵活	手动	

走
行
部
右
侧

续上表

顺序	部位	部件状态及要求	检查方法	备注
20	燃油箱右侧	(1)空气滤清器百叶窗、侧窗及侧门应完整严密,扶手应牢固	目视	
		(2)燃油箱安装螺栓紧固	锤击	
		(3)燃油箱外观无异状,清扫孔盖无漏油,加油堵、安全链应齐全	目视	
		(4)蓄电池安装箱完整,锁闭器作用应良好	目视、手动	
		(5)蓄电池清洁,各单节无漏泄,接线无松动。检查孔盖应完好,通气孔无堵塞	目视、手动	
21	第一总风缸附近	(1)远心集尘器安装牢固,排水阀开关灵活	锤触、手动	总容量为9 000 L,在运用中应不低于3 000 L
		(2)燃油箱油表状态良好,油位充足	目视	
		(3)总风缸管接头螺母不漏风	手触	
		(4)第三动轮闸瓦间隙自动调整器作用良好	手动	
		(5)总风缸安装带无位移,螺栓不松动,排水阀开关灵活	锤击、手动	
22	第三制动缸	同第4项		
23	第二砂箱及砂管	同第5项		
24	第三动轮	同第7项		
25	第三轴箱及弹簧	同第8项		
26	第二制动缸	同第4项		
27	第二旁承	(1)同第9项(1)、(2)、(3)	目视	
		(2)外电源插座应良好		
28	第二动轮	同第11项		
29	第二轴箱及弹簧	同第8项(1)~(5)		
30	牵引杆装置	同第10项		
31	第一旁承	同第9项		
32	第一动轮	同第7项		
33	第一制动缸	同第4项		
34	第一砂箱及砂管	同第5项		
35	Ⅰ司机室门窗	同第3项		
36	前端裙板内侧	(1)第一动轮闸瓦间隙自动调整器作用良好	手动	
		(2)控制风缸排水阀灵活、严密	手动	
		(3)排障器支架安装应牢固,胶皮应完整	锤击、目视	
机车前端	机车前端	同机车后端各项		
走行部左侧	走行部左侧	(1)污油箱状态应良好,排污阀开关应灵活	目视	污油箱容量约35 L
		(2)前后转向架制动缸塞门应在开放位	手动	
		(3)外电源插座良好	目视	
		(4)其余各项同走行部右侧	目视	

走行部右侧

续上表

顺序		部 位	部件状态及要求	检查方法	备 注
车底后半部	1	后端车钩缓冲装置	(1)钩体托板及缓冲器托板螺栓紧固	锤击、目视	
			(2)弹簧箱冲击座、钩尾框无裂纹	目视	
			(3)前后从板磨动部不缺油	目视	
			(4)车体构架、牵引梁无变形裂纹及开焊	目视	
	2	后转向架端梁部分	(1)转向架端梁无变形、开焊	目视、锤触	
			(2)撒砂风管及卡子无松动,胶管有无裂纹	目视	
			(3)手制动机横梁与钢丝绳连接应良好	目视	
	3	第六轮对间	(1)闸瓦拉杆不弯曲,两端连接销、螺母、开口销应完整	目视	
			(2)牵引电动机大线无磨损,夹板完整	锤触、目视	
			(3)牵引电动机上盖严密,通风道帆布罩及卡子良好,车心灯完整	目视	
	4	第六动轮	同走行部右侧第7项		
	5	第六抱轴	(1)抱轴螺栓紧固,放油堵不漏油,油盒上盖应严密,油尺应良好	锤击、目视	抱轴瓦径向间隙为0.2～1.0 mm,同一轴两侧差不大于0.5 mm,抱轴温度不得超过70 ℃。油位应在油尺两刻线之间
			(2)防尘罩完整,车轴无拉伤、裂纹	手动、目视	
			(3)抱轴瓦有无错口、脱落、裂纹,有合金片	目视	
	6	第六齿轮箱	(1)齿轮箱安装螺栓无松动,箱体无裂纹及变形,油封良好	锤击、目视	
			(2)加油口盖、链、油尺应齐全,齿轮油润状态应良好	目视	
	7	第六牵引电动机外部	(1)机体外观无异状,检查盖完整严密	目视	轴承温升不得超过55 ℃
			(2)小油堵及加油管无松动,轴承温度应正常	手动、手触	
			(3)端盖各螺栓紧固,通风网无破损、堵塞	锤击、目视	
	8	第六牵引电动机悬挂装置	(1)悬挂座及吊杆无裂纹,各螺栓、螺母紧固,开口销应良好	目视、锤击	安全托与电机座的间隙为50 mm
			(2)胶垫无龟裂及变形	目视	
	9	牵引杆装置的连接杆	(1)连接杆无异状,夹头无裂纹	目视	
			(2)连接销螺母紧固,小油堵、开口销状态良好	锤击、目视	
	10	第六牵引电动机内部	(1)牵引电动机下盖、侧盖完整,卡子良好	目视	打开检查盖
			(2)进风网无破损堵塞,轴承无用油,内部清洁	目视	
			(3)刷杆、刷架、刷握无烧损,安装牢固	手动	刷握与换向器面间隙为2～4 mm,电刷与换向器接触面不少于80%,电刷弹簧力为(45±5)N,换向器沟槽深度为0.5～1.5 mm
			(4)电刷无裂碎、卡死,与换向器接触应良好,电刷弹簧压指无折损	目视	
			(5)换向器表面无变色、拉伤、甩锡等异状	目视	
			(6)磁极及电枢各绕组绝缘良好,无烧损	目视	
	11	第五轮对间	(1)牵引电动机大线无磨损,夹板完整	锤触、目视	
			(2)牵引电动机上盖严密,通风道帆布罩及卡子良好,车心灯应完整	目视	
	12	第五动轮	同走行部右侧第7项		
	13	第五抱轴	同第5项		
	14	第五齿轮箱	同第6项		
	15	第五牵引电动机外部	同第7项		

续上表

顺 序	部 位	部件状态及要求	检查方法	备 注
16	第五牵引电动机悬挂装置	同第8项		
17	闸瓦拉杆	(1)闸瓦拉杆无弯曲、变形	目视	
		(2)两端连接螺母、开口销状态应良好	目视	
18	第五牵引电动机内部	同第10项		
19	第四轮对间	同第11项		
20	第四动轮	同走行部右侧第7项		
21	第四抱轴	同第5项		
22	第四齿轮箱	同第6项		
23	第四牵引电动机外部	同第7项		
24	第四牵引电动机悬挂装置	同第8项		
25	闸瓦拉杆	同第17项		
26	后转向架前端梁	(1)端梁无变形开焊	目视	
		(2)撒砂管及制动自由式管卡子无松动,胶管有无磨损	锤触、目视	
27	燃油箱底部	(1)排污管及卡子安装牢固	锤触	
		(2)燃油箱清扫孔盖不漏油,底部无碰伤、裂漏,防寒层完整	目视	
车底前半部	车底前半部	同车底后半部各项		
1	左侧车门	车门安装牢固、完整,开关及门锁作用应良好	目视、手动	
2	前空气压缩机电机	(1)电机安装座螺栓紧固	锤击	
		(2)电机接线良好,检查盖严密	目视	
		(3)两端轴承无烧损,端盖螺栓无松动,联轴器无异状	目视、锤击	
3	低压空气散热器及风扇	(1)散热管组完整,各螺栓紧固,低压安全阀及铅封状态良好	目视、锤击	
		(2)风扇安装牢固,叶片无折损,传动皮带松紧度合适,防护罩应完整	目视、手握	
4	电器柜背面	各接触器、继电大、电阻无烧损,接线松动	目视	
5	车顶及侧壁	(1)车顶盖严密	目视	
		(2)侧壁及侧窗无损坏,百叶窗开关灵活,防尘网完整	手动、目视	
		(3)照明灯及开关应良好	手动	
6	电器柜外侧	(1)电器柜侧门应完整,锁闭器应良好	目视、手动	
		(2)各支架及导线连接牢固,包扎处所无破损,电阻无烧损变形	手动、目视	
		(3)蓄电池闸刀、熔断器及自动开关无异状	目视	
7	工具备品箱	箱架应牢固,外观应完整	目视	
8	启动发电机	(1)启动发电机安装座螺栓紧固,接线无松动破损	锤击、目视	
		(2)前后轴承无烧损,端盖螺栓及小油堵紧固	目视	

The row labels on the left: 车底后半部 (for rows 16–27), 车底前半部, 机械间左侧 (for rows 1–8).

顺　序	部　位	部件状态及要求	检查方法	备　注
8	启动发电机	(3)电机内部:电刷无破碎,电刷与换向器接触应良好,电刷弹簧及压指无折损,刷辫无松动	手动目视	电刷弹簧为 22～24 N
		(4)风扇叶片无损坏,轴承未甩油,内部应清洁	目视	
9	前变速箱	(1)通气器完整,检查盖螺钉紧固	目视	箱体温度不得高于 80 ℃,轴承温度不得高于 90 ℃
		(2)箱体螺栓及轴承盖螺钉紧固,箱体及轴承温度正常,油封未甩油	手触、目视	
		(3)各传动轴及联轴器无裂纹,螺栓紧固,开口销齐全,万向轴十字头小油堵紧固,油位状态良好	目视、锤击	
		(4)底座螺栓紧固,防护罩及架子安装牢固	锤击	
		(5)油尺完整,油位符合标准	目视	油位应在油尺两刻线之间
10	直流励磁机	(1)防护罩安装牢固	锤触	手握皮带间距为 30～40 mm
		(2)传动皮带无裂损,松紧度符合要求,皮带轮无裂纹、松动	目视、手动	
		(3)检查盖及接线盒完整,接线牢固,底座螺栓无松动	目视、锤击	
11	分配阀	(1)分配阀安装牢固	锤击	
		(2)各管路接头及清扫堵无漏泄和松缓	手触	
		(3)分配阀均衡部、作用部及安全阀无漏泄,各阀位置正确	手触、目视	
12	励磁整流柜	(1)外观状态良好	目视	
		(2)通风网无异状	目视	
13	梯子及顶盖	(1)梯子安装牢固,无弯曲及开焊处所	目视	
		(2)顶盖严密,锁紧卡子应齐全,开关应灵活	目视、手动	
14	车顶上部	(1)顶部各孔盖严密,无变形	目视	
		(2)烟筒防护网、盖完整,开关灵活	目视、手动	
		(3)水箱加水口盖紧固,安全链完整	锤击、目视	
		(4)百叶窗通过脚蹬无变形、开焊,百叶窗完整严密	目视	
		(5)风笛各螺钉及风管卡子紧固,风管接头无松动	锤击、手触	
15	机械间门附近	(1)机械间门安装牢固、完整,开关应灵活、严密,门锁作用应良好	目视、手动	应有检查日期
		(2)灭火器完整,铅封应良好	目视	
		(3)空气滤清器百叶窗开关灵活	手动	
		(4)机械间照明灯完整良好	目视	
16	电流互感器	(1)电流互感器安装状态良好	目视	
		(2)电流互感器线圈、接线无异状	目视	
17	牵引发电机通风道	(1)牵引发电机通风道无破损,卡子无松动	目视	
		(2)输出大线绝缘无破损,夹板无松动,接地导线良好	目视	
18	牵引发电机	(1)牵引发电机外观无异状,安装牢固	目视、锤击	电刷弹簧力为 20～25 N
		(2)通风网完整,内部清洁,滑环表面无发黑及烧痕,电刷、压簧、刷架良好	目视	
		(3)转子、定子可见部分无异状	目视	
19	渡板及其下部	(1)渡过板及架子状态良好	目视	轴承端盖温升不大于 55 ℃
		(2)万向轴、十字头及联轴器无裂纹,连接螺栓紧固,小油堵、开口销状态良好	锤击、目视	

机
械
间
左
侧

续上表

顺序		部位	部件状态及要求	检查方法	备注
	19	渡板及其下部	(3)牵引发电机轴承端盖螺栓及油堵无松动,无发热、烧损现象	锤击、目视	轴承端盖温升不大于55℃
			(4)远心集尘器安装牢固,排水阀开关应灵活	手触、锤击	
			(5)调压器及风压开关安装牢固,触头无烧损,塞门位置正确	手动、锤击	
			(6)牵引发电机支承座、定位销应良好	目视、锤击	
	20	空气滤清器	(1)滤清器安装牢固,滤清元件齐全	目视	
			(2)滤清器体及玻璃窗、百叶窗、内吸挡板与卡子完整	目视	
			(3)进风道连接法兰盘螺栓紧固,帆布罩无破损,卡子不松动	锤击、目视	
	21	增压器	(1)增压器进出气道法兰、烟筒及废气管连接螺栓紧固	锤击	
			(2)安装座螺栓紧固	锤击	
			(3)机油管、冷却水管接头无松动漏泄	目视	
	22	燃油保压阀	(1)保压阀及连接管无松动漏泄	目视	
机			(2)稳压箱进气道螺栓无松动	锤击	
	23	增压器机油滤清器	(1)机油滤清上盖及上、下油管紧固,有无漏泄	锤触、目视	
			(2)安全阀良好,铅封完整	目视	
械	24	油压继电器	(1)油压继电器胶皮油管无裂漏、卡子及接头螺母良好	目视	
			(2)油压继电器外观无破损,接线良好	目视	
间	25	盘车联锁机构	(1)盘车联锁机构完整,穿销及安全链齐全,小油堵无松动丢失	目视	
			(2)行程开关无异状,接线良好	目视	
左	26	接线盒	(1)接线盒完整良好	目视	
			(2)接线无松动	手动	
	27	连接箱	(1)连接箱螺栓紧固,防护网应完整	锤击、目视	
			(2)蜗轮、蜗杆应处于脱开位置	目视	
侧			(3)正时齿轮及半刚性联轴器无异状,输出端大油封不漏油	目视	
			(4)底座螺栓紧固	锤击	
	28	柴油机上部	(1)机械间顶盖及通风窗严密	目视、锤击	
			(2)热水集流管连接法兰螺栓紧固,垫不漏水,胶管及卡子良好	目视、锤击	
			(3)废气总管法兰连接螺栓是否紧固,隔热层外皮应完整	目视	
	29	柴油机8～5缸	(1)出水管垫不漏水,螺栓紧固	目视、锤击	气门间隙:进气门0.4 mm;排气门0.5 mm
			(2)进、排气管螺栓是否紧固	锤击	
			(3)摇臂箱盖螺栓紧固,胶垫付完整无漏油	手动、目视	
			(4)摇臂箱外观完整,机油管无松动漏油	手动、目视	
			(5)摇臂箱螺栓紧固,摇臂与挺杆无异状,气门间隙调整螺栓无松动,间隙符合规定,气门弹簧无折损,油润应良好	手动、锤击	如泄油孔漏水,为该缸缸套密封胶圈不良
			(6)气缸盖紧固螺栓是否松动	手动	
			(7)示功阀安装牢固,手轮齐全	目视	
			(8)挺杆套有无松动及漏油	锤击	

顺序	部位	部件状态及要求	检查方法	备注
29	柴油机 8～5 缸	(9)喷油泵安装螺母紧固,高压油管及来油管接头螺母无漏油,齿条灵活,拨叉座与夹头销吻合状态良好,供油拉杆及轴承支座无异状,燃油管及回油管接头无漏油	目视、手动	
		(10)凸轮轴检查孔盖手轮不松动,胶皮垫不漏油	手动、目视	
		(11)进水管套筒法兰盘螺栓紧固,泄油孔不漏油;进水支管锁紧螺母及法兰盘螺栓紧固,无漏水;进水管螺栓紧固	锤击、目视	
		(12)曲轴箱检查孔盖手轮紧固,无漏油痕迹,打开曲轴箱检查孔盖,胶垫应无老化、破损,锁紧卡子无损坏变形,主轴瓦、连杆瓦螺栓紧固,开口销完整,边杆大端无横动量,滤网完整,无异物	手动、目视、锤击	
30	燃油泵	(1)安装牢固	锤击	
		(2)联轴器良好,胶皮垫未老化,油泵转动灵活	目视、手动	
		(3)油管接头螺母不漏油	目视	
		(4)电机各部状态良好	目视	
31	燃油粗滤器	(1)燃油粗滤器安装牢固,上盖螺栓及放油堵无松动漏油	锤击、目视	注意转换阀阀芯位置是否正确
		(2)转换阀及截止阀位置正确	手动	
		(3)管路各接头螺母有无松动、漏油,止回阀、安全阀有无异状	目视	
32	柴油机机油加油口及油尺油位	(1)加油口盖严密,过滤网良好,无异状	目视	
		(2)油尺无折损、弯曲,油位符合标准	目视	
33	侧窗及侧门	侧门及侧窗应完整严密,开关作用应灵活	目视、手动	
34	柴油机 4～1 缸	同第 29 项		
35	柴油机底座	底座螺栓紧固,无开焊	锤击、目视	
36	油水管路	(1)柴油机进水管法兰盘螺栓紧固,无漏泄	锤击、目视	
		(2)机油管连接法兰盘螺栓紧固,无漏油,胶管未老化,卡子完整	锤触、目视	
		(3)燃油预热器端盖及各配管无漏泄	目视	
37	仪表盘	(1)仪表盘安装牢固,各连接管卡子无松动	手动	
		(2)各仪表读数正确	目视	
38	中冷器	(1)冷却器体各螺栓无松动和漏水处所	锤击、目视	
		(2)进、出水管法兰盘螺栓紧固,垫不漏水	锤击、目视	
		(3)安装座螺栓紧固	锤击	
39	燃油压力	压力传感器油管无松漏,接线良好,支架牢固	目视、手动	
40	柴油机转速表电机	安装牢固,接线良好	手动、目视	
41	燃油精滤器	(1)燃油精滤器安装牢固	锤触	
		(2)各管接头无漏泄,软管老化变质,卡子不松动	目视、锤击	
		(3)排气管、排气阀状态良好	目视、手动	
42	机油离心精滤器	(1)安装牢固,上盖及配管无漏油	锤击、目视	
		(2)截止阀应置于开放位	目视	

机械间左侧

续上表

顺序		部　位	部件状态及要求	检查方法	备　注
	43	曲轴箱呼吸道	油气分离器安装牢固，软管无破损，卡子紧固	手动、目视	
	44	低温水泵及水管	（1）低温水泵各螺栓紧固，无漏泄	锤击、目视	
			（2）各水管接头螺栓紧固，无漏泄，胶管无裂纹变形，固定卡子良好	锤触、目视	
			（3）预热水阀、上水（排水）阀位置正确	目视	
	45	动力室通风机	通风机安装状态是否良好，风扇叶片无折损，接线良好	目视	
	46	水箱及燃油箱	（1）水箱水位应在2/3以上，水表阀及排水阀位置正确	目视、手动	水箱容积为0.25 m³
			（2）燃油箱油表无漏泄，燃油量符合要求	目视	
			（3）水箱安装牢固，照明灯完整	锤击、目视	
			（4）燃油、水管路连接处所无漏泄，各阀位置正常，温度传感器安装良好	目视	
机械间左侧	47	预热锅炉	（1）预热锅炉烟筒牢固	锤击	
			（2）点火器、鼓风机、燃油泵、压力表及温度表良好	目视	
			（3）预热锅炉各螺栓无松动，水表水位应符合标准	锤击、目视	
			（4）底座螺栓牢固	锤击	
			（5）循环水泵安装状态良好，软管无破损，电机接线良好	目视	
			（6）各阀位置正确	目视	
	48	后输出轴	（1）防护罩及架子完整牢固	目视、锤击	
			（2）后输出轴无裂纹，联轴器无异状	目视	
	49	机械间门	安装应牢固严密，开关灵活，门锁应良好	手动、目视	
	50	车顶及侧壁	（1）顶盖是否严密	目视	
			（2）百叶窗严密，传动油缸及油管安装应牢固，复原弹簧作用应良好，手动开关灵活	手动	
	51	高温散热器	散热器各单节无漏泄	目视	
	52	静液压传动油箱	（1）静液压传动油箱安装牢固	锤击、目视	
			（2）上盖及传感器无松动，各管接头不漏油，油位应符合标准	目视	
	53	后变速箱	（1）通气器完整，检查盖螺钉紧固	手触、目视	箱体温度不应高于80℃，轴承温度不应高于90℃
			（2）箱体螺栓及轴承盖螺钉紧固，箱体及轴承温度正常，油封未甩油	目视、手触	
			（3）输入轴联轴器锁紧螺母无松动，安装座螺栓紧固	目视、锤击	
	54	静液压系统	（1）静液压泵体螺栓及油管连接螺母无松动、漏油	锤击、目视	泵体温度不应高于70℃
			（2）高压止回阀各连接油管无松动、漏油	锤击、目视	
			（3）胶管未老化、渗油变形，连接卡子紧固	目视	
	55	后转向牵引电动机通风机	（1）通风机尼龙轴无破损，U形螺丝无松动	目视、锤击	防止油水进入牵引电动机内
			（2）轴承端盖及底座螺丝紧固，油堵应良好	锤击、目视	
			（3）轴承转动应灵活，有无异音	手动	
			（4）通风机底座无开焊，吸风网无破损，叶片应完整	目视	

续上表

顺序		部位	部件状态及要求	检查方法	备注
机械间左侧	56	油水管路	(1)各油水管路接头无漏泄、卡子紧固,温度传感器良好 (2)各油阀、水阀位置正确,排水堵(阀)不漏水 (3)高温控制阀安装良好	目视、锤击 手动、目视 目视	
	57	启动机油泵	(1)机油泵及电机安装螺栓有无松动 (2)泵体及机油管连接无漏油 (3)联轴器无异状 (4)电机接线良好	锤击 目视 手动 目视	此处如安装机油滤清器,同机械间右侧第17项
	58	冷却风扇	(1)冷却风扇及静液压马达安装牢固,无异状 (2)油管路无漏油 (3)照明灯完整	目视、锤击 目视 目视	
	59	低温散热器	散热器各单节无漏泄	目视	
	60	车顶及侧壁	(1)同第50项 (2)照明灯、开关作用良好	手动	
	61	后空气压缩机电机	同第2项		
	62	低压散热器及风扇	同第3项		
	63	后空气压缩机	(1)缸头及缸体紧固螺栓无松动,温度正常 (2)曲轴箱检查孔盖及放油堵无漏油,油位应符合标准 (3)底座螺栓是否紧固 (4)空气滤清器安装牢固,油压表是否良好	锤击 锤击 手动 手动	
Ⅱ司机室	1	司机室门	门应牢固、严密,开关应灵活,门锁作用应良好	手动、目视	
	2	学习司机侧	(1)灭火器完整、铅封应良好 (2)学习司机座椅安装牢固 (3)侧窗开关灵活严密,路牌授受器风挡窗及侧灯良好 (4)前窗玻璃、遮光板及雨刷完整 (5)各电器开关作用良好,电炉及接线完整,热风机散热器及排气阀不漏水 (6)风笛脚踏阀是否良好	目视 锤击 手动、目视 目视 试验、目视 试验	应有检查日期
	3	中部	(1)大灯后盖及卡子完整,反光镜、激发器、灯泡及接线良好 (2)电扇完整良好 (3)速度表安装及接线良好	目视、手动 目视 目视	手上有油勿摸灯泡
	4	司机侧	(1)前窗玻璃、遮光板及雨刷完整 (2)各仪表读数正确,检验日期未过期 (3)各电器开关作用良好 (4)各手柄及单、自阀手把在规定位置 (5)侧窗开关灵活严密,路牌授受器、风挡及侧灯良好 (6)重联塞门应处于关闭位,给风阀、减压阀状态良好,各配管无漏风 (7)风笛及撒砂脚踏阀良好 (8)司机控制器体架螺栓无松动、各触指无烧损,插头及接线良好,自动开关及其接线无松动 (9)司机座椅安装是否牢固	目视 目视 试验 目视 手动 目视 试验 目视、手动 锤击	风表检验日期不超过3个月,其他仪表不超过半年 主手柄置于0位,换向手柄置于中立位并取下

续上表

顺序		部　位	部件状态及要求	检查方法	备　注
Ⅱ司机室	5	上部及后部	(1)顶窗严密,开关灵活	手动	
			(2)后衣架牢固	手动	
			(3)手制动机作用牢固	试验	
机械间右侧	1	车顶及侧壁	同机械间左侧第50项		
	2	低温散热器	散热器各单节无漏泄	目视	
	3	灭火器	灭火器是否完整,铅封是否良好	目视	应有检查日期
	4	送风管路	(1)送风管塞门应在开放位	目视	
			(2)止回阀、安全阀无异状,安全阀铅封良好	目视	
	5	油水管路	(1)散热器进、出水管卡子牢固,接头法兰螺栓紧固,无漏水	目视、锤击	
			(2)静液压传动油热交换器上、下盖螺栓紧固,油水管接头无漏泄	锤击、目视	
			各排水阀、排气阀应在关闭位	目视、手动	
	6	车顶及侧壁	同机械间左侧第60项		
	7	高温散热器	散热器各单节无漏泄	目视	
	8	机油热交换器	(1)机油热交换器前后端盖螺栓坚固,无漏泄	锤击、目视	
			(2)油水管路连接法兰螺栓紧固,无漏泄	目视、锤击	
			(3)排气阀、放水阀、放油阀应在关闭位	目视、手动	
			(4)低温控制阀安装良好	目视	
	9	后变速箱	同机械间左侧第53项		
			油尺完整,油位符合标准,放油堵未漏油	目视	
	10	静液压系统	同机械间左侧第54项		
	11	静液压传动油箱	同机械间左侧第52项		
	12	机械间门附近	(1)同机械间左侧第15项		应有检验标签
			(2)通风机开关良好	试验	
			(3)预热水阀位置正确,水管接头无漏水	目视	
			(4)差示压力计触针、接线良好,液面高度应在"0"刻线上	目视	
			(5)温度继电器安装牢固,接线良好	目视	
	13	水箱	(1)水箱安装是否牢固	锤击	
			(2)补水阀应在开放位,补水管、溢水管接头螺母及卡子松动	目视	
	14	主水泵及管路	(1)主水泵进、出水管接头螺母紧固,软管无变形、裂漏,卡子良好	锤击、目视	
			(2)主水泵泵体各螺栓无松动	锤击	
			(3)上水(排水)阀应在关闭位	目视	
	15	主机油泵	泵体各螺栓无松动和漏泄处所	锤击、目视	
	16	预热锅炉控制柜	(1)预热锅炉控制柜安装状态良好	目视	
			(2)各开关、电器、接线等无异状	目视	
	17	机油滤清器	(1)机油滤清器上盖各螺栓紧固,心轴转动灵活	锤击、手动	此处如安装启动机油泵,同机械间左侧第57项
			(2)管路接头无松动、漏油	锤击、目视	
			(3)安全阀胶管未老化、裂漏,卡子无松动,排油阀应在关闭位	目视	

顺 序	部 位	部件状态及要求	检查方法	备 注
18	上水手摇泵	安装牢固,转动应灵活	目视	
19	空气滤清器	同机械间左侧第20项	手动	
20	增压器	同机械间左侧第21项	手动	
21	柴油机转速表	(1)柴油机转速表良好,托架牢固	目视	
		(2)传动轴连接良好,有无漏油	目视	
		(3)电阻无烧损,接线良好	目视	
22	联合调节器	(1)电磁联锁外观完整,线圈无烧损,接线良好	目视	试验紧急停车按钮作用状态,然后恢复
		(2)功率伺服器安装螺栓紧固,接线应良好	目视	
		(3)联合调节器上盖、体座各螺栓无松动、漏油油位合乎标准	目视	
		(4)电磁阀插销、插座及接线良好,启动加速器无异状	目视	
		(5)传动箱及透视玻璃无异状,油管连接无松动,油阀应在开放位	目视	
		(6)传动轴及连接杆夹头紧固,各传动杆连接牢固,紧急停车手柄应在恢复位	目视、手动	
23	暖气截止阀	(1)截止阀位置正确	目视、手动	
		(2)放水阀应在关闭位	目视、手动	冬季应在开放位
24	油水管路	(1)同机械间左第36项中的(1)、(2)		
		(2)机油温度传感器安装良好,接线无损坏	目视	
25	柴油机上部	同机械间左侧第28项		
26	柴油机9~12缸	(1)同机械间左侧第29项		
		(2)防爆阀无异状	目视	
27	辅助机油泵	同机械间左侧第57项		
28	柴油机机油加油口及油尺油位	同机械间左侧第32项		
29	侧门及侧窗	同机械间左侧第33项		
30	柴油机13~16缸	同机械间左侧第29项 防爆阀无异状	目视	
31	柴油机底座	(1)同机械间左侧第35项		
		(2)暖气排水阀严密,不漏水	目视、手动	
32	中冷器	同机械间左侧第38项		
33	连接箱	(1)同机械间左侧第27项		
		(2)稳压箱排污阀开关应灵活	手动	
		(3)暖气截止阀开关应灵活	手动	
34	牵引发电机	(1)牵引发电机外观良好	目视	
		(2)底座螺栓无松动	锤击	
35	机械间门及侧壁	(1)机械间门应完整,开关应灵活、门锁应良好	目视、手动	
		(2)顶盖严密,照明灯及插座应良好,玻璃应完整,通风窗开关应灵活	目视、手动	
36	交流励磁机	(1)励磁机底座螺栓及油堵无松动	锤击、手动	
		(2)检查罩及卡子良好	目视	
		(3)风扇无异状	目视	
		(4)轴承未甩油	目视	

（顺序18~36 部位左侧竖排：机 械 间 右 侧）

续上表

顺　序	部　位	部件状态及要求	检查方法	备　注
机械间右侧	37	前变速箱	(1)检查孔盖螺钉紧固 (2)同机械间左侧第9项(1)～(4) (3)放油堵塞紧固	锤击 锤击	
	38	灭火器及防护用品	(1)灭火器应完整,铅封应良好 (2)响墩、火炬、信号旗应良好齐全	目视 目视	注意检查日期
	39	励磁整流柜	同机械间左侧第12项		
	40	前转向架牵引电动机通风机	(1)通风机座各螺栓紧固 (2)轴承温度应正常,小油堵应良好 (3)吸风网无堵塞,帆布筒无破损,卡子良好	锤击 手触 手动、目视	
	41	硅整流柜附近	(1)硅整流柜及架子安装牢固,前检查孔盖及螺栓完整、严密 (2)内部元件、安装架螺栓及胶垫无松动、各元件的散热片无损坏 (3)硅整备流柜后检查盖及螺栓完整、严密良好 (4)内部各元件接线无松动烧损 (5)输出、输入大线端子焊接良好	目视、手动 目视、手动 手动、目视 手动、目视 目视	
	42	电器柜	(1)电器柜外侧各开关位置正确 (2)电压调整器、过渡装置外观及安装状态良好 (3)各继电器安装牢固,接线良好,触指无烧损 (4)各电阻、熔断器安装牢固,接线良好,无烧损 (5)各接触器安装牢固,触头、触指无烧损,接线无松动,灭弧罩、灭弧角应完整 (6)方向及工况转换开关体架无裂纹,安装牢固,各触片接触良好,无烧损,联锁触指应良好,弹簧无折损,电空阀无漏风,线圈及接线良好 (7)各导线无松脱、烧损,线号应清晰	目视 目视 目视、手动 目视、手动 目视、手动 目视、手动 目视、手动	
	43	电器柜外侧	同机械间左侧第6项中的(1)、(2)		
	44	车顶及侧壁	同机械间左侧第5项		
	45	电器柜背面	同机械间左侧第4项		
	46	前空气压缩机	同机械间左侧第63项		
	47	送风管路	同第4项		
Ⅰ司机室	1	司机室各部	(1)重联塞门应在开放位 (2)控制风缸调压阀应良好,塞门应在开放位 (3)其余同Ⅱ司机室各项	目视 目视	
	2	电气动作试验	(1)闭合蓄电池闸刀,蓄电池电压应不低于96 V (2)按本章第二节进行	目视 手动、目视	
	3	柴油机启动后	(1)各仪表显示正常 (2)闭合启动发电机开关,启动发电机电压及弃电电流应正常 (3)闭合空气压缩机开关,空气压缩机工作应正常,空气压缩机信号灯2～3 s后应熄灭	目视 手动 目视	启动发电机电压为(110±2.5) V,充电电流不超过48 A,总风缸压力由0升至900 kPa所需时间不超过3.5 min

续上表

顺序		部　位	部件状态及要求	检查方法	备　注
Ⅰ司机室	3	柴油机启动后	(4)柴油机、牵引发电机、辅助传动装置等运动部件无异音、异状，各部温度正常	目视、倾听	
			(5)机油、燃油、冷却水、空气各管路无漏泄，胶管未变形、渗漏，水箱水位无变化	目视	
	4	柴油机调速试验	主手柄置于0～16位时各挡实测转速比原定转速差不得超过±10 r/min，各运动部件无异音，各仪表显示应正常	手动、目视、倾听	柴油机转速规定在500～1 100 r/min范围内
	5	部件机能试验	热风机、电扇、头灯、风笛及撒砂器等机能正常	手动、目视	
	6	制动机机能试验	(1)各风表压力正确，检修标签未过期	目视	检查日期不应超过3个月
			(2)单阀、自阀手把无松旷，各螺栓（或螺堵）及单阀复原弹簧止钉无松动	手动	
			(3)单阀、自阀心轴、阀座及各管无漏泄	倾听	
			(4)按"八步闸"顺序试验制动机性能		

表 7-4　司机途中站停检查机车内容及要求

顺序		部　位	部件状态及要求	检查方法	备　注
机车后端		后钩及制动	(1)车钩连挂状态良好，防跳销未脱落	目视	
			(2)软管连接状态良好，折角塞门应在开放位	目视	
			(3)标志灯及机车后端外观完整	目视	
走行部右侧	1	第六动轮	(1)制动缸行程应符合规定	目视	120～140 mm轴箱温度不得超过70 ℃轴承温升不得超过55 ℃
			(2)轴箱温度正常，油压减振器安装状态良好	手触、锤击	
			(3)轴箱拉杆及圆弹簧无异状	锤击、目视	
			(4)轮箍无弛缓、发热，弛缓线正确，轴箱内油封未甩油	手触	
			(5)牵引电动机轴承温度正常	手触	
			(6)车心可见部分有无异状	目视	
	2	第五动轮	(1)同第1项		
			(2)速度表安装无松动，接线良好	手动	
			(3)牵引杆及各连接销良好	锤击	
	3	第四动轮	同第1项		
	4	燃油箱附近	(1)排除油水分离器积水	手动	
			(2)排除总风缸积水	手动	
			(3)蓄电池安装箱无异状	目视	
			(4)加油口盖未松动	手动	
			(5)燃油箱油位正确	目视	
	5	第三动轮	同第1项		
	6	第二动轮	同第2项		
	7	第一动轮	同第1项		
机车前端		前车钩及制动管	(1)前排障器无碰撞痕迹	目视	
			(2)前窗、标志灯及前端外观无异状	目视	
走行部左侧		走行部左侧	同走行部右侧各项		
Ⅱ司机室		操纵台	(1)各仪表显示与Ⅱ司机室显示一致	目视	Ⅱ司机室检查完毕，根据情况进入机械间右侧或左侧
			(2)单阀、自阀手把位置应正确	目视	

续上表

顺序		部 位	部件状态及要求	检查方法	备 注
机械间右侧	1	冷却室	(1)散热器无漏泄 (2)热交换器及静液压系统各管无漏泄 (3)后转向架牵引电动机通风机及后变速箱各传动部分无异音 (4)后变速箱、静液压泵体温度是否正常	目视 目视 倾听 手触	变速箱箱体温度不得超过80 ℃,静液压泵体温度不得超过70 ℃
	2	动力室	(1)检查差示压力计液面高度符合要求 (2)水箱水位符合要求 (3)柴油机转速正常 (4)联调节器各部无漏油,油位正常,各连接杆及销子完整,功率伺服器电阻无发热现象 (5)柴油机外观各机油、水、燃油管路及各检查孔盖无漏泄 (6)柴油机运转声音正常 (7)牵引发电机滑环及轴承温度是否正常 (8)励磁机有无异状,轴承温度正常	目视 目视 倾听 目视 目视 倾听 目视、手触 目视、手触	低于0.4 kPa 轴承温升不得超过55 ℃
	3	电气室	(1)前变速箱各传动部件无异音,箱体温度正常 (2)电器柜各电器装置无异状 (3)空气压缩机工作温度正常,油压应在300～500 kPa范围内	倾听、手触 目视 手触、目视	变速箱箱体温度不得超过80 ℃ 曲轴箱温度不得超过80 ℃,高压阀室温度不得超过110 ℃
I 司机室		操纵台	(1)各仪表显示正常 (2)停车时间较长时,应进行制动简略试验	目视 手动	

（三）DF_{4B}型内燃机车换班站检查项目

因时间较紧,司机应重点检查车体下部:轮对弛缓标记,轴箱温度,闸瓦与轮对踏面的缓解间隙,闸瓦及穿销,车钩及列车管连接状态,油水分离器,远心集尘器,总风缸排水及扫石器。学习司机(非操纵司机)此时应重点检查上部各油水位、油水管路有无漏泄,检测变速箱及各主发电机启动(辅助)电机、励磁机等主要电机的轴承温度,检测行车安全装备。

（四）在外段（折返段）检查项目

走行部(包括车底部),电器柜,柴油机辅助传动装置,各电机、电器、空气制动机和空气压缩机、冷却装置、撒砂装置和照明设备,油、水、砂存量,各监督计量器具、车载行车安全装备及信号用具和工具。

四、机车检查方法

机车检查必须按有条不紊的顺序、正确的姿势和科学的方法进行。具体应做到:顺序检查,不错不漏,姿势正确,步伐不乱。其方法应当为:步伐有序,锤击要动作协调一致,先上后下、先内后外、先左后右、步伐稳健,动作灵活熟练,在一步之内以左脚为支点,左右活动。应以检、听、嗅、摸、测、撬等方法进行。锤击应分轻重,目标明确。耳听、目视仔细周到,鼻嗅手触灵活熟练。仪表量具运用自如,判断故障迅速果断。消除隐患,保证质量。

上述方法要领分别解释如下:

（一）锤击检查

锤击检查法是以检验锤敲打部件时发出的声音和锤的振动反拨力的强弱来判断部件安装

是否牢固,或同时用另一只手接触之感觉来判断零部件的状态。不要重复敲,根据一般经验,锤敲与耳听结合,锤敲发出浊音时是部件结构发生松缓或材质发生变化的现象;发生清音时是部件安装牢固,材质正常的证明。但必须有丰富的经验及耳听目视的协调配合,才能做到正确的判断。锤击分重锤、普通锤、轻锤、锤触、锤撬和禁止敲击等。

重锤——重锤时,手握锤把端头(锤把端部外露 20 mm)比较有力。重锤的处所如:车钩扁销、钩舌销、牵引电动机抱轴瓦紧固螺栓、柴油机—牵引发电机组安装螺栓、前后排障器安装螺栓等;普通锤——如闸缸、安装螺栓、圆弹簧、各传动轴联轴器螺栓、各变速箱底座安装螺栓、各辅助装置有关安装螺栓等;轻锤——轻锤时,手握锤把接近中间外,敲力小而准确;锤触——适用于较细管路和卡子,以及一些脆弱部件,适用于 14 mm 及其以下的螺栓、螺钉等不能敲击的处所(用粗的一端);锤撬——以锤柄、锤尖撬动检查部件的活动间隙等;禁止敲击——如风、水、油管路,电镀螺母和 12 mm 以下的小螺母等。

在锤击检查时应注意以下几个问题:

(1)在敲打螺母时,应向紧固方向打,以免把紧固的螺母敲松。

(2)在敲打双重螺母时,应先敲内侧,注意勿使其失去内外螺母互相紧固的作用。

(3)锤敲部件时,锤头要放正。注意稳、准,思想集中,手、眼、耳一致,力求检查结果准确无误。

(4)锤敲部件时应根据部件大小,用力要轻重适当,防止操作部件及破片飞出伤人,做到安全检查,文明检查。

(二)视觉检查

视觉检查是检查机车外部状态常用的一种方法。检查运用中的机车状态,比如部件裂纹、接触间隙、松缓、磨耗、变色、折损、漏泄、脱落、丢失、缺油、擦伤、火花、卡滞等,油、水、砂储量及工具、备品、消防器材、仪表装置等,均采用目视检查法进行检查。具体检查方法如下:

1. 部件表面涂有油漆时,检查漆皮有无鼓起现象,发现可疑时可将油漆剥去,用锤敲振,如有油痕或锈痕即可断定是裂纹或透油,实行局部加热,以助检查,确定是否裂纹。对表面附有油脂部分,发现局部透油时,可将油脂擦净再用锤敲振,若出油痕就断定是裂纹。

2. 对空气压力管路,如发现局部被吹得很干净并且周围存有油垢,就可断定是漏泄。风管接头处可以涂上肥皂沫,发现有气泡就表明该处接头松缓;有水部分可根据漏泄及水垢痕迹的判断是否裂纹。

3. 检查各结合部分,如有透油、透锈,或有移动痕迹和磨出亮印时判定是松缓。

4. 检查各杆有无弯曲时,从杆的一端目视另一端边缘进行判断,对有弯曲可疑现象时,可利用平尺或解体划线等办法,确定其弯曲程度。

(三)听觉检查

听觉检查是为弥补锤击检查和目视检查的不足,机车停留或柴油机停止运转时,有些部件如柴油机气缸、油、水泵、变速箱等,从外观上很难发现其不良状态。但柴油机在运转中,我们可以借助锤柄、听棒等,凭听觉就可以从部件发出的不良音响判断出其故障所在。

(四)手触检查法

手触检查法是用手指背部直接接触部件,感受其温度,手触检查脉冲(高压油管)振动等。在运行中不能进行手触温度检查的部件,应在停车后马上进行。手触时应先用手指感觉温度,再用手背判断温度。手指背部触及部件表面的持续时间与相应的温度见表7-5。

表 7-5　温度检查方法参考表

热别	相应的温度	判别方法	热别	相应的温度	判别方法
平热	40 ℃上下	能长时间手触	激热	150 ℃上下	变色
微热	70 ℃上下	手触能持续 3 s	烧热	150 ℃以上	生烟
强热	90 ℃上下	不能手触			

手动——检查小部件(包括动、拍、握、拧等)。如仪表、止阀、管、线、花键、各油泵、联轴器等。

(五)测量检查

测量检查是用测量工具、仪表测量间隙、距离、行程的限度尺寸及电流、电压、电阻值等。

用塞尺测量各花键间隙等;用平尺检查闸缸活塞行程、接触器开距等;用弹簧秤测量各牵引电机电刷压指弹簧压力;使用万用表检查各电器线路的电流、电压、电阻等值;用试灯检查各接地处所和电器线路的断路或短路等。

(六)鼻嗅检查

鼻嗅检查是用嗅觉器官来判定部件及电气线路橡胶部件、电机绕组或装置的发热、烧损、着火。

五、DF4B 型内燃机车全面电气动作试验

(一)准备工作。

1. 控制风缸压力在 400 kPa 以上,将 1GK～6GK 置于运转位,控制风缸在 400 kPa 以下时,将 1GK～6GK 置于故障位。

2. 闭合蓄电池闸刀 XK,蓄电池电压不低于 96 V,卸载信号灯 7XD 亮,闭合机车照明总开关 ZMK。

3. 将操纵台及电器柜各自动脱扣开关置于闭合位(Ⅰ、Ⅱ燃油泵自动脱扣开关 3DZ、4DZ 只闭合一个)。

4. 确认正、负试灯亮度一致。

5. 闭合电动仪表开关 12 K,水温表显示的温度应符合柴油机启动的温度,其他各仪表均指示零位。

(二)电气动作试验

1. 手柄"0"位的试验项

(1)闭合总控开关 1K,闭合启动机油泵开关 3K,启动机油泵接触器 QBC 得电,启动机油泵电机 QBD 运转。

(2)闭合燃油泵开关 4K,燃油泵接触器 RBC 得电,QBC 失电,QBD 停转;Ⅰ 或 Ⅱ RBD 运转,电流表显示放电电流约 10A。燃油压力应不低于 150 kPa。短接 5/17(5 排 17 柱)、8/16(8 排 16 柱)。4ZJ 得电,RBC 失电,RBD 停转,差示压力信号灯 1XD 亮。取下短接线,4ZJ 应自锁。断开 4K,4ZJ 失电,差示压力信号灯 1XD 灭。

（3）闭合 4K，RBC 得电，RBD 运转，交替试验 3DZ、4DZ，Ⅰ、Ⅱ燃油泵转换工作正常。断开 3DZ、4DZ，手托 QC 低压联锁，DLS 电磁联锁得电（整备作业时，可不作此项）。看驱动器 ABC 三相示灯均亮（或听音响）。

（4）闭合辅助发电机开关 5K，辅助发电机接触器 FLC 得电，放电电流增加 3～5A。闭合固定发电机开关 8K，固定发电机接触器 GFC 得电，FLC 失电，固定发电机信号灯 10XD 亮，放电电流减少 3～5A。断开 8K，GFC 自锁，断开 5K，GFC 失电，10XD 灭。

（5）闭合 5K，FLC 得电，手按发电过压保护继电器 FLJ，FLC 失电，GFC 得电，固定发电信号灯 10XD 亮，自锁良好。断开 5K，GFC 失电，10XD 灭。

（6）闭合空压机自动控制开关 10K，YC 得电，6XD 亮。延时 2～3 s，YRC 得电，空压机启动信号灯 6XD 灭。断开 10K，YC、YRC 失电。

（7）按下空压机手动按钮 2QA，YC 得电，6XD 亮，延时 2～3 s，YRC 得电，空压机启动信号灯 6XD 灭。松开 2QA，YC、YRC 失电。

2. 保留 1K、4K，换向手柄置于前进位的试验项

（1）闭合机控 2K，$1HK_g$、$2HK_g$ 得电。

（2）主手柄置"1"位，$1HK_{f1}$、$2HK_{f1}$ 得电动作，LLC、LC 得电，卸载信号灯 7XD 灭。

（3）主手柄置"2"位（无级调速机车置"保"位），1ZJ 得电。手动过渡开关 XKK 置"Ⅰ"位，$1XC_2$、$2XC_2$ 得电，一级磁场削弱信号灯 11XD 亮；XKK 置"Ⅱ"位，$1XC_2$、$2XC_2$ 得电，二级磁场削弱信号灯 12XD 亮。XKK 置"Ⅰ"位，$1XC_2$、$2XC_2$ 失电，12XD 灭。XKK 置"0"位，$1XC_1$、$2XC_1$ 失电，11XD 灭。短接 2/9 与 2/10，2ZJ 得电，2XD 亮，LLC、1C～6C、LC 失电，卸载信号灯 7XD 亮。取下短接线，2ZJ 自锁。主手柄回"Ⅰ"位，LLC、1C～6C、LC 得电，7XD 灭。

（4）无级调速机车，主手柄由"Ⅰ"位到"保"位，短接 5/13 和 6/20 接线柱，3ZJ 得电，LLC、LC 失电，卸载信号灯 7XD 亮，取下短接线后，3ZJ 失电，确认越位启车电路是否正常。主手柄回至"Ⅰ"位，LLC、1C～6C、LC 得电，7XD 灭。

（5）有级调速机车：主手柄提到"9"位，3ZJ 得电，LLC、1C～6C、LC 失电，7XD 亮。

无级调速机车：主手柄提到"升"位，驱动器三项指示灯闪亮，主手柄扳至"升"位，到电机发出"嗡嗡"声止，升速时间 10～16 s。主手柄提到"13"位，5ZJ 得电，主手柄回"12"位，5ZJ 失电，主手柄回"8"位，3ZJ 失电。

（6）无级调速机车：主手柄置"降"位，三项指示灯闪亮，自扳至"降"位起到电机"嗡嗡声"止，降速时间为 12～22 s。

（7）主手柄回"1"位，1ZJ 失电，LLC、1C～6C、LC 得电，卸载信号灯 7XD 灭。

闭合 9K：GLC 得电，故障励磁信号灯 9XD 亮，断 9K，GLC 失电，6XD 灭。

闭合 DJ：LLC、1C～6C、LC 失电，卸载信号灯 7XD、接地信号灯 4XD 亮。恢复 DJ，7XD、4XD 灭。

闭合 LJ：LLC、1C～6C、LC 失电，卸载信号灯 7XD、过流信号灯 5XD 亮。恢复 LJ，7XD、5XD 灭。

闭合 1KJ～3KJ，空转信号灯 3XD 亮。松开 1KJ～3KJ，3XD 灭。主手柄回"0"位。

3. 换向手柄置"后进"位的试验项

（1）主手柄置"1"位，$1HK_{f2}$、$2HK_{f2}$ 得电，LLC、1C～6C、LC 得电，卸载信号灯 7XD 灭。

（2）主手柄回"0"位：$1HK_{f2}$、$2HK_{f2}$失电，LLC、$1C\sim6C$、LC失电，卸载信号灯7XD亮。

4. 电阻制动电气试验程序

（1）准备工作：

①电阻制动控制箱在运行位。

②ZK扳至合位。

（2）试验下列各项：

①换向手柄扳至前制位，闭合机控2K，14XD制动失风灯亮。

②逆变器应起振，控制箱面板上红色信号灯亮；逆变插件上的绿色LED亮；转换插件上的红灯LED亮，表示在二级制动位；调节插件上的红灯LED亮，表示在"0"位。

③主手柄提"1"位，ZC闭合，13XD电阻制动灯亮，同时15XD灯亮，14XD制动失风灯灭。

④主手柄回"0"位，ZC断开，13XD、15XD灯灭，14XD灯亮。

⑤自阀手把置制动位，主手柄提"1"位，机车制动缸压力缓解为0，ZC闭合，13XD、15XD亮，14XD灭。主手柄回"0"位，ZC断开，13XD、15XD灭，14XD亮。

⑥自阀手把置运转位。

⑦ZK扳到断位。

（三）电气试验结束工作

断开2K、4K、1K，换向手柄置中立位。断开蓄电池闸刀开关XK，断开照明开关ZMK，恢复3DZ、4DZ。电气动作试验完毕。

六、制动机"七步闸"与"五步闸"试验

司机还要在柴油机启动后，进行制动机"七步闸"或"五步闸"试验。具体方法及检查项目见表7-6及表7-7。

七、站停检查

途中站停时间超过5 min时，司机应与学习司机（非操纵司机）对机车上部与下部重要部位分头抓紧时间进行简要检查。

司机以上部电气室、动力室、冷却室各部件为主。以目视为主，手动触摸、锤击为辅。要注意对全列车实施制动保压，确保列车及自身安全。绝不可二人同时离开站停的机车。再次开车前，必要时应进行制动机简略试验。

学习司机（非操纵司机）应检查机车下部、外表、头部、排障器、油箱及各动轮、蓄电池安装箱、软管、车钩标志、走行部各附件、机车后端基础制动装置，轴温等，应有重点以目视为主，手动、锤击为辅。

机车乘务员在站停检查时都应该相互照应，互相提醒，注意安全。尤其是检查机车外部走行部的时候都必须先观察停车地点环境、线路是否有危及人身安全的设施或其他隐患，更应时刻注意邻线通过的列车。区间等会列车，应将头灯灯光减弱或熄灭。

运行途中，机械间巡视由学习司机（非操纵司机）负责，要注意选择巡视时机，一般在区间较大、运行时间较长、刚起车或加大负荷及出站后、发生异音、异状时进行，柴油机在高转速时，更要加强巡视，约半小时巡视一次。

表 7-6　JZ-7 型制动机七步闸试验

操作顺序	自动制动阀								单独制动阀				检查内容
	过充位	运转位	最小减压位	制动区	最大减压位	过量减压位	手柄取出位	紧急制动位	单独缓解位	运转位	制动区 制动	制动区 全制	
第一步闸	① ⑥	②			③				④ ⑤				①压力表各指针是否指示规定压力:总风缸 750～900 kPa,均衡风缸、工作风缸、制动管 600(500) kPa ②制动管减压 50 kPa,制动缸压力应为 125 kPa,制动管泄漏不得超过 20 kPa ③检查阶段制动是否稳定,制动管减压量与制动缸压力比例是否正确 ④单阀缓解性能是否良好,制动缸压力能否缓解到零 ⑤单阀手把复原是否良好 ⑥自阀缓解性能是否良好,均衡风缸、制动管是否恢复定压
第二步闸		⑦ ⑨			⑧								⑦由⑥到⑦相隔 10 s,待分配阀各气室充满风后再制动 ⑧最大有效减压量,制动管定压 500 kPa 减压 140 kPa,制动缸压力由零上升到 340～360 kPa 的时间为 5～7 s,制动管定压 600 kPa 减压 170～180 kPa,制动缸压力由零上升到 400～420 kPa 的时间为 7～9 s ⑨检查制动缸压力由 340～360 kPa 下降到 35 kPa 的时间为 5～7 s(制动管定压 500 kPa),由 400～420 kPa 下降到 35 kPa 时间为 6～9 s(制动管定压 600 kPa),并检查制动管及各风缸至定压
第三步闸			⑪ ⑫			⑩							⑩过量作用检查:自阀手把移至过量减压位,制动管减压 240～260 kPa,当制动管定压为 500 kPa 时,制动缸压力为 350 kPa,当制动管定压为 600 kPa 时,制动缸压力为 420 kPa ⑪均衡风缸压力上升,制动管压力保持不变,总风遮断阀作用良好 ⑫缓解良否
第四步闸		⑭ ⑮				⑬							⑬均衡风缸减压量为 240～260 kPa,制动管保持原压力不变(表针可以有些波动) ⑭检查制动管过充量是否为 30～40 kPa ⑮制动管的过充压力应在 120 s 内逐渐消除,且机车不发生制动作用
第五步闸		⑲						⑯	⑰		⑱		⑯制动管自定压下降到零的时间不应超过 3 s,制动缸压力由零上升到 420～450 kPa 的时间为 4～7 s,同时撒砂装置应自动撒砂 ⑰单阀手把置于单独缓解位,15 s 内制动缸开始缓解,28 s 内制动缸压力缓解到零 ⑱复原作用是否良好 ⑲检查制动管、均衡风缸和工作风缸的压力应恢复至定压
第六步闸									⑳ ㉒			㉑	⑳检查单阀制动是否良好 ㉑由⑳到㉑检查单阀阶段制动作用是否稳定,至全制动位制动缸压力应达到 300 kPa ㉒由㉑到㉒检查阶段缓解作用是否良好
第七步闸									㉔			㉓	㉓制动缸压力由零上升到 300 kPa 的时间应在 3 s 内 ㉔制动缸压力由 300 kPa 下降到 35 kPa 的时间应在 4 s 内

表 7-7 JZ-7 型制动机五步闸试验

顺序号	自动制动阀							单独制动阀				检查内容
	过充位	运转位	制动区		过减位	取柄位	紧急位	缓解位	运转位	制动区		
			最小	最大						制动	全制	
第一步	①⑥	②		③				④⑤				①压力表各指针是否指示规定压力:总风缸 750～900 kPa,均衡风缸、工作风缸、制动管 600(500) kPa ②制动管减压 50 kPa,制动缸压力应为 125 kPa,制动管漏泄不得超过 20 kPa/min ③由②至③在制动区移动 3～4 次,检查阶段制动是否稳定,制动管减压量与制动缸压力之比例是否正确,全制动后,制动管减压量为 170(或 140)kPa 时,制动缸压力应为 420(或 350)kPa ④单阀缓解良否,应能缓至 50 kPa 以下 ⑤单阀手把复原是否良好 ⑥自阀缓解良否,均衡风缸、制动管是否恢复定压
第二步		⑧⑨	⑦									⑦检查均衡风缸、制动管减压量是否在 240～260 kPa 之间,制动缸压力是否在 350～420 kPa 之间,此时不应发生紧急制动 ⑧均衡风缸压力上升,而制动管压力保持不变,总风遮断阀作用良否 ⑨缓解良否
第三步	⑪⑫		⑩									⑩均衡风缸减压量是否在 240～260 kPa 之间,制动管不减压 ⑪过充作用良否,制动管比规定压力应高 30～40 kPa,过充风缸排风孔排风 ⑫过充压力应在 120 s 内自动消除,且机车不发生制动作用
第四步	⑯		⑬					⑭⑮				⑬制动管压力应在 3 s 内降至零,制动缸压力应在 5～7 s 升到 450 kPa,均衡风缸减压量应为 240～260 kPa,同时撒砂装置应自动撒砂 ⑭10～15 s 内制动缸开始缓减,并逐渐到零 ⑮复原良否 ⑯缓解良否
第五步								⑰⑲			⑱	⑰单阀制动良否 ⑱检查⑰⑱阶段制动作用是否稳定,制动缸压力应达到 300 kPa,并检查制动缸活塞行程是否符合规定 ⑲检查⑱⑲阀阶段缓解作用是否良好

注:五步闸试验完毕后,单阀制动 300 kPa,下车检查制动缸活塞行程,是否符合《技规》规定(参见表 7-1)。

第三节 机车给油知识及过程

一、给油目的

1. 减少摩擦面的摩擦阻力,提高机械效率,延长各摩擦副零部件的使用寿命。

2. 减轻、防止零件异常磨损,确保机械装置正常工作。

3. 防止摩擦部件发热、烧损,提高机车质量,确保行车安全。

二、内燃机车使用油脂种类及加注方法

内燃机车上使用的润滑油脂种类很多,各个部位必须加注规定的润滑油脂,绝不可混用。油脂种类主要有:

轴油——用长嘴油壶或注入手枪油壶喷射。

机油——用油壶或油桶注入。

齿轮油——定期加入。

润滑脂(黄油)——用黄油枪压入油堵。

航空机油——用专用小壶加入(调速器加油口)。

压缩机油——用油壶加入。

二硫化钼——定期加入。

工业凡士林——定期涂抹。

三、内燃机车给油用具

内燃机车必须配齐以下足够数量及种类的给油用具,见表7-8。

表 7-8　机车给油用具表

顺序	名　称	数　量	顺序	名　称	数　量
1	油壶	2 L、3～4 L 各 1 个	6	带网油桶	10 L1 个
2	鼠形油壶	1 个	7	滤油斗	1 个
3	手枪油壶	1 个	8	洗油盘	2 个
4	软油枪	2 把	9	油抽子	1 个
5	油桶	10～12 L1 个,20 L2 个			

给油时学习司机(非操纵司机)要带上相应油壶、抱轴油尺、手电筒、油棉丝等工具物品,摩擦面的油泥、杂物要用棉丝擦去。

四、机车的给油类别

内燃机车的给油类别主要有定期给油、日常给油这两种给油内容及方式,不同的给油类别对着重给油处所和要求有很大区别,在学习和工作时应加以注意。

1. 定期给油——指小(辅)修、中检机车的给油作业。

2. 日常给油——指运用机车在本段整备时或在折返段内的给油作业。还包括途中给油(列车途中停车时的给油作业,着重在走行部、基础制动装置等处给油)。

五、学习司机(非操纵司机)交接班检查机车及给油程序

学习司机(非操纵司机)在接班以后,应帮助司机整备机车,并按规定对属于学习司机(非操纵司机)负责的处所进行检查,还要负责对机车各部位的日常给油工作。

学习司机(非操纵司机)必须严格按照规定的油脂种类、数量给油,不得混用,也不得过量或少给。如轴承室中的油脂过多,在高速旋转下将使油阻增大,造成轴承发热;油脂过少,将使轴承润滑不良,同样造成发热或烧损。比如牵引电机轴承因无法看见内部油脂数量,在使用黄

油枪压入润滑脂时,就必须依靠平时不断总结积累经验来判断给油量及轴承润滑状态。一般来讲,在定期给油时,每台牵引电动机传动端轴承约需 $200\sim250$ g 黄油,并遵循不多于轴承室腔容积 2/3 的原则。而换向器端轴承要加 $50\sim70$ g 黄油。另外,对齿轮箱来说,齿轮箱油量过少,会造成齿轮润滑不足,加速磨损;油脂过多,易导致泄漏及流失,影响机车清洁,甚至进入牵引电机轴承室或电机内部,造成轴承油脂被稀释、降低牵引电机绝缘。同时,对于机车走行部和基础制动装置,加的轴油过多还会溅污车体,粘上砂土、尘埃,污染机车并对摩擦部件造成磨粒磨损和腐蚀。

电器上涂的工业凡士林过多,则会导致触头集尘过多,在通电的情况下,触头发热,油脂会发生皂化分离、滴流而造成电器短路、烧损等事故,因此在机车给油时要做到:

1. 熟悉给油范围及周期,按要求定量给油。

2. 保持给油工具、给油处所和油脂的清洁,油脂品种齐全,不同种类的油脂不能混用、混装。

3. 按规定程序给油,保证及时、不错、不漏地润滑各摩擦部位。

学习司机(非操纵司机)交接班检查机车及给油时,按全面检查机车和给油顺序进行,如图 7-3 所示。对学习司机(非操纵司机)的要求是:

(1)对机车各部油位、水箱水位、各塞门位置要细心检查;对各主要摩擦部分及有关销子应进行给油。

(2)配合司机对机车的惯性病害、薄弱环节以及冲击振动剧烈的部件作全面检查。

(3)对机车运用中发生的故障及修复后的关键处所,除司机检查外,学习司机(非操纵司机)亦应检查,保证行车安全。

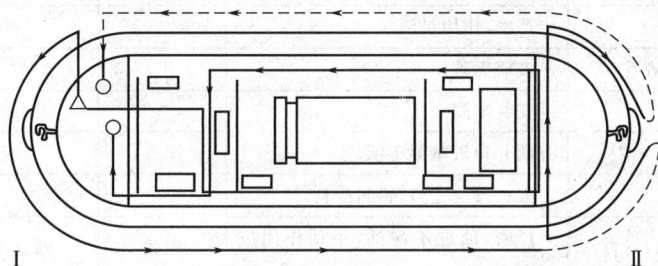

△ 始点;○ 终点;—— 机械间、司机室、走行部检查走行线;
⟹ 车顶部检查走行线;- - - 空走线。

图 7-3　学习司机(非操纵司机)全面检查机车的顺序

(4)学习司机(非操纵司机)应根据机车运用情况,依"突出重点、照顾一般"的原则进行机车检查及给油。例如牵引电动机抱轴瓦油盒、齿轮箱等。

(5)根据作业时间,灵活掌握检查给油重点,配合司机做好各项工作。

学习司机(非操纵司机)全面检查、给油、途中站停检查的顺序及内容可参见图 7-3、图 7-4 和表 7-9～表 7-11。

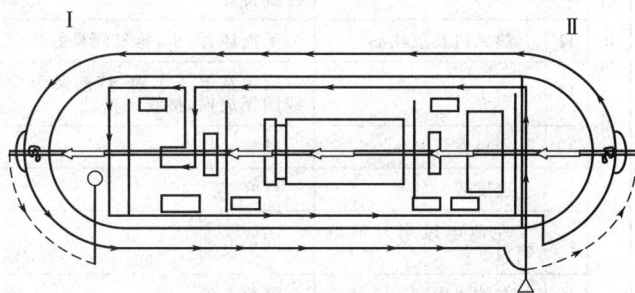

△ 始点;○ 终点;—— 机械间、司机室、走行部检查走行线;
- - - 空走线。

图 7-4　学习司机(非操纵司机)途中、站停检查机车的顺序

表 7-9　学习司机(非操纵司机)全面检查给油内容及要求

顺　序		检查给油处所	检查内容及要求	给油方式	使用油脂	备　注
Ⅱ司机室	1	司机室右侧门	锁闭器作用应良好,玻璃无破损			
	2	灭火器	灭火器应完整,铅封应良好			
	3	右侧侧窗	动作灵活,玻璃无破损			
	4	右侧型号灯	灯泡、玻璃无破损,接线不松动			
	5	右侧路牌授受器	动作灵活	点式	轴油	日常给油
	6	右侧电风扇及前玻璃窗	电风扇外罩完整,玻璃无破损			
	7	右侧风雨刷	风缸小油堵不松动,无丢失	压油机	锂基脂	定期给油手动及风动试验
	8	操纵台右侧	各开关良好			
	9	风笛脚踏开关	动作试验			
	10	电炉	炉盘完整,电阻丝无烧断,插销及接线良好			
	11	热风机及散热器	无损坏、漏水,排气阀良好			试验热风机
	12	前头灯	后盖及卡子牢固、灯泡及激发器线圈无烧损,接线无松动			
	13	司机室灯	良好			手动试验
	14	速度表	良好			
	15	左侧电风扇及前玻璃窗	同第 6 项			
	16	左侧风雨刷	同第 7 项			
	17	操纵台左侧	各仪表、开关、信号灯完整,作用良好,主手柄应在 0 位,换向手柄应在中立位,机械联锁应良好			
	18	单阀、自阀手把卡齿及油孔	卡尺应灵活,油孔畅通	点式	轴油	日常给油
	19	操纵台左侧内部	接线牢固,司机控制器触指无烧损,自动开关应在合位			
	20	重联塞门	应在关闭位			
	21	左侧侧窗及型号灯	同第 3、4 项			
	22	左侧路牌授受器	同第 5 项			
	23	司机室左侧门	同第 1 项			
	24	顶部通风窗	严密,作用灵活			
	25	冷却风扇检查孔	玻璃无破损			
	26	司机室衣架	安装牢固			
机械间右侧	1	机械间门	同Ⅱ司机室第 1 项			
	2	灭火器	灭火器应完整,铅封应良好			
	3	自动及手动百叶窗	严密,油缸不漏油,手动作用应灵活	点式	轴油	
	4	低温散热器	各管及垫无漏泄			
	5	空气压缩机送风管塞门	应在开放位			

续上表

顺序	检查给油处所	检查内容及要求	给油方式	使用油脂	备注
6	静液压工作油热交换器	各管及垫无漏泄			
7	机械间照明灯	无破损			
8	自动及手动百叶窗	同第3项			
9	高温散热器	同第4项			
10	高温、低温散热器排气阀	应在关闭位			加冷却水时,排气后关闭
11	机油热交换器	各管及垫无漏泄,排气阀应在关闭位			
12	低温温度控制	故障调节螺钉及卡子不松动			
13	机油热交换器放油阀	应在关闭位			放油时开启
14	静液压泵	无漏泄			
15	静液压系统安全阀及油管	无漏泄			
16	后变速箱	油封无漏泄,通气孔畅通,油位应在两个刻线间	注入	机油	日常给油
17	静液压油箱	传感器安装状态良好,加油口盖、放油堵不松动、漏油,油表应清洁,油位应在两个刻线间	注入	机油	日常给油
18	机油系统回油阀	应在关闭位			放油时开启
19	机械间门	同Ⅱ司机室第1项			
20	机械间通风机开关	无破损			手动试验
21	灭火器	同Ⅱ司机室第2项			
22	空气滤清器	滤清元件良好,百叶窗应严密、灵活,内吸风挡板应在外吸风位			天气不良时应置于内吸风位
23	机械间照明灯	无破损			
24	柴油机冷却水预热阀及补水阀	预热阀应在关阀位,补水阀应在开放位			冬季预热时,预热阀开启
25	差示压力计	接线不松动,通气孔应畅通,液面高度应符合标准			
26	水温继电器	接线不松动,调整数值应符合规定			
27	预热锅炉控制柜	各开关、熔断器、电器装置良好			
28	机油滤清器	各垫无漏泄,安全阀、传感器良好			此处加安装启动机油泵,同45项
29	机油滤清器回油阀	应在关闭位			放油时开启
30	主机油泵及软管	无异状及漏泄			
31	增压器	各润滑油管、冷却水管无漏泄,帆布进气道无破损			
32	增压器机油滤清器	各管无漏泄,安全阀无铅封			
33	油压继电器	接线不松动,各管无损坏、漏泄			
34	联合调节器传动箱油阀	应在开放位			
35	启动加速器电空阀	接线不松动,无漏风漏油处所			

左侧标注:机械间右侧

顺序		检查给油处所	检查内容及要求	给油方式	使用油脂	备注
	36	柴油机转速表	传动轴无松动脱落,表盘状态良好			
	37	联合调节器	调速电磁阀电磁联锁、功率伺服器接线不松动,电磁联锁触点无烧损,各堵无松动、漏油,加油口盖及油表应良好,油位应在油表中刻线上下5 mm范围内	注入	航空机油	日常给油
	38	联合调节器传动箱透视玻璃	无破损、漏泄			
	39	联合调节器传动杠杆	开口销良好,无异状	点式	轴油	
	40	紧急停车按钮及恢复手柄	手柄应在恢复位			动作试验
	41	司机室暖气截止阀及排水阀	应在关闭位,冬季应打开,排水阀应严密			
	42	温度传感器	传感器外观应良好,接线无松动			
机械间右侧	43	柴油机9～12缸	废气总管及各垫无漏泄,热水集流管及各支管垫无漏水,摇臂箱盖无松动或漏泄,摇臂润滑油管无漏泄,示功阀、喷油泵齿条应灵活,齿条拨叉座与夹头销吻合,燃油管及接头螺母无漏泄,各检查孔盖无松动、漏泄			
	44	柴油机机油加油口及油尺	加油口盖、滤网、油尺良好,油质无稀释及乳化,油位应符合标准	注入	机油	日常给油
	45	辅助机油泵	电机接线良好,换向器表面无拉伤、烧痕,电刷无破损,联轴器转动应灵活,机油泵油管及填料无漏泄			
	46	机械间门	同Ⅱ司机室第1项			
	47	机械间照明灯	无破损			
	48	侧壁百叶窗	严密,开、关应灵活			
	49	柴油机13～16缸	同第43项			
	50	稳压箱排污阀	应在关闭位			
	51	司机室暖气截止阀及排水阀	截止阀夏季关闭,冬季开启,排水阀应严密			
	52	牵引发电机	通风网无破损,电机内部应清洁、滑环、电刷、压簧、刷架、风扇叶片及电枢绕组无异状,油封无甩油,油堵无丢失	压油机	锂基脂	定期给油
	53	励磁机	通风网无破损,电机内部应清洁,风扇叶片、油堵应良好	压油机	锂基脂	定期给油
	54	机械间门	同Ⅱ司机室第1项			
	55	侧壁百叶窗	严密,开、关应灵活			
	56	灭火器	灭火器应完整,铅封应良好			
	57	防护用品	响墩、火炬、信号旗应齐全良好			
	58	机械间照明灯	无破损			
	59	励磁整流柜	外观良好,通风网无异状			
	60	前变速箱	油封良好,放油堵无漏泄			
	61	硅整流柜	检查盖应严密,内部元件安装架、胶垫无松动,各元件的散热器应良好			

续上表

顺 序		检查给油处所	检查内容及要求	给油方式	使用油脂	备 注
机械间右侧	62	前转向架牵引电动机通风机	油封良好,油堵无松动丢失	压油机	锂基脂	定期给油
	63	电器柜	牵引电动机故障开关、接地开关、照明开关位置应正常,各接触器、继电器触头、触指无烧损,接线应良好,灭弧角、灭弧罩应完整;各接线无松动,线号应清晰齐全,各保护继电器应在恢复位,方向及工况转换开关触片、触指应接触良好无烧损,各防尘罩应完整无损			
	64	电器柜侧门	电阻无烧损,接线良好			
	65	机械间照明开关	无破损			手动试验
	66	前空气压缩机	风扇、传动皮带、防护罩应良好,曲轴箱通气孔畅通;油压表、安全阀、空气滤清器安装良好,放油堵无漏油,加油口盖无松动,油位应符合标准	注入	风泵油	日常给油
	67	空气压缩机送风管塞	应在开放位			
	68	机械间门	同Ⅱ司机室第1项			
Ⅰ司机室	1	控制缸风塞门	应在开放位			
	2	其余同Ⅱ司机室各项				
机械间左侧	1	机械间门	同Ⅱ司机室第1项			
	2	前空气压缩机电机	无异状、接线良好			
	3	电器柜背面	各电阻、电器无异状、接线良好			
	4	电器柜侧门	蓄电池闸刀应良好,各熔断器及自动开关无异状,电阻及接线良好			
	5	机械间电器柜照明开关	无破损			手动试验
	6	侧壁百叶窗	严密,开、关应灵活			
	7	启动发电机	接线不松动,前后轴承无甩油、油堵无松动丢失,换向器表面无拉伤,电刷无破损,刷架、弹簧、拉线应良好	压油机	锂基脂	定期给油
	8	前变速箱	各轴承端盖无漏油,轴承无烧损;通气孔畅通,加油口盖不松动,油位应符合标准	注入	机油	日常给油
	9	万向联轴节	无缺油、烧损现象,油堵无松动丢失	压油机	锂基脂	定期给油
	10	直流励磁机	传动皮带无破损,接线良好			
	11	励磁整流柜	同机械间右侧第59项			
	12	分配阀	各部无漏泄,总风缸管塞门应在开放位			
	13	机械间门	同Ⅱ司机室第1项			
	14	灭火器	灭火器应完整,铅封应良好			
	15	空气滤清器	同机械间右侧第22项			
	16	牵引发电机轴承	轴承无烧损、油堵无松动丢失	压油机	锂基脂	定期给油
	17	调压器及风压开关	调压器风管塞门应在开放位,风压开关触头无烧损			

顺　序	检查给油处所	检查内容及要求	给油方式	使用油脂	备　　注
18	增压器	各管无漏泄,帆布进气道无破损			
19	增压器机油滤清器	各管无漏泄,安全阀应有铅封			
20	油压继电器	接丝不松动,油管无漏油			
21	接线盒	接线盒应完整良好,接线无松动			
22	盘车联锁机构	蜗杆应在脱开位,行程开关良好,油堵无松动丢失	压油机	锂基脂	定期给油
23	柴油机 8～5 缸	同机械间右侧第 43 项			
24	燃油泵	两个燃油截止阀开启或关闭应与使用燃油泵相适应,其余同机械间右侧第 45 项			
25	燃油粗滤器	各管接头、放油堵等应无漏油,转换阀应在全开位			
26	机械间门	同Ⅱ司机室第 1 项			
27	侧壁百叶窗	严密,开关应灵活			
28	柴油机 4～1 缸	同机械间右侧第 43 项			
29	柴油机机油加油口及油尺	同机械间右侧第 44 项			
30	燃油系统安全阀及逆止阀	无漏油			
31	仪表盘各仪表	各仪表油管接头螺母应无漏泄,安装应牢固,表盘应清洁,读数符合规定			
32	燃油、机油压力传感器	接线良好,油管有漏泄			
33	柴油机转速表电机	无异状,接线无松动			
34	燃油精滤器	各管接头螺母无漏泄,软管未老化裂漏,排气阀应在关闭位			
35	燃油预热器水管截止阀	应在关闭位			需预热燃油时开启
36	燃油预热器	无漏油、漏水处所			
37	离心精滤器截止阀	应在开放位			
38	离心精滤器	无漏泄,观察孔玻璃无破损			
39	主水泵及中冷水泵	无漏泄			
40	柴油机后输出轴防护罩	安装牢固,无破损			
41	上水管水阀	应在关闭位			上水时开启
42	预热锅炉排水阀及排污阀	应在关闭位			预热锅炉在运用前和停止使用后,应开启排污阀
43	预热水阀	应在关闭位			需要预热时开启
44	水箱	水表玻璃清洁,无破损,水表阀应在开放位,排水阀就应在关闭位,水位在水表 2/3 以上,中冷系统补水阀应在开放位			
45	机械间通风机	电机接线良好,风扇叶片无折损			

机械间左侧

顺 序	检查给油处所	检查内容及要求	给油方式	使用油脂	备 注
	46	柴油机 V 形夹角	无异物及漏泄处所			
	47	预热锅炉	水泵、鼓风机、燃油泵、点火器、压力表等到均应良好			
	48	预热水管排气阀	应在关闭位			使用预热锅炉时打开,排气后关闭
	49	预热锅炉燃油截止阀及排气阀	应在关闭位			同上
	50	机械间门	同Ⅱ司机室第 1 项			
	51	自动及手动百叶窗	同机械间右侧第 3 项			
	52	高温散热器	无漏泄			
	53	机油管回油阀	应在关闭位			放油时开启
	54	静液压油箱	同机械间右侧 17 项	注入	机油	日常给油
机	55	后变速箱及各传动轴	同第 8、9 项			
	56	静液压泵	无漏泄			
械	57	静液压系统安全阀及油管	无漏泄			
间	58	后转向架牵引电动机通风机	尼龙轴及防护网无破损,油封无甩油,小油堵无松动丢失	压油机	锂基脂	定期给油
	59	高温温度控制阀	故障调节螺钉及卡子无松动			
左	60	冷却水系统放水堵	不漏水			放水时打开
	61	机油管截止阀	应在关闭位			
侧	62	机油热交换器放水阀	应在关闭位			
	63	启动机油泵	同机械间右侧第 45 项			此处安装机油滤清器同机械间右侧第 28 项
	64	静液压工作油热交换器放水阀	应在关闭位			放水时开启
	65	静液压马达	各部无异状,油管无漏油			
	66	照明灯	开关作用良好,灯罩应完整			
	67	自动及手动百叶窗	严密,作用应灵活			
	68	低温散热器	无漏泄			
	69	机械间照明开关	无破损			手动试验
	70	后空气压缩机及电机	电机无异状,接线良好,其余同机械间右侧第 66 项			
	71	机械间门	同Ⅱ司机室第 1 项			
机	1	后钩提杆座磨动部	不缺油	点式	轴油	日常给油
	2	钩体与托板磨动部	不缺油	线式	轴油	日常给油
车	3	钩体与托板吊杆上下磨动部	不缺油	点式	轴油	日常给油
后	4	钩舌销	不缺油,开口销良好	弧形	轴油	日常给油
端	5	钩舌与锁铁磨动部	不缺油	线式	轴油	日常给油
	6	锁提销	不缺油	点式	轴油	日常给油

续上表

顺	序	检查给油处所	检查内容及要求	给油方式	使用油脂	备　注
机车后端	7	防脱销	无丢失			
机车后端	8	软管	折角塞门应在关闭位，防尘堵不丢失，安全链齐全，水压试验不应超过6个月，安装角正确			
走行部右侧	1	非常制动放风阀塞门	应在开放位			
走行部右侧	2	均衡风缸排水阀	应在关闭位			排除积水时开启
走行部右侧	3	第四砂箱及砂管	砂箱外观应良好，砂箱盖应严密，砂子应干燥、清洁，装载量应充足，砂管状态应良好无堵塞，砂管高度应符合规定			每个砂箱容量为100 kg
走行部右侧	4	第六制动臂内、中销	不缺油，开口销良好	弧形	轴油	日常给油
走行部右侧	5	第六制动杠杆上、中、下销	不缺油，开口销良好	弧形	轴油	日常给油
走行部右侧	6	第六闸瓦间隙自动调整器	手轮无丢失，防尘罩无破损，棘轮及各销应良好，各部动作应灵活			
走行部右侧	7	第六制动缸制动臂外销	不缺油，开口销良好	弧形	轴油	日常给油
走行部右侧	8	第六制动缸活塞杆	不缺油，穿销良好	线式	轴油	日常给油
走行部右侧	9	第六闸瓦托吊杆上、下销	不缺油，开口销良好	弧形	轴油	日常给油
走行部右侧	10	走行部照明灯	防护罩牢固，无破损			
走行部右侧	11	第六油压减振器	无漏油			
走行部右侧	12	第六轴箱	通气孔畅通，油封无漏油			
走行部右侧	13	第四旁承	帆布罩无破损，加油口无漏油	注入	机油	定期给油
走行部右侧	14	后转向架牵引杆装置	油堵塞无松动、丢失	压油机	锂基脂	定期给油
走行部右侧	15	后转向架侧挡	不缺油	手抹	锂基脂	定期给油
走行部右侧	16	第五轴箱	同第12项			
走行部右侧	17	速度表电机	电机安装牢固，接线良好			
走行部右侧	18	第五制动杠杆中、下销	不缺油、开口销良好	弧形	轴油	日常给油
走行部右侧	19	第五闸瓦托吊杆上、下销	不缺油、开口销良好	弧形	轴油	日常给油
走行部右侧	20	第五闸瓦间隙自动调整器	同第6项			
走行部右侧	21	第三旁承	同第13项	注入	机油	定期给油
走行部右侧	22	第五制动缸制动臂外销	不缺油，开口销良好	弧形	轴油	日常给油
走行部右侧	23	第五制动缸活塞杆	不缺油，穿销良好	线式	轴油	日常给油
走行部右侧	24	走行部照明灯	防护罩牢固，无破损			
走行部右侧	25	第四油压减振器	无漏油			
走行部右侧	26	第四轴箱	同第12项			
走行部右侧	27	第四制动缸制动臂外销	不缺油，开口销良好	弧形	轴油	日常给油
走行部右侧	28	第四闸瓦托吊杆上、下销	不缺油，开口销良好	弧形	轴油	日常给油

续上表

顺 序	检查给油处所	检查内容及要求	给油方式	使用油脂	备 注
29	第四制动缸活塞杆	不缺油,穿销良好	线式	轴油	日常给油
30	第四制动臂内、中销	不缺油,开口销良好	弧形	轴油	日常给油
31	第四制动杠杆上、中下销	不缺油,开口销良好	弧形	轴油	日常给油
32	第四闸瓦间隙自动调整器	同第6项			
33	第三砂箱及砂管	同第3项			
34	油水分离器	排水阀应在关闭位,排除油、水后关闭			
35	柴油机上水(排水)管	防尘堵不松动,安全链无丢失			
36	机油上油(排油)管	防尘堵不松动,安全链无丢失,截止阀应在关闭位			
37	总风缸	外观状态应良好,排除总风缸积水			
38	燃油箱加油口	加油口盖不松动,滤网无破损			
39	蓄电池安装箱	锁闭卡子作用良好,内部清洁,各蓄电池箱无漏泄,通气孔畅通,跨线良好			
40	远心集尘器	外观状态良好,排除远心集尘器中的积水			
41	总风缸管折角塞门	应在开放位			
42	燃油箱油表	油表应清晰无漏油,油位应符合规定			
43	第二砂箱及砂管	同第3项			
44	第三制动臂内、中销	同第4项	弧形	轴油	日常给油
45	第三制动杠杆上、中、下销	同第5项	弧形	轴油	日常给油
46	第三闸瓦间隙自动调整器	同第6项			
47	第三制动缸制动臂外销	同第7项			
48	第三制动缸活塞杆	同第8项	弧形	轴油	日常给油
49	第三闸瓦托吊杆上、下销	同第9项	弧形	轴油	日常给油
50	走行部照明灯	同第10项			
51	第三油压减振器	同第11项			
52	第三轴箱	同第12项			
53	第二旁承	同第13项	注入	机油	定期给油
54	第二制动缸制动臂外销	同第7项	弧形	轴油	
55	第二制动缸活塞杆	同第8项	线式	轴油	日常给油
56	第二闸瓦托吊杆上、下销	同第9项	弧形	轴油	日常给油
57	第二制动杠杆中、下销	同第18项	弧形	轴油	日常给油

走行部右侧

续上表

顺　序	检查给油处所	检查内容及要求	给油方式	使用油脂	备　注
	58	第二闸瓦间隙自动调整器	同第6项			
走行部右侧	59	前转向架侧挡	同第15项	手抹	锂基脂	定期给油
	60	第二轴箱	同第12项			
	61	前转向架及牵引杆装置	同第14项	压油机	锂基脂	定期给油
	62	第一旁承	同第13项	注入	机油	定期给油
	63	走行部照明灯	同第10项			
	64	第一油压减振器	同第11项			
	65	第一轴箱	同第12项			
	66	第一闸瓦托吊杆上、下销	同第9项	弧形	轴油	日常给油
	67	第一制动缸制动臂外销	同第7项	弧形	轴油	日常给油
	68	第一制动缸活塞杆	同第8项	线式	轴油	日常给油
	69	第一制动臂内、中销	同第4项	弧形	轴油	日常给油
	70	第一制动杠杆上、中、下销	同第5项	弧形	轴油	日常给油
	71	第一闸瓦间隙自动调整器	同第6项			
	72	第一砂箱及砂管	同第3项			
机车前端		机车前端各项	同机车后端各项			
走行部左侧		走行部左侧各项	(1)燃油污油箱外观状态良好,排除污油箱中的污油 (2)制动缸塞门应在开放位 (3)其余检查项目同走行部右侧各项			
后车底部	1	后车钩前、后从板与弹簧箱、钩尾框、导框磨动部	无异状,不缺油	反射	轴油	日常给油
	2	钩尾框与托板磨动部	无异状,不缺油	线式	轴油	日常给油
	3	左第六制动杠杆中、下销	不缺油,开口销应良好	弧形	轴油	日常给油
	4	左第六闸瓦托吊上、下销	不缺油,开口销应良好	弧形	轴油	日常给油
	5	左第六闸瓦拉杆销	不缺油,开口销应良好	弧形	轴油	日常给油
	6	车底照明灯	防护罩牢固,无破损			
	7	后转向架手制动机横梁各销	不缺油,开口销应良好	弧形	轴油	日常给油
	8	后转向架手制动机栋梁与托板磨动部	不缺油	线式	轴油	
	9	第六牵引电动机抱轴	防尘盖严密,油盒上盖、放油堵无漏油,抱轴瓦应无错口、裂纹、碾片、烧损,加油上盖严密,油位应在油尺两个刻线间	注入	轴油	日常给油
	10	第六牵引电动机齿轮箱	箱体无变形、裂纹、漏油现象,放油堵及加油口盖不松动,齿轮油润状态良好	注入	齿轮油	日常给油

顺 序		检查给油处所	检查内容及要求	给油方式	使用油脂	备 注
	11	右第六制动杠杆中、下销	同第3项	弧形	轴油	日常给油
	12	右第六闸瓦托吊杆上、下销	同第4项	弧形	轴油	日常给油
	13	右第六闸瓦拉杆销	同第5项	弧形	轴油	日常给油
	14	第六牵引电动机	油封无漏油,油堵、油管良好,通风网无破损,电机盖应严密,换向器表面无拉伤、烧损,电刷无破损,弹簧无折损,电机内部应清洁	压油机	锂基脂	定期给油
	15	车底照明灯	同第6项			
	16	第五牵引电动机抱轴	同第9项	注入	轴油	日常给油
	17	第五牵引电动机齿轮箱	同第10项	注入	齿轮油	日常给油
后	18	后转向架手制动机左侧钢丝绳及滚轮	无异状,作用应良好	点式	轴油	日常给油
	19	左第五制动臂中销	不缺油,开口销应良好	弧形	轴油	日常给油
	20	左第五制动杠杆上、中、下销	不缺油,开口销应良好	弧形	轴油	日常给油
	21	左第五闸瓦托吊杆上、下销	不缺油,开口销应良好	弧形	轴油	日常给油
车	22	第五牵引电动机	同第14项	压油机	锂基脂	定期给油
	23	后转向架手制动机右侧钢丝绳及滚轮	同第18项	点式	轴油	日常给油
底	24	右第五制动臂中销	同第19项	弧形	轴油	日常给油
	25	右第五制动杠杆上、中、下销	同第20项	弧形	轴油	日常给油
部	26	右第五闸瓦托吊杆上、下销	同第21项	弧形	轴油	日常给油
	27	车底照明灯	同第6项			
	28	第四牵引电动机抱轴	同第9项	注入	轴油	日常给油
	29	第四牵引电动机齿轮箱	同第10项	注入	齿轮油	日常给油
	30	左第四制动杠杆上、中、下销	同第20项	弧形	轴油	日常给油
	31	左第四闸瓦托吊杆上、下销	同第21项	弧形	轴油	日常给油
	32	第四牵引电动机	同第14项	压油机	锂基脂	定期给油
	33	右第四制动杠杆上、中、下销	同第20项	弧形	轴油	日常给油
	34	右第四闸瓦托吊杆上、下销	同第21项	弧形	轴油	日常给油
	35	污油管	无堵塞			
前车底部	36	前车底部各项	与后车底部各项内容相同,顺序相反			
Ⅰ司机室		Ⅰ司机室各项	(1)同Ⅱ司机室各项 (2)与司机配合进行电气试验			必要时进行

表 7-10　学习司机(非操纵司机)途中检查机车内容及要求

顺　序		检查处所	检查内容及要求	备　注
机械间左侧	1	电器柜	各电器无异状,作用良好	
	2	启动发电机	各转动部分无异音,轴承温度正常	轴承温升不得高于 55 ℃
	3	前变速箱	各转动部分无异音,箱体及轴承温度正常,油封无甩油	箱体温度不得高于 80 ℃,轴承温度不得高于 90 ℃
	4	直流励磁机	转动应良好,皮带无异状	
	5	分配阀	无漏风	
	6	空气滤清器	百叶窗开关应符合要求	根据天气情况,掌握内、外吸风
	7	牵引发电机	运转状态良好,无异音,滑环工作面火花正常	
	8	增压器	转动音响正常,各管无漏泄	
	9	柴油机 8~5 缸	排气管无过热发红、不漏燃气,摇臂箱不漏油;缸头无漏水,各缸无异音,各缸喷油泵供油量一致,各水管、油管及检查孔盖无漏泄	
	10	燃油泵	运转正常,各管无漏泄	
	11	柴油机 4~1 缸	同第 9 项	
	12	仪表盘各仪表	各仪表显示应符合规定:增压器的机油进口压力为 250~300 kPa,燃油在精滤前压力为 200~300 kPa,机油滤清器前、后压差不得大于 150 kPa,经热交换器后的机油压力不得大于 600 kPa,静液压泵(水、油)的油温应在 15~65 ℃,最高不得超过 70 ℃,经热交换器后机油温度应在 50~70 ℃	
	13	中冷器	中冷器体及水管接头无漏泄	
	14	离心精滤器	转动音响正常,无漏泄	
	15	油水管路	各油水管接头及软管无漏泄	
	16	通风机	工作正常	
	17	水箱	水位无明显变化	
	18	静液压传动油箱	油位无变化	
	19	高温散热器	各单节无漏水	
	20	后变速箱	同第 3 项	
	21	静液压泵	转动无异音,泵体温度正常,各连接油管无漏油	泵体温度不得高于 70 ℃
	22	后转向架牵引电动机通风机	转动无异音,尼龙轴无破损,轴承温度正常	轴承温度不得高于 80 ℃
	23	油水管路	各接头无漏泄	
	24	低温散热器	各单节无漏水	
	25	百叶窗	开关正常,油缸及油管无漏泄	
	26	后空气压缩机电机	轴承温度正常	轴承温升不得大于 55 ℃
	27	后空气压缩机	运转状态正常,缸头温度不过高,油压应为 300~500 kPa	高压阀室最高温度不得超过 110 ℃
Ⅰ司机室		操纵台	(1)油、水温度正常 (2)柴油机转速表的读数应与动力室柴油机转速表的读数相符 (3)燃油压力正常 (4)机油压力正常 (5)启动发电机电压正常 (6)启动发电机电流表充电电流正常	油、水温度应保持在 65~75 ℃ 范围内,最高不得超过 88 ℃,柴油机各挡转速与规定转速之差不大于 10 r/min 时,其压力不小于 120 kPa,当柴油机转速在 1 100 r/min 时,其压力不小于 250 kPa 电压应在(110±2.5)V 充电电流不得大于 48 A

续上表

顺 序		检查处所	检查内容及要求	备 注
机械间右侧	1	低温散热器	各单节无漏水	
	2	油水管路	各接头无漏泄	
	3	百叶窗	开关正常	
	4	高温散热器	各单节无漏水	
	5	机油热交换器	前后端盖及油水各管路接头处无漏泄	
	6	后变速箱	同机械间左侧 3 项	
	7	静液压泵	同机械间左侧 21 项	
	8	静液压传动油箱	同机械间左侧 18 项	
	9	机油滤清器	上盖及芯轴无漏油	根据情况转动芯轴数围
	10	差示压力计	液面符合规定	低于 0.4 kPa
	11	油水管路	各油水管路接头及软管无漏泄	
	12	空气滤清器	同机械间左侧第 6 项	
	13	柴油机转速表	柴油机转速应与主手柄位置规定转速相符	
	14	电磁联锁经济电阻	无烧损	
	15	联合调节器	传动箱润滑油正常,工作油油位符合标准,各垫及堵无漏油,功率伺服器作用正常,各传动装置无异状,电磁联锁作用良好	
	16	增压器	同机械间左侧第 8 项	
	17	柴油机 9~12 缸	同机械间左侧第 9 项	
	18	柴油机 13~16 缸	同机械间左侧第 9 项	
	19	交流励磁机	轴承温度正常,运转状态良好	轴承温升不得大于 55 ℃
	20	前变速箱	同机械间左侧第 3 项	
	21	前转向架牵引电动机通风机	转动无异音,轴承温度正常	轴承温度不得高于 80 ℃
	22	电器柜背面	各电器、电阻无异状	
	23	前空气压缩机电机	同机械间左侧第 26 项	
	24	前空气压缩机	同机械间左侧第 27 项	同机械间左侧第 27 项
I 司机室		操纵台	(1)向司机汇报检查后的重点事项 (2)机械间有关仪表读数应与操纵台上仪表显示相符合	

表 7-11 学习司机(非操纵司机)站停检查机车内容及要求

顺 序		检查处所	检查内容及要求	备 注
机车前端	1	标志灯	玻璃无破损	
	2	车钩	无异状	
	3	软管	吊挂状态良好	
	4	排障器	无异状	
走行部左侧	1	第一抱轴	油封无漏油,抱轴温度正常	抱轴温度不得高于 70 ℃,如发现抱轴温度过高时,应检查抱轴瓦状态
	2	第一齿轮箱	油封无漏油,加油口盖无丢失	

顺 序		检查处所	检查内容及要求	备 注
走行部左侧	3	第一轴箱	油封无漏油,轴箱不过热	轴箱温度不得高于 70 ℃
	4	第一牵引电动机轴承	油堵、油管及卡子无松动丢失,轴承温度正常	轴承温升不得高于 55 ℃
	5	第二抱轴	同第 1 项	
	6	第二齿轮箱	同第 2 项	
	7	第二轴箱	同第 3 项	
	8	第三牵引电动机轴承	同第 4 项	
	9	第三抱轴	同第 1 项	
	10	第三齿轮箱	同第 2 项	
	11	第三轴箱	同第 3 项	
	12	第三牵引电动机轴承	同第 4 项	
	13	排污管	排污管堵及安全链应完整无损	
	14	前转向架制动缸塞门	应在开放位	
	15	总风缸	外观状态应良好,排除积水	
	16	燃油污油箱	排除污油	
	17	蓄电池安装箱	锁闭器应良好	
	18	后转向架制动缸塞门	应在开放位	
	19	机油上油(排油)管	防尘堵不松动,截止阀无漏油	
	20	冷却水上水(排水)管	防尘堵不松动,无漏水	
	21	燃油箱	外观状态应良好,油位正常	
	22	排污管	同第 13 项	
	23	第四牵引电动轴承	同第 4 项	
	24	第四轴箱	同第 3 项	
	25	第五牵引电动机轴承	同第 4 项	
	26	第五轴箱	同第 3 项	
	27	第六牵引电动机轴承	同第 4 项	
	28	第六轴箱	同第 3 项	
机车后端	1	车钩	车钩连挂状态无异状,防跳销无脱落	
	2	软管	软管连接状态无异状,不漏风,制动管折角塞门应在开放位	
	3	标志灯	玻璃无破损	从Ⅱ司机室到机车右侧
走行部右侧		走行部右侧各项	检查内容及要求与走行部左侧相同	
Ⅰ司机室		Ⅰ司机室	(1)向司机汇报检查后的重点事项 (2)两人加强联系,认真执行"发车四程序"	发车四程序是:出站信号,道岔标志,发车信号,后部瞭望

第四节　出段与挂车

　　内燃机车经过整备,检查,确认机车状态良好后,按规定时间启动柴油机,出库挂车。

一、柴油机启动要求

1. 柴油机油底壳、调速器、空气压缩机、静液压传动变速箱、静液压传动油箱、牵引电动机抱轴瓦油盒油位均符合规定要求。

2. 柴油机冷却水位在膨胀水箱水表的 2/3 以上。

3. 燃油、润滑及冷却水系统中的各种截止阀及塞门均应处于工作状态。

4. 柴油机冷却水、润滑油、液压传动油的温度应不低于 20 ℃;蓄电池电压不低于 96 V;燃油压力不低于 150 kPa。

5. 在长时间停车(超过 24 h)后启动前应"甩车",以甩出缸内积油及凝结水。甩车前确认人员安全,应打开各缸示功阀,并充分润滑,控制打滑油时间不少于 2 min。

6. 检查柴油机各喷油泵供油齿条的动作是否灵活,以及齿条与操纵拉杆的吻合情况。

二、柴油机的启动方法

柴油机的启动程序如下:

1. 闭合蓄电池闸刀开关 XK。

2. 闭合电动仪表开关 12K。

3. 用钥匙打开操纵台上的琴键开关。

4. 闭合总控开关 1K。

5. 闭合燃油泵开关 4K,燃油压力表应达到 150~250 kPa。

6. 按下柴油机启动按钮 1QA,待启动滑油泵工作 45~60 s 后,启动接触器 QC 自动闭合,启动电机 QD 被接通电源,曲轴转动,听到柴油机爆发声,并等待机油压力达到 120 kPa 及以上,这期间启动按钮 1QA 需一直按住,然后松开,至此柴油机启动完毕。

三、启机注意事项

1. 在启动过程中,当启动机油泵停转,启动接触器"QC"闭合后,柴油机启动按钮的接通时间不允许超过 30 s。不能启动时,应查找原因,无异状时,方可第 2 次启动,若仍启动不了,则必须仔细检查柴油机各部,直至找到故障后,才允许第 3 次启动。连续启动最多不超过 3次,每次间隔时间不少于 2 min。

2. 启动柴油机后,应立即倾听柴油机及各运动部件的工作音响,检查各阀与管路有无漏油、漏水等异常现象,如发现有不正常的声音或其他故障隐患时,应立即停止柴油机的工作,查明原因。在故障未消除前不允许再次启动柴油机。

3. 柴油机启动后,机车各仪表(油水压力及温度)的读数应符合标准。

4. 柴油机机启动后,闭合 5K,QD 发电正常时,闭合自动开关 10K,注意空压机启动工作符合要求,电压表显示(110±2.5) V,充电电流不大于 48 A。

四、出　　段

1. 机车整备完毕后确认车底无任何障碍后,松开机车手制动机。机班全员到齐,确认润滑油、冷却水温度不低于 40 ℃,如低于 40 ℃,断开 2K,空载打温,然后将机车移至接近警冲标处,按规定时间(距发车点提前 30 min,专调机车整备 40 min)要信号出段,待扳道员显示股道信号后,司机应及时确认并鸣笛回示。

2. 确认道岔标志,出段信号或道岔开通信号显示正确,履行 2 人以上呼唤应答后,方可鸣笛出段。动车前应注意邻线机车、车辆的移动情况,闭合 2K,换向手柄置于前进位,鸣笛一长声后,主手柄提 1 位,机车开始移动。

3. 机车在段内走行,应严格遵守段内限速,速度不超过 5 km/h。

4. 机车到达站、段分界点(闸楼)处一度停车,签认出段时分,了解挂车股道和经路,按信号显示出段。

5. 更换司机操纵端时,在操纵端的司机室内用钥匙打开琴键开关组,闭合总控制开关 1K、仪表照明开关 12K、燃油泵开关 4K、启动发电机开关 5K、空气压缩机开关 10K 等开关,然后将非操纵端司机室中的所有开关断开,将换向手柄、自阀、单阀手柄取出,在操纵端司机室内将上述手柄装入。确认客货车 2 位阀的相应位置(客、货位)。

五、挂　车

1. 出段过程中,严格按调车信号及走行线限速运行。

2. 机车进入挂车线后,应严格控制速度,确认脱轨器、防护信号及停留车位置,距脱轨器、防护信号及连挂车列前 10 m 左右,必须一度停车。

3. 待学习司机(非操纵司机)下车检查完第一辆车的车钩状态,确认脱轨器、防护信号撤除后,显示连接信号,机车必须以不超过 5 km/h 的速度平稳挂车。

4. 挂车时,根据需要适量撒砂。

5. 挂车后应试拉,单阀制动,司机应检查机车与第一辆车钩、列车管连接和折角塞门开放状态。

(1)正确输入机车综合无线通信设备 CIR、列车运行监控装置有关数据。采用微机控制制动系统的机车,核对制动机设定的列车种类。向车站值班员(助理值班员)了解编组情况、途中甩挂计划及其他有关事项。

(2)货物列车应在列车充风或列车制动机试验时,按压列车尾部安全防护装置(简称列尾装置)司机控制盒的黑色按键 3 s 以上,检查本机车与列尾装置主机是否已形成"一对一"关系和列尾装置作用是否良好。货运票据须由机车乘务组携带时,应按规定办理交接,并妥善保管。

(3)列车制动主管达到定压后,司机按规定及检车人员的要求进行列车制动机试验。装有防折关装置的机车应确认制动主管贯通情况。

(4)发现排风有异状或列车管漏泄,其压力下降每分钟超过 20 kPa 时,通知列检人员,无列检车人员及时通知车站值班员及时检查处理。

(5)制动关门车辆数及编挂须符合规定,超过规定量数时,发车前应持有制动效能证明书。

(6)列车制动机进行持续一定时间的保压试验,应在试验完毕后,接受制动效能证明书。

(7)司机接到制动效能证明书后,校核每百吨列车重量换算闸瓦压力,应符合规定。

列车每百吨重量换算闸瓦压力应符合《技规》的规定,不符合《技规》及本区段的规定时,应向车站值班员报告。

列车中的机车和车辆的自动制动机,均应加入全列的制动系统。

货物列车中因装载的货物规定需停制动作用的车辆,自动制动机临时发生故障的车辆,准许关闭截断塞门(简称关门车),但主要列检所所在站编组始发的列车中,不得有制动故障关门车。编入列车的关门车数不超过现车总辆数的 6%(尾数不足一辆按四舍五入计算)时,可不计算每百吨列车重量的换算闸瓦压力,不填发制动效能证明书;超过现车总辆数的 6％时,按《技规》规定计算闸瓦压力,并填发制动效能证明书交与司机。关门车不得挂于机车后部三辆车之内;在列车中连续连挂不得超过两辆;列车最后一辆不得为关门车;列车最后第二、三辆不得连续关门,对于不适于连挂在列车中部但走行部良好的车辆,经列车调度员准许,可挂于列车尾部,以一辆为限,如该车辆的自动制动机不起作用时,须由车辆人员采取安全措施,保证不致脱钩。

旅客列车、特快货物班列不准编挂关门车。在运行途中(包括在站折返)如遇自动制动机临时故障,在停车时间内不能修复时,准许关闭一辆,但最后一辆不得为关门车。120 km/h 速度等级及编组小于 8 辆的 140 km/h、160 km/h 速度等级列车按规定关门时需限速运行,车辆乘务员须向司机递交限速证明书。

编有货物的军用列车、路用列车编挂关门车时,除有特殊规定外,执行货物列车的规定。

本 章 小 结

本章阐述了内燃机车乘务员接班作业过程,主要包括出勤和接车时的注意事项;机车检查方法及程序;牵引列车的内燃机车在出机务段或折返段前,必须达到的状态;机车安全装备的管理和使用方法;检查机车的程序、项目及方法;全面电气动作试验方法;制动机"七步闸"和"五步闸"试验方法;机车给油知识及过程;出段与挂车的知识及注意事项。重点要求掌握内燃机车整备作业中的各项安全知识、内燃机车出机务段时应达到的标准,检查机车时的顺序,必须掌握内燃机车全面电器动作试验的方法及注意事项,制动机"七步闸"和"五步闸"试验方法;启动柴油机时的注意事项及方法,发车前的作业过程。

复 习 思 考 题

1. 司机出乘时应做到哪些?
2. 牵引列车的内燃机车在出机务段或折返段前,必须达到哪些要求?
3. 对机车安全装备是如何进行管理的?
4. 司机在机车检查前的准备工作及安全注意事项有哪些?
5. DF4 型内燃机车全面检查项目主要有哪些?
6. 叙述检查机车时的程序及操作要领。
7. 用锤击法检查机车零部件的要求是什么?
8. 采用手触检查法如何判断机车零部件的温度?
9. 全面电气动作试验的准备工作有哪些?
10. 如何进行全面电气动作试验?
11. 如何进行 JZ-7 型制动机七步闸试验?
12. 如何进行 JZ-7 型制动机五步闸试验?
13. 机车给油的目的是什么?
14. 学习司机(非操纵司机)必须严格遵守哪些机车给油原则?
15. 在机车发车前乘务人员应做到哪些?

第八章

机车操作

第一节 发 车

起动稳、冲动小、加速快、不空转是列车发车时应达到的基本要求。

一、发车前的准备

机车挂车后，司机应做好发车时间预报并督促做好发车准备工作：列车在出发前正确输入列车运行监控装置有关数据；若距确定发车时间较短，可使柴油机空转，若距确定发车时间较长，可停机待命，但需在发车前15 min启动柴油机，并应及时调整好柴油机油、水温度，确保在发车时油、水温度不低于40 ℃。司机应确认操纵台上各仪表显示情况，按规定对列车制动机进行机能检查试验，在制动保压（最大有效减压量）状态下，列车管的压力每分钟漏泄不得超过20 kPa，确认列尾装置作用良好；在列车减压制动后，可将换向手柄置于前进位，主手柄置于1位瞬间，试验有无负荷（卸载信号灯7XD应熄灭）；然后下车检查第一位车钩、软管连接状态，走行部、制动缸活塞行程和闸瓦间隙有无异状，车底下部有无漏油、漏水痕迹。学习司机（非操纵司机）应进行机械间检查，确认方向转换开关1HK$_f$、2HK$_f$是否符合运行方向，工况转换开关1HK$_g$、2HK$_g$是否在牵引工况；检查柴油机及各部件运转是否正常，油水管路有无漏泄。

发车应具备的条件：

（1）发车前3 min，全班人员应及时登上司机室，将各开关及手柄置于运行规定位置。

（2）司机再次按压列尾装置司机控制盒绿色键，检查尾部列车管压力是否与机车制动主管压力基本一致。

（3）按顺序2人及以上确认占用区间行车凭证（出站信号、票、证）、调度命令、进路标志、发车信号或发车表示器显示正确，并严格执行"车机联控"和呼唤应答制度（表8-1），加强后部瞭望，注意旅客人身安全、货物装载情况及车站发车人员的动态和邻线车辆动态等，并做到：①没有凭证不喊信号；②没有瞭望好不呼唤；③未经确认不应答。

二、发 车

1. 起动。

（1）接到发车信号并经呼唤应答后，司机立即将自阀实行瞬间缓解并鸣笛，缓解单阀，将主手柄置于"1"位起车。在列车起动过程中，再将主手柄置于"升"位，逐渐增大机车牵引力，使机车牵引力与机车速度的变化相适应；当柴油机转速升至符合启动操纵要求时（一般改变柴油机转速50～100 r/min），将主手柄适时地置于"保"位。在主手柄置于"升"位的过程中，注意防空转、防过流。

表 8-1 机车乘务员途中运行呼唤应答表（部分示例）

序号	呼唤时机	呼 唤		应 答		复 诵	
		呼唤者	标准用语	应答者	标准用语	复诵者	标准用语
1	机械间巡视及巡视后	学习司机非操纵司机	机械间检查各部正常	操纵司机	注意安全好了	学习司机非操纵司机	加强瞭望
2	贯通试验或试闸点	学习司机非操纵司机	贯通试验或试闸点	操纵司机	贯通试验好了或试闸好了	学习司机非操纵司机	好了
3	查询列尾时	学习司机非操纵司机	列尾查询	操纵司机	尾部风压××千帕	学习司机非操纵司机	好了
4	接近慢行地段限速标	学习司机非操纵司机	慢行注意	操纵司机	限速××公里	学习司机非操纵司机	限速××公里
5	慢行减速地点（始端）标	学习司机非操纵司机	慢行开始	操纵司机	慢行开始	学习司机非操纵司机	
6	慢行减速地点（终端）标	学习司机非操纵司机	严守速度	操纵司机	严守速度	学习司机非操纵司机	
7	越过减速防护地段终端信号标	学习司机非操纵司机	慢行结束	操纵司机	慢行结束	学习司机非操纵司机	
8	乘降所	学习司机非操纵司机	××乘降所	操纵司机	停车	学习司机非操纵司机	停车
9	半自动闭塞区段进站（进路）信号机处自动闭塞区段进站信号前一架通过信号机、进站（进路）信号机处	学习司机非操纵司机	确认车位	操纵司机	车位正确校正好了	学习司机非操纵司机	车位正确好了
10	进站、接车进路复示信号前	学习司机非操纵司机	复示信号	操纵司机	直向、侧向注意信号	学习司机非操纵司机	直向、侧向或注意信号

（2）牵引旅客列车时，待全列车平稳起动后，再将主手柄置于"升"位，提高列车速度。提高主手柄时，应以柴油机转速不发生波动、保持稳定上升为宜（柴油机转速连续上升 30～50 r/min 将主手柄置于"保"位，停留时间不少于 2～3 s），使列车迅速平稳加速，尽快达到均衡速度运行。列车加速过程中，应注意列车速度不超过出站道岔的允许速度。旅客列车要求在鸣笛 5 s 后全列起动。

（3）机车牵引货物列车时，为了便于起车，起车前可适当压缩车钩并撒砂。压缩车钩的辆数，一般不应超过牵引总辆数的 2/3。操纵时要避免全列车压缩，特别要防止压缩不当，造成尾部车辆越过警冲标。压缩车钩后，在起动列车前，不得缓解机车制动。起车时，要做到"充满风再起车，伸开钩再加速"，通过提主手柄来调整柴油机的合理转速（连续改变柴油机转速不超过 50～60 r/min）和适时、适量撒砂的方法，发挥机车的最大牵引力，同时要防止空转，并密切注意牵引电流表的显示值（DF4B 型机车牵引电流最大不得超过 6 000 A）。当列车起不动时，主手柄在任何位置停留均不得超过 10 s，应及时迅速将主手柄退回"0"位，再重新压缩车钩起动，以防烧损牵引电动机。货物列车要求在鸣笛后 10～15 s 内全列起动。

2. 起动加速操纵中，如机车发生空转或有空转预兆时，应立即降低主手柄位置，待空转消除后可适当撒砂，重新谨慎提主手柄加速。在小雨、大雾天气，轨面有霜、油污，或上坡道起车等情况下，应特别注意空转的发生。

3. 双机牵引起车时，要加强操纵配合，重联机车必须在前端司机室操纵（无重联线时），并确认换向器手柄与运行方向一致,严格按本务机车的要求提、回手柄,全列车未起动时,重联机车不准进级。

第二节　途　中　操　纵

一、列车操纵示意图

在线路纵断面图上,以速度曲线、时间曲线和分界点等表示的图形,称为列车操纵示意图。列车操纵示意图是机车乘务员标准化操纵作业的指导书,是保证机车乘务员正确驾驶、精心保养机车和平稳操纵列车的主要依据。司机在运行中应依照列车操纵示意图操纵列车,列车操纵示意图如图 8-1 所示。

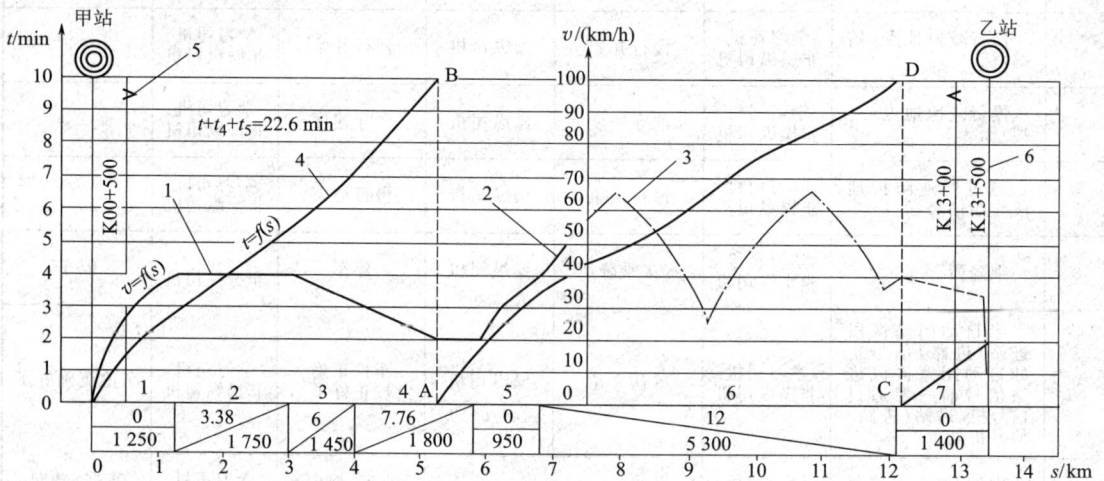

图 8-1　列车操纵示意图

图 8-1 中,列车从甲站运行至线路纵断面的 AB 处,所用的时间为 10 min。运行至 CD 时,所用的时间为 20 min。列车从甲站起动,运行至乙站停车,共需 22.6 min。

（一）列车操纵示意图的内容

列车操纵示意图包括以下内容:

1. 列车速度曲线。

2. 运行时分曲线。

3. 线路纵断面和信号位置。

4. 站场平面示意图。

5. 提、回主手柄地点。

6. 动力制动使用和退回地点。

7. 空气制动减压和缓解地点。

8. 区间限制速度及区间内各站道岔的限制速度。

9. 机械间巡视检查时机。

10. 各区间注意事项。

（二）依据列车操纵示意图操纵列车的方法

1. 合理利用线路纵断的特点。

（1）在不超过各种限制速度的前提下,使列车速度在短时间内达到区间内的均衡速度,为最大限度地利用惰力进行运行创造条件。

（2）最大限度地利用列车动能闯坡法，缩短爬坡距离，增大闯坡距离。

2. 合理使用经济主手柄位置（柴油机转速稳定在适当工况）使机车能在恒功率范围内运行。

3. 列车在进入第一个停车站前，要提前试闸，试验列车制动力的强弱。

4. 合理使用制动机，在调速时，要防止减速过低造成列车晚点和浪费列车的动能。

二、途中操纵一般要求

1. 适应客观情况，遵循运行规律，掌握好行车主动权。司机应根据牵引列车重量和所担当区段的线路纵断面情况，掌握好列车加速、保速、降速时机，安全平稳驾驶列车；同时，还应摸清沿线的设备和车辆与行人的规律，了解前后列车运行的会让情况，按规定使用列车无线调度电话与有关方面加强联系。根据线路纵断面、季节和天气对行车的影响，做到"起车加速快，途中速度高，利用惰力好，进站调速稳，停车位置准"，安全正点运行，实现优质、高产、低消耗。

2. 机车信号、列车无线调度电话、列车运行监控装置或自动停车装置必须全程运转，严禁"关机"。

3. 遵守列车运行图规定的运行时刻和各项容许及限制速度列车限制速度，线路、桥隧、信号容许速度，道岔、曲线和慢行地段等的限制速度，以及列车运行监控装置速度控制模式设定的限制速度。严格遵守每百吨列车重量的换算闸瓦压力及下坡道列车制动限制速度。货物列车及混合列车制动限速按表8-2确定，旅客列车按表8-3、表8-4、表8-5确定，对超过20‰的下坡道，列车制动限速由铁路局集团公司根据实际试验以命令规定。

4. 经常注意单阀、自阀的手把位置，防止自然制动。明确列车在任何线路坡道上的紧急制动距离限制值的要求：运行速度不超过120 km/h的列车为800 m（货物列车为了利用动能闯坡，在接近上坡道前要提高运行速度，铁路局集团公司可结合实际情况，适当延长制动距离，但最大不得超过1 100 m）；运行速度120 km/h以上至140 km/h的旅客列车为1 100 m；运行速度140 km/h以上至160 km/h的旅客列车为1 400 m；运行速度160 km/h以上至200 km/h的旅客列车为2 000 m。

表 8-2 普通货物列车制动限速表

（计算制动距离800 m，H 高摩合成闸/L 低摩合成闸瓦）　　　单位：km/h

| i | 每百吨列车重量（机车除外）的换算闸瓦压力/kN | | | | | | | | | | | | | |
	100	120	140	160	180	200	220	240	260	280	300	320	340	360
0	78/55	83/59	88/63	94/66	/69	/72	/75	/78	/81	/83	/85	/87	/89	/91
1	76/53	81/57	87/61	93/64	/67	/71	/74	/77	/80	/82	/84	/86	/88	/90
2	75/52	80/56	86/60	92/63	/66	/70	/73	/76	/79	/81	/83	/85	/87	/89
3	74/51	79/55	85/58	91/61	/65	/69	/72	/75	/78	/81	/83	/85	/87	/89
4	73/49	78/53	84/57	90/60	95/64	/68	/71	/74	/77	/80	/82	/84	/86	/88
5	72/48	77/52	83/55	89/59	94/63	/67	/70	/73	/76	/79	/81	/83	/85	/87
6	71/46	76/50	82/54	88/58	93/62	/66	/69	/72	/75	/78	/80	/82	/84	/86
7	70/44	75/48	81/52	87/56	92/60	/64	/67	/71	/74	/77	/80	/82	/84	/86
8	69/43	74/47	80/51	86/55	91/59	/63	/67	/70	/73	/76	/79	/81	/83	/85
9	68/41	73/46	79/50	85/54	90/58	/62	/66	/69	/72	/75	/78	/80	/82	/84
10	67/39	72/44	78/49	84/53	89/57	95/61	/65	/68	/71	/74	/77	/79	/81	/83

| *i* | 每百吨列车重量(机车除外)的换算闸瓦压力/kN | | | | | | | | | | | | | |
	100	120	140	160	180	200	220	240	260	280	300	320	340	360
11	65/37	70/42	76/47	82/51	87/55	93/60	/64	/67	/70	/73	/76	/78	/80	/82
12	64/36	69/41	75/45	81/50	86/54	92/59	/63	/66	/69	/72	/75	/77	/79	/81
13	63/34	68/39	74/43	80/48	85/53	91/58	/62	/65	/68	/71	/74	/76	/78	/80
14	61/32	67/37	72/42	78/47	84/52	90/57	/61	/64	/67	/70	/73	/75	/77	/79
15	60/31	66/36	71/41	77/46	83/51	89/55	95/59	/63	/67	/70	/72	/74	/76	/78
16	59/30	65/35	70/40	76/45	82/50	88/54	94/58	/62	/66	/69	/71	/73	/75	/77
17	58/28	64/33	69/38	75/43	81/48	87/53	93/57	/61	/65	/68	/70	/73	/75	/77
18	56/27	62/32	68/37	74/42	80/47	86/52	92/56	/60	/64	/67	/70	/72	/74	/76
19	55/26	61/31	67/36	73/41	79/46	85/50	91/55	/59	/63	/66	/69	/71	/73	/75
20	54/24	60/29	66/34	72/39	78/44	84/49	90/54	95/58	/62	/65	/68	/71	/73	/75

注:1. 根据《技规》第 20 表普通货物列车最高速度为 90 km/h 时,每百吨列车重量按 H 高摩合成闸瓦换算闸瓦压力不得低于 150 kN。

2. 列车装备条件:H 高摩合成闸瓦/L 低摩合成闸瓦。

3. 对于超过 20‰的下坡道,列车制动限速表由铁路局集团公司根据实际试验规定。

4. *i* 为下坡道千分数(‰);*P* 为每百吨列车重量的换算闸瓦压力,单位 kN;*v* 为货物列车制动限速,单位 km/h。

5. 适用计长 88.0 及以下、速度 90 km/h 及以下的货物列车(快速货物班列除外)。

表 8-3　旅客列车制动限速表

(计算制动距离 800 m,高磷铸铁闸瓦)　　　　　　　　　　单位:km/h

| *i* | 每百吨列车重量的换算闸瓦压力/kN | | | | | | | | | | | | | |
	500	520	540	560	580	600	620	640	660	680	700	720	740	760
0	106	107	109	110	111	112	113	114	115	116	117	118	119	120
1	105	117	118	119	120	111	113	114	115	116	117	118	118	119
2	105	106	107	109	110	111	112	113	114	115	116	117	118	118
3	104	105	107	108	109	110	111	112	114	115	116	117	117	118
4	103	105	106	107	109	110	111	112	113	114	115	116	117	117
5	102	104	106	107	108	109	110	111	112	113	114	115	116	116
6	102	104	105	106	107	109	110	111	112	113	114	115	116	116
7	101	103	104	106	107	108	109	110	111	112	113	114	115	115
8	100	102	103	105	106	107	109	110	111	112	113	114	115	115
9	99	101	102	104	105	107	108	109	110	111	112	113	114	114
10	98	100	102	103	104	106	107	109	110	111	112	112	113	113
11	97	99	101	103	104	105	107	108	109	110	111	112	113	113
12	97	99	101	102	103	105	106	107	109	110	111	111	112	112
13	96	98	100	102	103	104	106	107	108	109	110	111	112	112
14	96	98	100	101	102	104	105	106	107	109	110	110	111	111
15	95	97	99	101	102	103	105	106	107	108	109	110	111	111
16	95	97	99	100	101	103	104	105	106	107	108	109	110	110
17	94	96	98	100	101	102	103	105	106	107	108	109	109	110
18	94	96	98	99	100	102	103	104	105	106	107	108	108	109
19	93	95	97	99	100	101	102	103	104	105	106	107	108	109
20	93	95	97	98	99	100	101	102	103	104	105	106	107	108

注:1. 每百吨列车重量的闸瓦压力低于 760 kN 需限速运行。例如 22 型客车(踏面制动)编成列车在每百吨列车重量的闸瓦压力 660 kN 条件下的制动限速为 115 km/h。

2. 对于超过 20‰的下坡道,列车制动限速由铁路局集团公司根据实际试验规定。

3. *i* 为下坡道千分数(‰);*P* 为每百吨列车重量的换算闸瓦压力,单位 kN;*v* 为旅客列车制动限速,单位 km/h。

4. 本表每百吨列车重量的换算闸瓦压力计算包括机车。

5. 本表适用 120 km/h 旅客列车。

表 8-4　140 km/h 旅客列车制动限速表

（计算制动距离 1 100 m,盘形制动）　　　　　　　　　　　　　单位:km/h

i	每百吨列车重量的换算闸瓦压力/kN							
	230	240	250	260	270	280	290	300
0	138	140						
1	137	139						
2	136	138						
3	135	137	140					
4	135	137	139					
5	134	136	138					
6	133	135	137	140				
7	132	134	136	139				
8	132	134	136	139				
9	131	133	135	138				
10	130	132	134	137	140			
11	129	131	133	136	139			
12	128	130	132	135	138			
13	128	130	132	134	137	140		
14	127	129	131	133	138	139		
15	126	128	130	132	135	138		
16	125	127	129	131	134	137	140	
17	125	127	129	131	134	137	139	
18	124	126	128	130	133	136	139	
19	123	125	127	129	132	135	138	
20	122	124	126	128	131	134	137	139

注:1. 新型客车(盘形制动)每百吨列车重量按高摩合成闸片换算闸瓦压力应在 275 kN 以上。

　　2. 对于超过 20‰的下坡道,列车制动限速由铁路局集团公司根据实际试验规定。

　　3. i 为下坡道千分数(‰);P 为每百吨列车重量的换算闸瓦压力,单位 kN;v 为旅客列车制动限速,单位 km/h。

　　4. 本表每百吨列车重量的换算闸瓦压力计算包括机车。

表 8-5　160 km/h 旅客列车制动限速表

（计算制动距离 1 400 m,盘形制动）　　　　　　　　　　　　　单位:km/h

i	每百吨列车重量的换算闸瓦压力/kN								
	230	240	250	260	270	280	290	300	310
0	155	158	160						
1	154	157	159						
2	153	156	159						
3	152	155	158	160					
4	151	154	157	159					
5	150	153	156	159					
6	149	152	155	158	160				
7	148	151	154	157	159				
8	147	150	153	156	159				
9	146	149	152	155	158	160			
10	146	149	152	155	157	159			
11	145	148	151	154	156	159			
12	144	147	150	153	155	158	160		
13	143	146	149	152	155	157	159		
14	142	145	148	151	154	156	158		
15	141	144	147	150	153	155	157	160	

续上表

i	每百吨列车重量的换算闸瓦压力/kN								
	230	240	250	260	270	280	290	300	310
16	140	143	146	149	152	154	157	159	
17	139	142	145	148	151	154	156	159	
18	138	141	144	147	150	153	155	158	160
19	137	140	143	146	149	152	154	157	159
20	137	140	143	146	149	151	153	156	158

注:1. 新型客车(盘形制动)每百吨列车重量按高摩合成闸片换算闸瓦压力应在 275 kN 以上。

2. 对于超过 20‰ 的下坡道,列车制动限速由铁路局集团公司根据实际试验规定。

3. i 为下坡道千分数(‰);P 为每百吨列车重量的换算闸瓦压力,单位 kN;v 为旅客列车制动限速,单位 km/h。

4. 本表每百吨列车重量的换算闸瓦压力计算包括机车。

5. 本表也适用特快货物班列。

5. 经常注意操纵台上各仪表及指示灯显示。

(1)油、水温:65~75 ℃,最高不得超过 88 ℃。

(2)机油压力:当柴油机转速低于 750 r/min 时不得低于 80~100 kPa;当柴油机转速在 750~1 000 r/min 时不得低于 160~180 kPa。

(3)启动发电机电压:(110±2.5)V。

(4)燃油压力:150~250 kPa。

(5)机车总风缸压力:750~900 kPa。

(6)列车管压力:500 kPa 或 600 kPa。

6. 运行中,应注意磁场削弱过渡信号 11XD~12XD 的显示,以了解磁场削弱接触器是否按规定值动作,特别是在使用手动过渡时,应根据速度,正确掌握过渡点(表 8-6),以免造成电压过高或影响机车功率发挥。

表 8-6　DF4B 型机车过渡点速度表

过渡点速度	正向过渡		反向过渡	
	0→Ⅰ	Ⅰ→Ⅱ	Ⅱ→Ⅰ	Ⅰ→0
DF4B(货)	38~43	49~55	40~46	30~35
DF4B(客)	51~57	65~73	52~60	39~45

7. 进出车站时,应注意邻线机车、车辆的运行及车站工作人员发出的信号。正确记载运行时分。等会列车时应制动保压,不准关闭空气压缩机,发车前进行缓解;按规定进行制动机简略试验,防止折角塞门关闭,同时还应将头灯灯光减弱或熄灭。

8. 经常注意走行部状态及列车后部情况。在中间站停车检查时,应将主手柄置于“0”位,换向手柄置于中立位,断开机车控制开关 2 K,单阀制动;应重点检查走行部和各轴承温度是否正常,如有时间再检查机械间主要部分,以便做到运行中心中有数。

9. 主手柄的使用,要做到准确、及时。在运行中,司机要根据线路坡道的变化,适当调节主手柄的位置,掌握列车速度。应注意避免将主手柄置于柴油机共振及喘振位置。机车转入惰力运行时主手柄回到“1”位后要稍停一段时间,待柴油机转速稳定、牵引电流降到最低值后再退回“0”位,以减少电器触头烧损和列车冲动。

10. 司机要细心掌握区间运行时分,及时调节运行速度,要利用一切有利因素,保证列车正点运行,给进站调速留出充裕时间,保证平稳进站,安全、准确停车。

11. 学习司机(非操纵司机)应按作业标准规定的地点或时间(每隔 30 min 一次)到机械间巡视检查,并按要求在列车运行监控装置上进行巡视记录。学习司机(非操纵司机)去机械间检查,应在列车出站后进行,并在列车到达前方站前及时返回,以保证两人确认信号;当学习司机(非操纵司机)去机械间检查时,司机应尽量保持主手柄位置不动。

(1)学习司机(非操纵司机)巡视检查主要内容:

①柴油机及辅助装置各部有无异音。

②各管路有无漏泄。

③油、水温度和压力是否正常。

④油、水位及柴油机转速是否正常。

⑤各变速箱、轴承温度是否正常。

⑥主发电机有无火花,六个牵引电机电流表的显示数值是否正确。

⑦电器柜有无异状。

(2)学习司机(非操纵司机)巡视检查注意事项:

①每次在全面检查的同时,要仔细检查一两个重点部件,逐次轮流,做到既对机械间各部件状态心中有数,又缩短检查时间。

②检查发现不良处所及事故隐患时,要及时果断处理,防止事故扩大。

③在高负荷运行时,到机械间检查次数要勤,检查内容要细。

④每次检查完毕后,要向司机汇报情况,司机应核对操纵台上仪表显示是否正确。

机械间各关键部位参数见表 8-7。

表 8-7 机械间关键部位参数值

名 称		参数值	名 称	参数值
膨胀水箱水表水位		2/3 以上	热交换器后的机油温度	50~60 ℃
曲轴箱压力(差示压力计显示)		0.588 kPa	静液压油温度	15~65 ℃
机油压力	3YJ、4YJ 释放	157 kPa	各变速箱温度	不大于 80 ℃
	1YJ、2YJ 释放	78 kPa		
燃油压力		150~250 kPa	各电机轴承温升	不大于 55 ℃
机油滤清器前、后压力差		不大于 150 kPa	牵引电动机通风机轴承温升	不大于 40 ℃

12. 列车安全正点是乘务人员的共同责任,学习司机(非操纵司机)要当好司机的助手,服从司机的领导,听从司机的指挥,主动搞好本职范围内的工作,积极协助司机工作,关键时刻及时提醒司机注意操纵。

三、安全措施

1. 严格按照信号要求行车,并认真执行彻底瞭望(车动集中看,瞭望不间断)、确认信号(看不清就停)、高声呼唤(一人问、二人看,紧密联系同呼唤)的呼唤应答制度。

2. 遇进站信号显示距离短的车站或天气不良辨认信号困难时,必须加强瞭望,掌握好列车速度,随时准备停车。若信号显示不明、信号辨认不清或危及行车和人身安全时,则应立即采取减速或停车措施,严禁臆测行车。

3. 遵守列车限制速度,严格按调度命令所要求运行,严禁违章超速。

4. 机车未全部缓解，不得加负荷（特殊情况除外）。

5. 机车运行中或未停稳时，严禁换向并加负荷。

6. 机车各安全保护装置和监督、计量器具不得盲目切（拆）除及私自调整其动作参数。各保护电器（如油压、水温、接地、过流继电器等）和柴油机安全保护装置（如防爆安全阀、差示压力计、紧急停车装置等）发生动作后，在未判明故障原因前，严禁切除和强迫启动柴油机，防止因处理不当而扩大机车故障。当机车保护装置切除后，在维持运行时，乘务员应密切注意机车各仪表的显示，加强机械间的巡视检查。

7. 中间站停留时柴油机不得停机，也不得停止空压机工作，乘务员不得擅离机车。

8. 接近车站、桥梁、隧道、道口、曲线、车辆与行人繁忙的地段、慢行处所、施工地点以及会车接近列车尾部时，必须不间断地瞭望，可以提前鸣笛。遇有危险情况时应立即减速或停车。

9. 引导接车时，要认真确认引导信号，以不超过 15 km/h 的速度进站，并做好随时停车的准备。

10. 机械间内严禁吸烟，乘务员要严格执行机车防火、防寒的有关规定，严禁向机车外抛撒火种。

11. 严格按《铁路机车操作规则》使用制动机，准确掌握制动时机和减压量，保持列车平稳减速和停车。

12. 根据列车编组和线路纵断面的变化，及时调整主手柄位置，使机车牵引力较好地适应列车阻力的变化，提高机车操纵的经济性。依据列车操纵示意图，正确掌握列车变速点，确保列车正点运行。

13. 在区间列车停车进行防护、分部运行、装卸作业或使用紧急制动阀停车后再开车时，司机必须检查、试验列车管的贯通状态，确认列车完整、具备开车条件后，方可起动列车。

14. 机车在附挂运行时，换向器的方向应与列车运行方向相同，主接触器在断开位。严禁进行电气动作试验。

第三节　不同线路的列车操纵

一、较平坦线路上的操纵

1. 起车稳，加速快。列车在平坦线路上的起动过程中，冲动要小；当全列车钩伸开后，加速要快；在列车通过出站道岔或限速地点后，应及时提高主手柄位置，使列车速度尽快达到该列车运行图所要求的区间运行速度。

2. 尽量保证列车以均衡速度运行。当列车达到区间运行时分所需的速度时，根据线路纵断面情况，适当调整主手柄位置，使列车保持均衡速度运行。

3. 充分利用惰力。当列车进入停车站前的区间时，司机应根据线路和列车速度等情况，掌握回主手柄的时机，在不晚点的前提下，及时退回主手柄，充分利用惰力运行。

4. 安全而稳准地停车。列车在进入第一个停靠站前，要择机提早试闸，掌握好站外调速时机，并考虑减压量和充风时间，防止进站充风不足；进站停车时，应选择适当的制动时机和合适的减压量，果断地操纵制动机，使列车平稳、准确地进站停车。

操纵方法举例的线路纵断面如图 8-2 所示。

列车由甲站发车后，应充分利用 2.5‰ 和 2‰ 的下坡道时机，及早提高列车速度，使列车通过 3‰ 的上坡道和 510 m 的平道；进入下坡道后，主手柄置于适当位置，使列车在运行区段内尽量保持均衡速度运行，做到既安全正点又节约燃料。

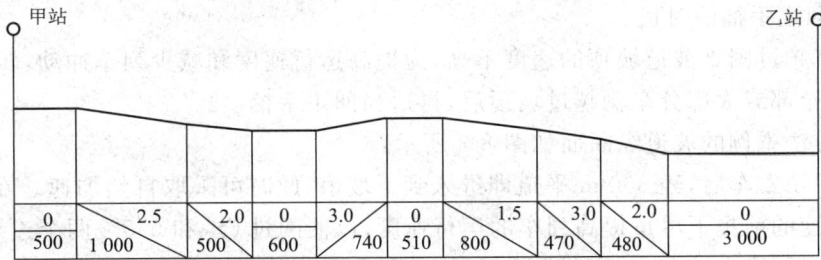

图 8-2　较平坦线路纵断面示意图

二、起伏坡道上的操纵

1. 尽量减少制动调速。在坡度不大的起伏坡道区段运行时,司机要善于利用坡道的变化;适时提回主手柄,调节列车速度。必须制动调速时,减压量要适当,缓解要及时,尽量使坡底速度接近限制速度,以减少因制动而造成的列车动能损失和闸瓦磨损。

2. 尽量采取"多闯少爬"的方法。在起伏坡道区段上坡前,要根据坡道大小、列车长短、牵引重量、机车性能及天气等情况,充分利用线路有利纵断面,在不超速的原则下,尽可能提高列车速度,利用动能闯坡,以减少主手柄高位置爬坡的时间,保证列车以较高的速度通过坡顶。

3. 减少列车过变坡点时的冲动,防止断钩。牵引长大列车通过起伏坡道的变坡点时,由于线路纵断面的变化大,将引起列车速度的明显变化,导致车钩的伸张或压缩,从而造成冲动。为缓和地变更列车车钩的伸张或压缩,过坡顶时,要待列车大部分越过坡顶后,再降主手柄;过坡底时,要在列车头部进入坡底后,及时提主手柄。总之,通过起伏坡道的变坡点时,司机应谨慎操纵,视机而适当地升、降主手柄或制动调速,以避免由于激烈冲动而造成拉断车钩,引起列车分离的事故。

三、困难坡道上的操纵

在牵引区段困难坡道上的操纵是列车操纵中的重要环节,由于在困难坡道上列车的附加阻力增大,如果操纵不当,不仅浪费燃料,甚至会造成运缓、坡停等事故。因此,司机一定要熟记担当区段的线路特点,根据牵引吨数、线路坡度、信号显示和机车技术状态,提前制定好相应困难坡道的过坡预案,认真操纵,使列车顺利通过困难坡段。

1. 采用"先闯后爬、闯爬结合"的操纵办法,坡前提早储足列车动能。

列车通过长大坡道或高坡地段时,上坡前要利用地形尽量提高列车速度,力求在坡前接近限制速度,以便利用列车动能闯过一段坡道,减少爬坡距离;上坡时,要提高主手柄位置,甚至主手柄升到满负荷位,充分发挥机车全部牵引力,使列车以较高速度爬坡。

2. 适时、适量施行预防性撒砂,防止空转,注意牵引电机的电流不得超过持续电流。

坡上运行中,随着列车速度的降低,机车牵引力逐渐加大,此时应注意防止空转。特别是遇有雨、雪、霜、大风等不良天气和曲线半径较小的弯道等易发生空转的地点时,应施行预防性撒砂。一旦发生空转,应及时、适当地降低主手柄位置,待空转停止后,适量撒砂,同时再升主手柄。爬坡时,要掌握好列车速度,机车不得长时间低于持续速度运行(DF4B型机车的最大持续电流为 4 800 A,持续速度为客运机车 29 km/h,货运机车21.8 km/h)。

3. 掌握回主手柄的时机。

由于列车越过困难坡道坡顶的速度不高，为提高运行速度和减少列车冲动，转入下一坡道时，应待列车全部或大部分车辆越过坡顶后，再适当回主手柄。

其操纵方法举例的坡道纵断面如图 8-3 所示：

列车由甲站发车后，经 300 m 平道即进入到下坡道，此时可采取自然加速。在 6‰ 的上坡道前，在不超速的前提下尽量提高列车的运行速度，以便闯过 6‰ 和 6.5‰ 两个连续的上坡道。列车通过乙站后，进入 10‰ 的下坡道运行，此时列车可能超过允许速度，在施行制动调速时，应掌握好缓解时机，使列车进入坡底时达到或接近最高允许速度，以便利用动能闯过一段上坡道。当列车接近 500 m 平道时，即应提高主手柄位置，防止列车由下坡转入平道时阻力的变化而引起冲动。当列车进入 500 m 平道时，应尽量提高主手柄位置，用"闯爬结合，以闯为主"的操纵方法，使列车顺利通过 12‰ 长大上坡道。

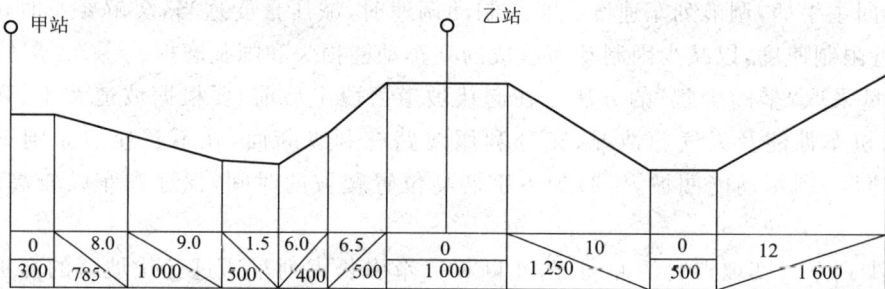

图 8-3　坡道纵断面示意图

四、坡道停车后的起车

列车在坡道停车后的顺利起动，要求司机有较好的操纵协调性，坡度越大的上坡道上停车，起车的难度越大，如果是困难坡道上因闯坡失败而引起的坡道停车，只能按《技规》有关规定处理，因此，一般应避免在上坡道停车，司机应认真对待坡道停车后的起动操纵。

1. 坡道上停车时，应为起车创造条件。停车时用自阀制动，待自阀手柄移至制动区后，在排风的同时，用单阀适当增加机车制动力，使列车车钩在压缩状态下停车。停车前适当撒砂，但不可过多。

2. 起车时，加强操纵的协调。先缓解单阀再将自阀移至过充位 1~2 s 后，再将自阀推向运转位，在前部车辆已缓解，后部车辆在缓解过程中，及时提主手柄；机车起动后，适当撒砂，在不空转、不过载的条件下，迅速而准确地提高主手柄位置，增加机车牵引力，使列车逐辆顺利起动。

3. 起车时，注意主手柄的使用要求。在列车总阻力分散的情况下，为使列车一辆一辆地顺利起动，应避免提主手柄过慢或将主手柄置于位置较低，更禁止不顾一切地猛提主手柄，以防造成空转或断钩。

4. 如果起动失败，应及时、果断处理。如果第一次未起动，应以自阀制动停车（机车不制动，必要时可在车列制动过程中进行退行压钩），然后根据情况重新起动，特别要禁止在列车向后溜走的情况下提主手柄加载，以防烧损牵引电动机。如果根据具体情况，不能将列车起动时，有车长时应及时与车长联系，由车长防护引导，向后退至坡度较小的坡道或平直道上再行发车（自动闭塞区间除外）；起车后，立即强迫加速闯坡。不得已时，按《技规》有关规定退回车站再行发车,或者施行分部运行,尽量减少占用区间时分。

五、上坡隧道操纵注意事项

在上坡隧道区段运行时,比一般线路的运行条件要差,首先是瞭望困难,应随时注意线路状态、信号显示,以确保行车与人身安全;其次是当列车进入上坡隧道时,机车功率得到充分发挥,此时柴油机排气温度高,新鲜空气量有限,易出现柴油机功率上不去,且冷却能力也较差的现象。因此在操纵时应注意:

1. 司机必须对牵引吨数、牵引辆数、坡道大小、机车性能、天气情况等做到心中有数,并做好思想准备。

2. 当列车进入长大上坡道隧道前,必须确认油、水温度是否正常,撒砂机能是否良好,并根据线路纵断面,适当提高主手柄位置,强迫加速。

3. 因隧道内轨面潮湿,列车进入隧道后,要适当撒砂,防止空转。

4. 学习司机(非操纵司机)应加强检查柴油机的油位、水位、各管路、冷却室百叶窗、冷却系统等,然后报告司机。

第四节　特殊条件下的列车操纵

一、天气不良时的列车操纵

天气不良时,瞭望条件恶化,增加了列车操纵的困难,为此要针对不同情况做好克服困难的各项准备,以确保列车安全、正点运行。

1. 大风天气,列车阻力增大,易发生运缓,起车时,要强迫加速抢点,主手柄位置可比平时高一些,运行中要掌握好主手柄提、回时机。途中随时注意线路障碍和信号故障的可能性,注意后部车辆篷布、绳索及货物的捆扎情况,确保行车安全。

2. 雾天行车时,应严格遵守《雾天行车办法》的规定,加强瞭望,勤鸣笛,特别要掌握好列车的进站速度,防止出现行车事故。运行中仍以地面信号为主,机车信号显示为辅,难以确认地面信号时,应减速或停车确认,严禁臆测行车。应做到:出站抢点,分段计时,为进站确认信号准备充裕时间。

3. 有雨、雪、雾天气时,轨面湿滑,容易发生空转。因此发车前应注意检查撒砂装置,试验砂管出砂情况,确保其作用良好。起车或途中运行时,注意防止空转。停车时应适当撒砂,并使车钩处于压缩状态,为再起车做好准备。制动时,要防止滑行。列车在运行中遇有大风、暴雨时,司机可适当减速或停车。行至易发生塌方、落石地段,更应加强瞭望,发现险情及时采取果断有效措施。运行中应随时注意线路状态及机车有无异状。

4. 机车信号、列车无线调度电话、列车运行监控装置或自动停车装置必须作用良好,并全程运转。

二、寒冷季节的列车操纵

在寒冷季节里,要加强机车的防寒工作,在机车操纵时应注意:

1. 开车前调整好油、水温度,打开预热锅炉循环水系统各止阀。

2. 运行中机车的门窗、百叶窗关好或调整好,非操纵端的热风机可适时使用。

3. 挂车、起车、调速时,要注意平稳,防止断钩。

4. 起车和加速过程中要特别注意防空转,尤其是夜间和清晨,轨面上有霜,可适当进行预防性撒砂;制动停车时,要防止滑行。

5. 在运行中调速时,要提前试闸,防止制动系统发生冻结,造成事故。制动前,应将自阀推至过充位,再移至运转位 3～5 s,再减压制动,避免因三通阀凝滞而引起列车冲动。

6. 缓解列车制动时,在列车后部车辆未完全缓解前,机车一定要保持适当的制动力,防止拉断车钩。

7. 下坡道运行调速时,尽量使用电阻制动来辅助空气制动。

8. 停车时,应使柴油机空转,保持一定的油、水温度;注意排出油水分离器与总风缸凝结水。

三、隧道地段的列车操纵

1. 在隧道区段牵引运行时,运行条件较差,应提早开启头灯照明,随时注意线路状态和信号显示,进入隧道前及时鸣笛,以确保行车与人身安全。

2. 当接近隧道前,司机应提前增大机车牵引力,提高列车速度,以缩短列车在隧道内的运行时间,从而降低柴油机的排烟量,以免过多影响机车功率的发挥。

3. 当列车进入隧道前,学习司机(非操纵司机)应提前做好机械间的检查,确认油、水温度是否正常,并关闭动力室与冷却室间的隔门,以免差示压力计的误动作。

4. 列车进入隧道后,司机一般不要提主手柄,因隧道内轨面潮湿,可适当撒砂,防止空转。

5. 过隧道区段时,司机必须对牵引吨数、牵引辆数、隧道坡度及长度、机车性能、天气情况、列车附加阻力增加等做到心中有数,做到安全、正点运行。

四、空重混编列车的操纵

操纵空重混编列车时,要特别注意因空、重车辆的惯力不同、制动率有差别而对操纵带来的影响,防止断钩。

(一)空车在前、重车在后

根据具体情况起车时可少压缩或不压缩车钩,主手柄位置逐渐提高,使车辆车钩缓缓伸张。在起伏坡道上,除需要停车外,应尽量不间断机车牵引力,灵活掌握主手柄位置,以调整列车在上、下坡道的运行速度;需要惯力运行时,必须在全部重车越过坡顶后,逐渐回主手柄。在制动时,要根据空、重车辆制动率差别大、容易引起车辆间拥挤冲动的特点,适当早减压、小减压,并在排风接近完了时,用单阀适当缓解机车制动力,使其制动缸压力保持在 100 kPa 左右,以减轻列车冲动。

(二)重车在前、空车在后

起动时,按一般列车的起动操纵方法即可。施行制动时,根据重、空车单位制动力、惯力的不同,为减轻列车车钩伸张的冲动,要适当早减压、少减压,并在排风的同时,可用单阀适当增加机车制动力;缓解列车制动时,机车的制动力缓解得要稍微晚些。缓解后需要提主手柄时,应保证一定的充风时间,并缓慢提高主手柄位置,防止因后部空车未全部缓解而拉断车钩。

五、双机牵引的操纵

双机牵引列车时,乘务员要严格按《技规》的相关规定,加强相互配合。双机重联后的机车出段和挂车,由运行方向前部机车的司机负责操纵。后部机车的制动机应处在规定状态(自阀手柄置于"取出"位,单阀置于"运转"位),换向手柄与运行方向保持一致,乘务员应协助前部机车瞭望。挂好车后,机车之间的连挂状态检查由本务机车乘务员负责,机车与车辆之间的连挂状态检查由重联机车乘务员负责。

双机牵引时,重联机车要听从本务机车的指挥,以防起车冲动过大。起车时,由本务机车先鸣笛"一长"声通知重联机车,待重联机车复示后,本务机车提主手柄起动,待列车全部车钩伸张的同时再鸣笛"一长"声,重联机车复示后即刻提主手柄,共同完成起车;起车后,双机要相互配合,逐渐提高柴油机转速,尽快提高列车速度。在上坡道或困难区段起车时,本务机车起动运行1~2 m时,重联机车再及时提主手柄,共同起车。在下坡道上起车时,一般由本务机车负责起动,当全列车起动后,重联机车再按要求提主手柄跟进。

运行中需要提主手柄时,本务机车将主手柄提到适当的位置并鸣笛"一长一短"声,重联机车回示后再将主手柄提到适当的位置,不得互相依赖,错过加速时机;需要回主手柄时,本务机车鸣笛"一长两短"声,重联机车回主手柄并复示后,本务机车再回主手柄,避免两台机车同时回主手柄造成列车冲动。运行中,需要小量调整运行速度时,可由本务机车通过提、回主手柄实现,重联机车应保持主手柄位置,以便本务机车准确地调节速度。

停车时,可辅以电阻制动,充分考虑排风时间,早减压,以确保行车安全。制动后,无论本务机车还是重联机车,单阀缓解每次不得超过 20 kPa,制动缸压力不得低于 100 kPa。

运行中遇有一台机车临时故障时,另一台机车在牵引电动机电流、黏着条件允许的范围内,尽量保持较大的牵引力,维持运行至前方站停车处理。若本务机车制动机发生故障时,要立即发出联系信号与重联机车司机联系,由重联机车操纵列车的制动与缓解,维持运行到前方停车,与车站及调度员联系,调换两台机车的位置继续运行。

第五节　运行中的注意事项

司机在运行中遵守列车运行图规定的时刻,平稳操纵列车、防止空转是衡量操纵技能,确保列车安全正点的重要内容。

一、安全正点

(一)正确掌握列车在区间的变速点

1. 加速点

列车起动后,司机应根据日常操纵规律,摸索出列车起动后行至某个固定目标(如道岔、道口、信号机、建筑物等)时,应达到多少速度或需要多少运行时间的规律,尤其注意在困难坡道前起始加速地点的选择和速度要求,来掌握和观察列车运行正常与否。充分利用下坡或平道等有利条件调节列车速度,将列车速度提高到规定要求。另外还要根据牵引重量、天气的变化,灵活地掌握加速点的速度。

2. 保速点

列车在某一区段速度提高至一定程度后,必须保持速度不下降,否则会造成晚点,所以应通过调节机车牵引力使列车在这一区段保持一定的速度。上坡时,由于坡道阻力的增加,使列车速度下降,因此,在降速之前应及时提高主手柄位置,增大机车牵引力,使列车仍保护一定的速度运行。

3. 降速点

列车过慢行限速地段或进站停车时,司机在到达该处前回主手柄后,应根据日常惰力运行规律,掌握列车到达某一地点,如道岔、信号、线路标志及自然目标时的速度降到多少为宜,或在某处应制动减速,做到既不超速又不晚点;掌握列车制动后,运行至某个标记处,速度应降到多少为宜,以此作为确定追加减压时机和减压量的依据,达到安全、准确停车。

(二)分段计时

将一个运行区间分为几个小段,分别确定各小段的预计运行时分,特别是如起车加速、起伏坡道、制动调速等引起速度变化较大的小段,更要掌握好速度与时间的关系;每个小段,最好是根据区间的自然标志、区间长短等来划分;每一小段内的运行时分,应根据日常乘务实践经验,依据线路情况、列车种别加以确定,便于在乘务中掌握。

(三)正确观测与掌握速度

正确观测速度是司机掌握列车速度、保证列车正点运行和准确判断制动距离的一项重要的基本功。

1. 平均速度法

列车在平坦线路上运行时,由于通过车站较多,为较好地掌握区间运行速度,可根据区间运行时间和区间长度,制成各区间的平均速度表。在区间运行时,乘务员要不时地将列车实际运行速度与该区间的平均速度进行比较,如不符合,可及时加以调节,以保证列车正点运行。列车在区间运行的平均速度计算公式:

$$v = \frac{s}{t}$$

式中　　v——平均速度(km/h);

　　　　s——距离(km);

　　　　t——时间(h)。

注意:在计算时应将时间换算为小时。

例如:甲~乙站间隔为 9 km,运行时间为 10 min,线路允许速度为时 70 km/h,则平均速度为

$$v = 9 \times \frac{60}{10} = 54 \quad (km/h)$$

列车以 54 km/h 的速度运行,没有超过限制速度且有一定余量,因此当列车运行速度不足 54 km/h 时,应适当提高速度,以保证正点运行。

2. 间隔观测法

在机车速度表故障时,可通过观测公里标、电线杆等沿线静止参照物的间隔距离和相应的通过时间,利用下式求得列车运行速度:

$$v = \frac{3.6l}{t} \quad (km/h)$$

式中　　l——间隔距离(m);

　　　　3.6——换算系数;

　　　　t——通过时间(s)。

例如:两根电线杆的距离为 50 m,列车通过所用时间若为 3 s,则列车当时的速度为

$$v = 50 \times \frac{3.6}{3} = 60 \quad (km/h)$$

总之,列车运行安全正点是司机的职责,如列车晚点调度员要求赶点时,司机应选择有利条件,在不超速的前提下尽可能提高速度运行,在保证安全的基础上赶点。

二、防止空转

在机车处于牵引工况时,当机车轮周切线力大于轮轨间的黏着能力时,车轮轮周的线速度超过了机车速度,机车轮对就要发生空转。

(一)空转的原因

1. 由于司机操纵不当。起车时主手柄提得过快、过猛。

2. 由于机车状态不良。轴荷量分配不均,旁承复原装置不良,牵引电机电流分配不均,机车有漏油、漏水处所,都容易引起空转。

3. 由于线路状态不良。路基松软、枕木腐朽、道口、货场、机车整备线、道岔等轨面不洁和有漏水的隧道处所,均有发生空转的可能。

(二)空转的危害

1. 发生空转的轮对,牵引力下降,影响起动或运行速度,在坡道上易造成坡停事故。

2. 空转时,轮轨间剧烈摩擦,磨耗增加,易造成擦伤踏面和轨面,甚至引起轮箍弛缓。如车轮踏面鳞状擦伤,降低了黏着系数,更易再次引起空转。

3. 空转使牵引电动机的转速突然增高,离心力加大,会引起电枢扎线甩断;同时轮对转动不规则,产生强烈的振动,容易损伤其他部件。

4. 空转轮对的牵引电动机转速很高,电流很小,致使其他牵引电动机电流增大,容易造成其他电机过载而烧损,或引发其他轮对的空转。

5. 空转时将引起牵引电动机端电压增高,致使换向器片间电压升高,容易造成换向器火花或环火。

(三)空转的处理

机车空转时,严禁撒砂,以防轮轨间摩擦力突然增加,使机械走行部分受到损坏和加速钢轨及踏面磨耗。发生空转时,应适当回主手柄降低牵引力,待空转停止后,立即撒砂,然后再提主手柄运行。

(四)防止空转的措施

1. 出库前,认真检查撒砂机能,砂管距轨面 35～60 mm,胶管距轨面不得低于 25 mm,撒砂量应调整到 2～3 kg/min。砂质符合要求,砂量不少于砂箱容积的一半。

2. 起车前适量撒砂,压缩车钩辆数不应超过总辆数的 2/3。列车起动时,提主手柄不得过急,应逐辆起动。有空转预兆应及时撒砂或适当回手柄。

3. 过道岔群时,避免在道岔上撒砂。钢轨面有雨水、油垢时应适当撒砂。

4. 上坡前,在不超速的情况下,尽量利用机车功率提高列车速度。掌握撒砂时机和撒砂方法。撒砂量不要太多,以机车过后轨面上只留白色砂痕为宜。

5. 在雨、雪、雾天,砂管口潮湿易附着砂粉,使口径缩小甚至堵塞,应注意清扫。

(五)机车撒砂

1. 撒砂的目的

增加轮轨间的黏着力,防止空转,尤其是大功率机车,在牵引列车起动或爬坡时,正确撒砂起着重要的作用。

2. 撒砂时机和方法

掌握好撒砂时机和方法是起车和坡道操纵的重要一环。撒砂时机应合理,否则达不到防止空转的目的,反而增列车运行阻力。所以,在日常操纵时,要掌握发生空转的规律,观察空转的预兆。如在坡道上提高主手柄位置时或当列车进入曲线半径小的弯道及有油、水的轨道等易发生空转的地段时,均应提前适时、适量地运行撒砂,增加黏着力,防止空转发生。

撒砂的方法有点式和线式两种。点式撒砂是断续地进行撒砂,应用于曲线与爬坡加速时。线式撒砂是连续向轨面少量撒砂,多用于起车加速或轨面上有霜、雨水、油污等。

三、严禁逆电操作

逆电操作分为两种情况:

1. 机车在最后一次断电运行时,不管柴油机运转、停止与否,只要机车在走动,如果将换向手柄置于与运行方向相反的位置,闭合机车控制开关,提高主手柄位置,这种操作称为逆电操作。逆电操作将会烧损牵引电动机。所以,机车必须停稳后,方能换向。

2. 司机控制器主手柄退回"0"位,个别主接触器不断开,在牵引工况时,不会造成事故。但若不及时处理,在机车停车后,其他机车反方向拖挂此机车时,会造成未断开主接触器的牵引电动机烧损。

第六节 制动机操纵

一、制动机操纵的基本知识

(一)制动机有关部分的调整压力

1. 制动机各部调整压力:

(1)列车管压力(自阀调整压力):客运列车和特定区段货物列车为 600 kPa;一般货物列车为 500 kPa。

(2)空气压缩机调压器高压部分为 900 kPa;低压部分为 750 kPa。

(3)单阀调整压力为 300 kPa。

(4)分配阀紧急限压阀的限制压力为 450 kPa。

(5)各规定压力的允许误差为 ±20 kPa。

2. DF_{4B} 型机车制动缸活塞行程规定为 74～123 mm;采用单元制动器的内燃机车制动闸瓦与轮箍踏面的缓解间隙为 4～8 mm。

(二)正确掌握制动距离和有关因素

列车施行制动时,对制动距离应有正确的估计,因此必须熟悉影响制动距离的各种因素,进而来决定制动的时机和减压量。影响制动距离的主要因素有:列车制动率、列车运行速度、牵引重量及牵引辆数、线路纵断面情况、制动空走时间和气候条件等。

列车制动率表示列车所具有的制动能力,了解列车的制动性能是实行准确制动的必要条件。在始发站挂车后,应了解列车每百吨重量的换算闸瓦压力及编组状态,并在列车出发后及时按规定进行试闸,对制动效果进行摸底,作为以后判断制动时机和减压量的参考。

相同减压量制动时,闸瓦摩擦系数随列车运行速度的不同而发生变化,列车速度高时,闸瓦摩擦系数小,制动力就小;反之,列车速度低时,闸瓦摩擦系数大,制动力就大。因此,司机应根据列车速度来确定制动时机和减压量,在列车速度较高时,应该提早制动,并适当增加减压量,特别是当列车运行于下坡道时,要严格遵守每百吨列车重量的闸瓦压力及在下坡道上所规定的限制速度(表8-2、表8-3、表8-4、表8-5),切不可等速度增高后再施行制动,以免造成控制不住车速的现象;在列车速度低时,减压量不可过大,以免发生剧烈冲动,甚至引起车轮滑行,导致制动距离延长而影响停车位置。

线路纵断面对制动距离有很大影响,尤其是坡道附加阻力的大小,直接影响着制动距离的变化。此外要注意在曲线区段,应根据曲线半径的大小事先调节速度,尽量避免在小半径曲线上施行制动,以防机车车辆的转向架转向不灵活,通过曲线困难,增加轮缘垂直磨耗,甚至造成脱轨事故;下坡运行时,可利用曲线不易增速的机会,缓解列车制动,以便掌握充风时机。

制动距离中包括空走距离,施行制动时,如果对空走距离考虑不准确,停车位置就会产生很大的误差,特别对高速运行中的长大列车更为重要。空走距离可根据空走时间计算出来。根据试验资料,在平直线路上,一般施行紧急制动时的空走时间:旅客列车为4 s,货物列车为8 s。施行常用制动时的空走时间:旅客列车由于牵引辆数较固定,一般仍按8 s考虑,而且变动不大,其空走距离见表8-8。货物列车由于牵引辆数的不同,空走时间和空走距离就有很大变动,其空走时间见表8-9,空走距离见表8-10。

表8-8　旅客列车常用制动空走距离(空走时间按8 s计算)

速度/(km/h)	40	50	60	70	80	90	100
空走距离/m	89	111	133	155	178	200	220

注:为方便运用中掌握,近似估算:客车的空走距离=列车速度×22。

表8-9　货物列车常用制动空走时间　　　　　　　　单位:s

减压量/kPa	列车辆数							
	10	20	30	40	50	60	70	80
50	2	2	5	7.5	10	12	14	15
70	3	5	7.5	10	13	15	18	22
100	4	7	10	13	17	20	23	27
120	5.5	8	11.5	15	18.5	22	25.5	29.5
140	6.5	9	13	17	21	24	28	32.5

表8-10　货物列车常用制动空走距离　　　　　　　　单位:m

减压量/kPa	列车辆数											
	50				60				70			
	速度/(km/h)											
	40	50	60	70	40	50	60	70	40	50	60	70
70	144	180	216	253	167	208	250	292	200	250	300	350
100	189	236	284	331	222	278	334	389	255	320	383	448

以上这些因素的变化是有规律的,只要我们在日常工作中,不断地分析、研究和掌握各种因素的变化规律,便能够做到正确使用制动机,使列车稳、准、安全地停在所要求的位置。

（三）掌握制动排风时间和缓解充风时间

1. 制动排风时间

从自阀手柄移到常用制动位时起，到列车管排风终了时止，施行制动所经过的时间称为制动排风时间。排风时间的长短与列车发生制动作用的早晚有直接关系。因此，熟记排风时间是正确掌握制动时机、判断机车管贯通状态的依据。

根据试验资料，在施行常用制动时，不同的减压量和牵引辆数，其制动排风时间见表 8-11。

表 8-11　常用制动列车管排风时间表　　　　　　单位：s

列车管减压量/kPa	牵引辆数							
	10	20	30	40	50	60	70	80
60	6	8	11	15	19	22	25	27
100	10	12	18	24	30	36	44	54
140	14	18	27	34	42	52	55	59

由于我国车辆制动机的结构形式不同，列车管的贯通状态和三通阀主活塞动作的灵敏度也有差异，这些都影响列车管的排风时间。表 8-11 所列时间数值仅供参考，在实际工作中，必须根据具体情况加以判断。在遇有下列情况时，应检查排风时间：

（1）机车挂车后，进行制动机试验时。

（2）中间站摘下机车或进行调车后，再挂车开车前。

（3）长时间停留后再发车前，或在运行中制动减压时（尤其在严寒冬季）。

在检查时，如发现排风时间过长或过短，排风音响不正常，必须查明原因，进行必要的处理。待排除故障后才能发车，以防列车管冻结或折角塞门关闭而造成事故。

2. 缓解充风时间

列车管实际减压制动后，为使列车缓解而向列车管充风。从采取充风措施起，到全部车辆副风缸内压力达到规定值止，所用时间称为缓解充风时间。正确地掌握充风时间可以使制动后的列车得到充分缓解，也给再次制动创造了达到规定制动力的条件。

充风时间不足，列车达不到及时地全部缓解，需要再次制动时，由于副风缸充风不足，容易造成制动力不足而酿成事故。

制动缓解时列车充风所需的时间见表 8-12。

二、列车制动机试验

动车组以外的列车自动制动机应按下列规定进行试验。

（一）全部试验

当列检所无列车制动机的地面试验设备或该设备发生故障时，机车对列车充满风后，司机应根据列检员的要求进行试验。

1. 自阀减压 50 kPa（编组 60 辆及以上时为 70 kPa），并保压 1 min，对列车制动机进行感度试验，全列车必须发生制动作用，并不得发生自然缓解；手柄移至运转位后，全列车须在 1 min 内缓解完毕。

2. 自阀施行最大有效减压（列车管定压 500 kPa 时为 140 kPa，定压 600 kPa 时为170 kPa），对列车制动机进行安定试验,以便检车员检查列车制动机,要求不发生紧急制动,并检查制动缸活塞行程是否符合规定。司机检查列车管漏泄量,其压力下降每分钟不超过 20 kPa。

遇下列情况之一,必须进行制动机的全部试验:

(1)货车列检对解体列车到达后施行一次到达全部试验,对编组列车始发前施行一次始发全部试验,对有调车作业中转列车到达后首先施行到达全部试验,发车前只施行始发全部试验中的漏泄试验。

(2)货车特级列检和安全保证距离在 500 km 左右的一级列检对无调车作业中转列车始发前施行一次始发全部试验。

(3)无列检作业场车站始发的列车,在途经第一个列检作业场进行无调车中转技术检查作业时施行一次始发全部试验。

(4)列检作业场对运行途中自动制动机发生故障的到达列车。

(5)旅客列车库内检修作业。

(6)在有客列检作业的车站折返的旅客列车。

站内设有试风装置时,应使用列车试验器试验,连挂机车后只做简略试验。对装有空气弹簧等装置的旅客列车应同时检查辅助用风系统的泄漏。

表 8-12　列车充风所需时间表　　　　单位:s

制动机型式	减压量、阀位及车类		牵引辆数						
			10	20	30	40	50	60	70
K型三通阀	40 kPa	缓解	4	8.5	15	22	31	41	54
		运转	23	58	78	103	125	145	164
	60 kPa	缓解	7.5	15	24.5	35	48	62.5	80
		运转	27	62	87	113	136	156	174.5
	80 kPa	缓解	9	20.5	33.5	48.5	67	87	109.5
		运转	33	64	75	122	145	167	185
	100 kPa	缓解	12	28	45	64	86	109	138.5
		运转	37	72	104	132	156	179	200
	120 kPa	缓解	15	34	54	77	103	132	170.5
		运转	40	79	112	142	165	188	211
	140 kPa	缓解	19	40	65	90	120	156	208
		运转	46	86	121	152	172	199	219
103型分配阀	40 kPa	空车	4	7	12	18	25	33	42
		重车	4	8	15	22	31	41	54
	100 kPa	缓解位(制动管压力高于 400 kPa 时运转位) 空车	9	20	33	48	67	87	110
		重车	29	50	75	100	130	166	218
	140 kPa	空车	15	34	54	77	103	132	171
		重车	30	68	108	154	206	264	342

(二)简略试验

列车管达到规定压力后,自阀施行最大有效减压并保压 1 min,测定列车管贯通状态,车站值班员或有关人员检查确认列车最后一辆发生制动作用;司机检查列车管漏泄量,其压力下降每分钟不得超过 20 kPa。

遇下列情况之一,必须进行制动机的简略试验。

(1)货车列检对始发列车、中转作业列车连挂机车后。

(2)客列检作业后和旅客列车始发前。

(3)更换机车或更换机车乘务组时。

(4)无列检作业的始发列车发车前。

(5)列车软管有分离情况时。

(6)列车停留超过 20 min 时。

(7)列车摘挂补机,或第一机车的自动制动机损坏交由第二机车操纵时。

(8)机车改变司机室操纵时。

(9)单机附挂车辆时。

(10)列车进行摘、挂作业开车前。

在站简略试验:

有列检作业的由列检人员负责,无列检作业的由车辆乘务员负责,无车辆乘务员的由车站人员负责。挂有列尾装置的列车由司机负责(挂有列尾装置的旅客列车,始发前、摘挂作业开车前及在途中换挂机车站、客列检作业站,有列检作业的由列检人员负责,无列检作业的由车辆乘务员负责)。

(三)持续一定时间的保压试验

有列检作业场的车站发出的货物列车运行前方途经长大下坡道区间的,在始发、中转作业时应进行持续一定时间的全部试验,列检应填发制动效能证明书交给司机。在有列检作业场车站至长大下坡道区间间的各站始发或进行摘挂作业的列车,是否进行持续一定时间的全部试验并填发制动效能证明书交给司机,由铁路局集团公司规定。具体试验和凉闸的地点、办法,由铁路局集团公司规定。

旅客列车出库前应进行持续一定时间的全部试验,在接近长大下坡道区间的车站,是否进行持续一定时间的全部试验,由铁路局集团公司规定。

长大下坡道为:线路坡度超过 6‰,长度为 8 km 及以上。线路坡度超过 12‰,长度为 5 km 及以上;线路坡度超过 20‰,长度为 2 km 及以上。

在长大下坡道前方的列检作业场需进行持续一定时间的保压试验时,应在列车制动机按全部试验方法试验后,自阀减压 100 kPa 并保压 3 min,列车不得发生自然缓解。

列车制动机试验时,司机应确认并正确记录充、排风时间,检查制动主管压力的变化情况,并作为本次列车操纵和制动机使用的参考依据。装有列尾装置的列车,进行列尾风压查询。装有防折关装置的机车,注意观察其状态。CCB Ⅱ 型、法维莱等微机控制的制动机,注意观察显示屏上充风流量信息。

(四)列车制动机试验注意事项

1. 列车制动机试验时,司机应注意充、排风时间,按压列尾装置司机控制盒绿色键,检查列车管压力的变化情况,并作为本次列车操纵和制动机使用的参考依据。

2. JZ-7 型制动机在施行列车制动试验时,应注意在每项制动试验后缓解列车时,必须待列车管压力达到规定压力后方可移动自阀手柄进行试验,以防列车管压力不足,产生非常制动作用。

3. 在试验过程中,根据排风时间的长短来确认列车管贯通状态,并以此作为中间站检查列车管贯通状态的依据。

4. 向列检人员了解关门车辆数及位置,列车中的机车和车辆的制动机,均应加入列车制动系统,司机根据《技规》及有关规定,掌握关门车的连挂位置,在施行制动时,应考虑这个因素,以确定制动时机和减压量。

三、列车制动机的操纵

(一)制动机操纵原则

制动机的使用,应掌握客观规律,根据列车编组、制动机性能、线路状态、信号及标志设置位置等情况,正确判断制动距离,掌握制动时机和减压量,果断动作,使运行中的列车安全、准确、平稳地减速和停车。

操纵制动机时,要遵守以下原则:

1. 列车在运行中应尽量避免不必要的制动。

2. 需制动时,应尽量减少制动次数。

3. 制动时,保持较均匀降速,以避免和减少列车的冲动。

4. 非必要时,不使用紧急制动。

(二)常用制动停车操纵的一般规定

1. 牵引列车时,不应单独使用单阀制动停车。

2. 初次减压量不得少于 80 kPa。自阀减压后至缓解、停车前,机车制动缸压力不得少于 50 kPa;追加减压不得超过两次;一次追加减压量不得超过初次减压量;累计追加减压量不得超过最大有效减压量。

3. 单阀缓解量,每次不得超过 30 kPa。

4. 减压时,自阀排风未止,不得追加减压、停车或缓解列车。

5. 追加减压时,自阀排风未止,不得缓解机车制动。

6. 禁止在使用自阀制动时,全部缓解机车制动力(俗称:大劈叉)。

7. 货物列车速度在 15 km/h 以下时,不得缓解列车制动。但长大下坡道区段因受制动周期等因素限制,最低缓解速度不得低于 10 km/h。重载货物列车速度在 30 km/h 以下时,不得缓解列车制动。

8. 少量减压停车时,应追加减压至 80 kPa 以上。

(三)紧急制动操纵

列车运行中,遇有危及行车和人民生命财产安全时,必须采取紧急、果断的措施,立即将自阀手把推向非常制动位,同时将主手柄退回"0"位,并禁止用单阀缓解(为了防止擦伤动轮,当速度低于 10 km/h 以下时,可用单阀二、三次缓解;停车时制动缸压力须保持在 250 kPa 以上)。在列车停稳前,不准移动自阀手把位置,尽量在短距离内停车。

非常制动是否撒砂,需视速度变化、车轮有无滑行的可能而定。速度高时可不撒砂,以免砂粉影响闸瓦摩擦系数,延长制动距离;速度低时,闸瓦摩擦系数增大,制动力很强,有发生滑行的可能时,可适当撒砂。

（四）旅客列车制动机的操纵

旅客列车的制动操纵是保证列车安全正点、准确停车的前提和重要环节，避免延长站停时间造成列车晚点。

1. 旅客列车进站停车一段制动法

旅客列车进入车站正线停车时，一般采用一段制动法。即从制动减压开始，一次使列车平稳、准确地停妥。旅客列车一段制动操纵方法如图 8-4 所示。

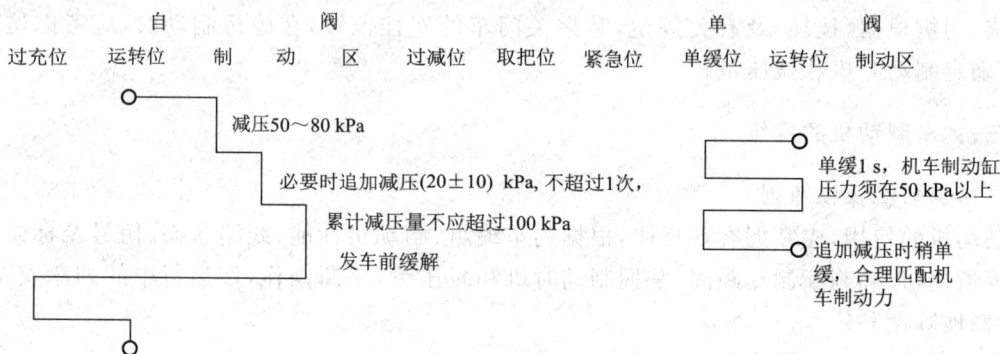

图 8-4　旅客列车一段制动法操纵示意图

采用一段制动法进站停车时要做到：

（1）据列车速度、制动力及线路纵断面等具体情况来确定制动时机和初次减压量。初次减压量掌握在 50～80 kPa 范围内（列车进站速度在 60～70 km/h 时，减压量不少于 60 kPa，速度较高时，减压量可稍大些），不可过大；在自阀手柄移至制动区某一减压位置的同时（上坡道自阀制动前），将单阀手柄推至缓解位 1 s 左右（根据减压量大小及工作风缸降压速度掌握），利用适当降低工作风缸压力的方法延迟机车制动缸升压，以消除机车制动快而引起的列车纵向压缩冲动，但机车制动缸压力不得低于 50 kPa。

（2）准确掌握追加减压时机和追加减压量，根据列车降速情况和停车目标距离适时适量地追加减压，是实现稳准对标停车的重要环节。第一次追加减压应在初次减压排气结束 6 s 后进行，第二次追加减压，间隔时间也应在 3 s 以上。追加减压次数一般不宜超过 2 次，每次追加减压量以 20 kPa 左右为宜，但最后一次追加减压量最好掌握在 20 kPa 以内。追加减压后，应将单阀手柄再次瞬间推向缓解位（约 0.5 s），使追加减压后的机车制动缸压力增加 20～30 kPa。

（3）制动保压停车时，须注意机车制动力与列车制动力的合理匹配（按列车制动力强弱掌握），减小和避免列车冲动。增加机车制动力时，机车制动缸压力波动应在 30 kPa 以内，并不得连续进行，机车制动缸压力不得低于 50 kPa。

2. 旅客列车进站停车两段制动法

旅客列车进入车站侧线或限速线路停车，而进站速度将超过道岔限速时，为确保行车安全，应在进站前施行一次制动调速。当列车速度降到规定要求时，于道岔前方及时施行缓解，避免列车在制动状态下通过道岔，进站后再施行制动停车，即两段制动法。两段制动操纵方法如图 8-5 所示。

采用两段制动法进站停车时要做到：

（1）第一段调速制动应根据列车速度、列车制动力找准制动时机，初次减压量掌握在 50～80 kPa 范围内，追加减压不超过一次，累计减压量应控制在 100 kPa 以内，防止减压量过大，或因列车编组车辆数过多,而造成第二段制动前副风缸充风不足,而引起列车冲动或越标。

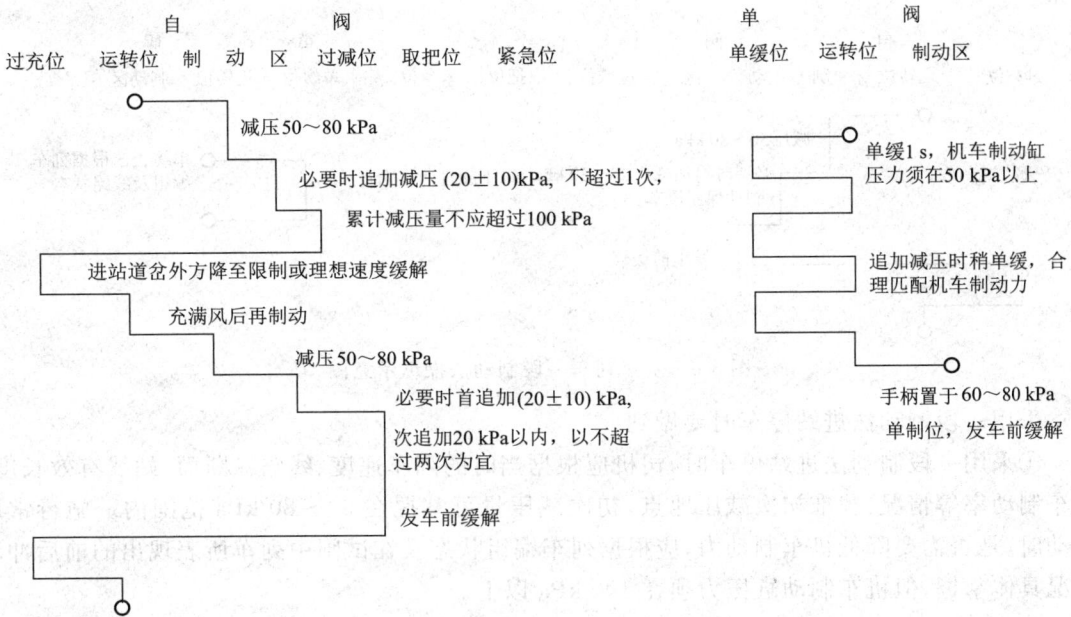

图 8-5 旅客列车两段制动法操纵示意图

(2)第二段制动时,必须待全列车充满风后再进行(列车管与副风缸达到规定压力)。如果第一段制动时间较长,应考虑闸瓦已热,制动力降低的因素,在留有适当追加减压量的前提下,要适当提前减压,仍将减压量控制在 50～80 kPa 范围内,然后根据列车降速情况及停车标距离,适当地追加减压。第一次追加减压时,追加减压量可按(20±10) kPa 掌握,第二次追加减压时,减压量则不应超过 20 kPa,每次追加减压时须有适当时间间隔,并及时用单阀适当降低机车制动力,以避免引起冲动。

(五)货物列车制动机的操纵

货物列车制动机的操纵方法与旅客列车制动的操纵方法大致相同。但货物列车往往具有编组长、牵引重量大的特点,且在相同的编组辆数时,由于空重车辆不同,制动率有较大差异;在近于相等的牵引吨数时,由于装载的货物不同,在同等的列车速度下,其惯性也不同,因此,制动时必须考虑各种因素对制动距离的影响,才能安全、准确、稳妥地实现调速和停车。同时,货物列车还具有编组辆数变化大、车辆制动机类型不统一的特点,在施行制动和缓解时,排风时间和充风时间也不一样。此外,牵引空重混编列车时,由于空重车在列车中编挂位置不同,施行制动时,要有针对性地调节机车制动力,以减轻列车冲动。货物列车每百吨重量的换算闸瓦压力与旅客列车每百吨重量的换算闸瓦压力明显不同,在长大下坡道及平道需要调速制动时,在各种限制速度的限制下或列车在同等速度的条件下,货物列车的制动时机均要早于旅客列车的制动时间。因此,要不断地分析、总结货物列车制动机操纵的客观规律,以便掌握制动操纵方法,达到稳、准的停车目的。

1.进站停车时的操纵

(1)一段制动法

为适应多拉快跑的要求,货物列车进入停车站为上坡、平道或站线长度足以容纳列车度并具有一定的安全距离,在经过途中调速(试闸)已摸清列车制动力强弱的前提下,应选择适当的

内燃机车运用与规章

制动时机、合适的减压量,可采用一段制动法进站停车。货物列车一段制动操作方法如图 8-6 所示。

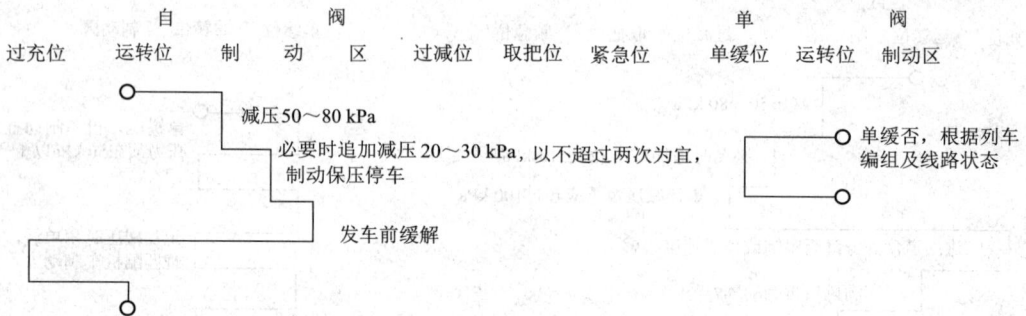

图 8-6 货物列车一段制动法操纵示意图

采用一段制动法进站停车时要做到:

①采用一段制动法进站停车时,司机应根据当时的列车速度、线路纵断面、站线有效长度、列车制动率等情况,找准初次减压地点,初次减压量可掌握在 50～80 kPa 范围内。施行常用制动时,是否需要降低机车制动力,应根据列车编组状态及在试闸中列车所表现出的前后冲动情况具体掌握,但机车制动缸压力须在 100 kPa 以上。

②初次减压制动后,要选择两个以上的自然标记(站舍、站台头及其他永久性建筑物),观察列车降速情况,然后再根据列车降速情况和停车目标要求,适当追加减压。第一次追加减压,应在初次减压排气终止后 15 s 左右进行,第二次追加减压也应间隔 6 s 以上,每次追加减压量应以 20 kPa 左右为宜,以免间隔时间过短形成一次较大减压量制动而引起车辆制动机紧急制动现象,或因追加减压量过大增加列车冲动。

③施行初次减压或追加减压时,如果需要机车参与较大的制动力,则需在初次减压和追加减压过程中不进行单缓,机车制动缸压力即会按列车管减压量比例上升,此时,机车制动率接近货车空车制动率;若不需要机车产生较大的制动力以减少列车冲动时,应在自阀施行初次减压或追加减压排风结束后,再用单阀适当降低机车制动缸压力。施行单缓时,机车制动缸压力每次降压不应超过 30 kPa,即使小减压量停车时,机车制动缸压力最低也应保持 100 kPa 以上。当站线为"鱼背形"时,不仅不能施行单缓,在必要时还应用单阀适当增加机车制动力。货物列车制动保压停车后,列车管减压量不足 100 kPa 时,应追加减压到 100 kPa 以上。

(2)两段制动法

货物列车进站停车时,当列车需经过限速的侧向道岔以及在站线长度较短,而列车编组较长且站线呈下坡状态的车站停车时,必须站外调速,采用两段制动法进入站内停车。具体操作如图 8-7 所示。

采用两段制动法进站停车时要做到:

①当施行第一段制动时,应根据列车速度、列车编组状态、线路纵断面、列车制动力等具体情况,正确选择初次减压地点,减压量应掌握在 50～80 kPa 之间。根据线路两侧自然标记及列车降速情况,准确判断列车制动力的强弱,为第二段制动准确把握制动距离打好基础。

②需追加减压时应提早进行,但累计减压量尽量不超过 100 kPa,并应在进站信号机或进站道岔外方将列车速度控制在限制或理想速度。

③第二段制动前,全列车副风缸压力应恢复到规定压力值,确保第二段制动时在常用制动最大有效减压量内能安全停车。缓解时,应先将单阀手柄移至制动区适当位置,待全列车基本

缓解后再将单阀手柄移回运转位,并充分利用过充位向列车管充风。

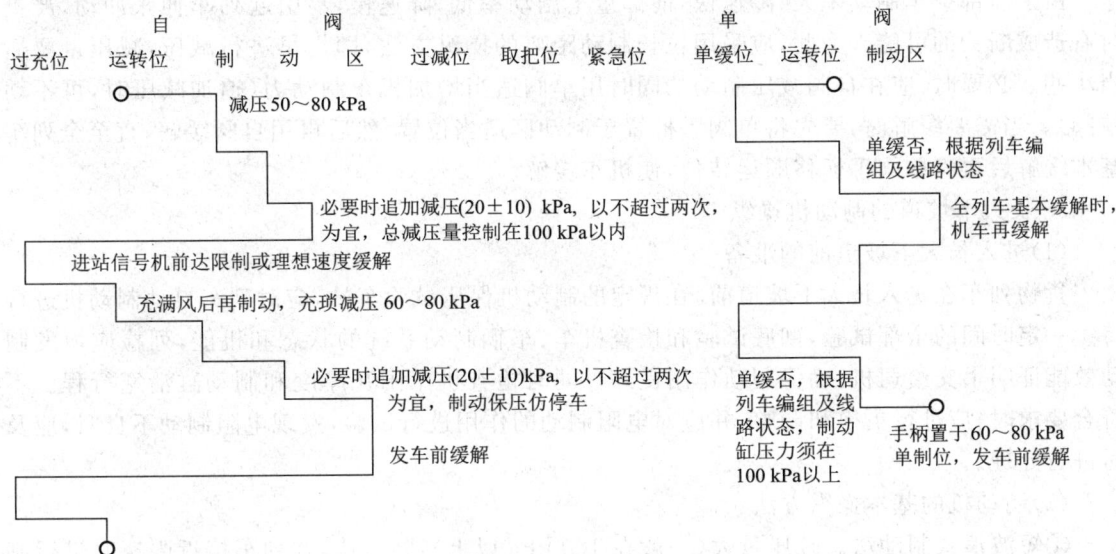

自　　　　　阀　　　　　　　　　　单　　　　阀

过充位　运转位　制　动　区　过减位　取把位　紧急位　　单缓位　运转位　制动区

减压50～80 kPa

单缓否,根据列车编组及线路状态

全列车基本缓解时,机车再缓解

必要时追加减压(20±10) kPa,以不超过两次为宜,总减压量控制在100 kPa以内

进站信号机前达限制或理想速度缓解

充满风后再制动,充顶减压 60～80 kPa

必要时追加减压(20±10)kPa,以不超过两次为宜,制动保持仿停车

单缓否,根据列车编组及线路状态,制动缸压力须在100 kPa以上

手柄置于60～80 kPa单制位,发车前缓解

发车前缓解

图 8-7　货物列车两段制动法操纵示意图

④施行第二段制动时要适当提前减压或加大减压量,以抵消因闸瓦发热、制动力降低而产生的影响。

货物列车速度在 15 km/h 以下时,不应缓解列车制动。因为缓解过程中,前后车辆缓解时机不一致,未缓解的车辆因速度低,闸瓦摩擦系数大,制动力强,速度继续下降,使已缓解的车辆往前拥,导致冲动过大,极易造成断钩事故。

长大下坡道区段因受制动周期等因素限制,最低缓解速度不应低于 10 km/h。重载货物列车速度在 30 km/h 以下时,不应缓解列车制动。

2. 牵引不同编组列车时的操纵

(1)全部空车

由于起车加速容易,所以应抓紧时间在较短距离内使列车达到需要的速度,保持均衡速度运行。根据空车惰力小,制动率大的特点施行制动时,要早减压,少减压,以防止冲动和拉断车钩。

(2)全部重车

由于重车惰力大,制动率小,运行中应控制速度,制动时减压量应大一些,以免因制动力小,速度不能迅速降低造成事故。

(3)空车在前,重车在后

当空车辆数较多时,起动前,可少压缩或不压缩车钩,起动后待车钩伸开后再加速。在起伏坡道运行时,应尽量不间断机车的牵引力,可用主手柄灵活调整运行速度。需惰力运行时,须待全部重车越过坡顶后再回主手柄。施行制动时,空车制动率大、降速快,后部重车向前拥,列车易产生挤压冲动,因此,制动时机要提早些,减压量不可过大。为减小列车挤压冲动,在自阀施行制动减压的同时,用单阀适当降低机车制动力(初次常用减压制动时,车辆制动机发生急制动作用不得施行单缓),在施行追加减压时,亦应按上述办法处理,但机车制动缸压力须保持在 100 kPa 以上。

(4)重车在前,空车在后

由于后部空车制动率大、降速快,前部重车制动率低,降速慢,易引起列车伸张冲动,严重时有造成断钩的可能。为此,应采用拉长制动距离的操纵方法,即提早进行减压,减压量要适当小些。必要时,应在自阀减压制动的同时用单阀适当增加机车制动力(追加减压时,可不动单阀)。当需要缓解时,要先将单阀手柄置于制动区适当位置,然后再用自阀缓解,直至全列车基本缓解后再将单阀手柄移顺运转位,使机车缓解。

3. 长大下坡道的制动机操纵

(1)进入长大下坡道前的准备

货物列车在进入长大下坡道前,在规定的制动机保压试验车站,应对列车自动制动机进行持续一定时间的全部试验,彻底试验和检查机车、车辆制动系统的状态和机能,列检应填发制动效能证明书交给司机,确保制动作用良好。同时检查机车闸瓦厚度和制动缸活塞行程。不符合要求时,应进行更换和调整,并应对电阻制动的作用进行试验,发现电阻制动不良时,应及时进行处理。

(2)制动机的基本操纵方法

①短波浪式制动法。减压量大(一般在 100 kPa 以上),降速快,在列车接近限速时进行制动,使列车降低到需要的速度;缓解后,速度又上升,接近限速时,再次施行制动,如此反复进行。这种方法适合于短下坡道,缓解机会多,闸瓦不易发热。但制动次数多,空气压缩机工作量大,启动频繁,且速度出现不均衡状态。使用这种方法时,应注意掌握缓解时机,缓解过早,列车速度增高,列车管充风不足,错过了下一次制动时机,容易造成超速,甚至出现列车失控的严重后果,因此严禁缓解过早。

②长波浪式制动法。减压量小(一般在 60～80 kPa 间),降速低,制动距离长,在列车接近限速前,提前适当减压,使列车的制动力与下坡道的坡道附加阻力相抵消,使列车保持在低于限速下运行。通过不同坡度的坡道时,用单阀调整机车制动力,利用较缓和的坡道缓解列车制动,如此反复进行。这样列车在比较长的距离内,在制动的控制下,基本上保持均衡速度运行。但应注意,由于制动时的制动距离过长,易造成闸瓦过热、断裂、熔化和轮箍松弛现象,因此适用于一般列车的操纵。

③"一把闸"制动法。"一把闸"操纵是一种坡道制动操纵方法,或叫"一把阀"下坡。司机根据坡度大小,一次减压成功,使坡道加速力等于制动力,列车在坡道上保持匀速运动,不再周期性的制动—缓解—制动—缓解。一把闸匀速下到坡底,避开了再充风时带来的麻烦;或根据线路坡度大小和列车当时的速度,施行适量的减压,使列车速度逐渐降低到完全停车时,再进行缓解。使用这种方法时,闸瓦温度高,磨耗快,适用于较短、较陡的坡道,但不适用于对标停车。若在长大下坡道上使用,一旦掌握不当,就容易造成闸瓦熔化、制动失效的事故,因此不适用于长大下坡道上使用。

(3)长大下坡道和高坡地段制动时的注意事项

①经常注意各风表压力的显示及空气压缩机运转是否正常。

②制动时,若累计减压量超过最大减压量,必须停车,用单阀制动,再缓解列车,以防充风不足,造成超速和停不住车的严重后果。禁止在施行最大有效减压量后,使用非常制动。

③缓解列车时,应将自阀手柄推至过充位加速充风后,再回到运转位。在缓解时,为了使列车速度上升不过快,以便留有充足的充风时间,应使用电阻制动来配合空气制动,以保证安全。

第七节 电阻制动

电阻制动的原理是基于直流电机的可逆性,在机车上把牵引电动机作为他励发电机工作,消耗列车的功能并将其转变为电能,通过制动电阻再将电能转变为热能逸散于大气中。它的最大功率决定于牵引电动机参数、制动电阻的容量以及电阻散热用的强迫通风系统的能力。使用电阻制动,可以适当弥补单纯空气制动的不足,提高了列车制动操纵的安全性和经济性。

一、电阻制动特性

电阻制动由于受牵引电动机工作情况、制动电阻温度、机车黏着重量等一系列因素的限制,只允许在一定范围内使用,为此必须掌握制动特性,DF$_{4B}$(货)型内燃机车的电阻制动特性如图 8-8 所示。

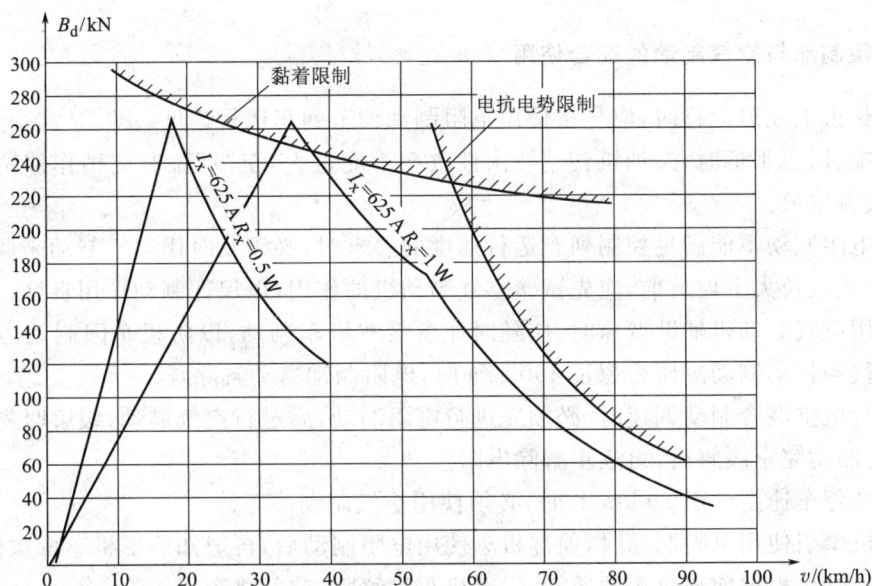

图 8-8　DF$_{4B}$ 型内燃机车电阻制动特性曲线图

电阻制动的制动力随速度有很大的变化,其最大制动力大约发生在中速区,这与设计有关。如果机车设计为 37 km/h 时有最大电阻制动力,则在实施电阻制动时,当速度在 37 km/h 以上区域,制动力随速度增大而减小,但制动功率不降,为恒功率区;速度在 37 km/h 以下区域,制动力及功率随速度下降。

为了扩展电阻制动的使用范围,使电阻制动力在低速时也能有较大制动力,在 DF$_{4B}$ 型机车上安装了两级电阻制动。通过电阻制动控制箱内的电子电路实现机车"Ⅰ"级与"Ⅱ"级电阻制动的自然转换,以及恒磁制动与恒流制动的控制,并且在高速(50 km/h 以上)对制动电流具有高速限流的功能。以货车为例说明:当机车由高速区进入低速区,机车速度降至 23 km/h 时,通过电阻制动控制箱(DZT)的电子线路控制,使电阻制动自动由"Ⅰ"级转入"Ⅱ"级制动,并实现在速度降到 19 km/h 时产生最大制动力(约 200 kN);当机车由低速区进入高速区,机车速度升至 28 km/h 时,在 DZT 的控制下,电阻制动自动由"Ⅱ"级转入"Ⅰ"级电阻制动,并且在速度达到 38 km/h 时产生最大制动力(约 200 kN)。

二、电阻制动的操作

在施行电阻制动时,将 DZT 面板上的故障开关 GK 置于"1"位(工作位),闭合自动开关 ZK,主手柄退回"0"位,换向手柄置于"前制"位(以前制工况为例)。这时,$1HK_{g2}$、$2HK_{g2}$ 制动工况电空阀线圈得电,使六台牵引电动机由牵引工况转为制动工况。

将主手柄由"0"位提至"1"位,各电器得电并在主电路无电下完成由牵引工况电路向前制工况电路的转换,六台牵引电动机作为他励发电机工作。但由于主手柄"0"位和"1"位司机控制器 SK"6"号触指均不闭合,使中间继电器 1ZJ 不得电,则通过 $\xrightarrow{680}$ 1ZJ 反联锁 $\xrightarrow{674}$ (E、32)闭合,使电阻制动控制箱的"0"位和"1"位锁闭继电器 J4 得电,J4 的一对常开闭合,常闭断开,为制动电流和励磁电流给定信号的柴油机转速信号 U220 号线处于失电状态,所以这时无电阻制动作用。将主手柄由"1"位提至升时,机车将产生电阻制动作用。使用电阻制动时,柴油机转速应控制在 850 r/min 之内。

三、电阻制动与空气制动的配合使用

(1)在长大下坡道运行时,应尽量使用电阻制动调节列车运行速度。

(2)在提、回主手柄时,柴油机转速一次性改变不能过大,至"1"位时应稍作停留。制动电流不得超过额定值。

(3)当电阻制动不能满足控制列车运行速度的要求时,必须及时用空气制动来调节运行速度。但列车进入长大下坡道前,应先试验空气制动机的作用,以保证制动作用良好。

(4)使用空气制动机辅助调速时,应随时注意缓解机车制动,以防机车因制动力过高而造成车轮滑行(当机车制动缸压力超过 150 kPa 时,电阻制动自动解除)。

(5)施行电空混合制动调速时,必须先进行电阻制动,后进行空气制动;缓解时先缓解空气制动且空气制动完全缓解后,再逐步解除电阻制动。

(6)进站停车速度低于 20 km/h 时,必须使用空气制动停车。

(7)多机牵引使用电阻制动时,前部机车使用电阻制动后,再通知后部机车依次使用;需要解除电阻制动时,根据前部机车的通知,后部机车先解除,前部机车后解除。

电空混合制动比较平稳,利用电阻制动代替部分空气制动,可使列车管减压量减小些,这不但可以减轻列车的冲动及闸瓦与踏面的磨耗,而且减少了制动用风量,利于缓解充风。更为有利的是,在列车空气缓解过程中,仍可保持电阻制动,使列车增速变慢,这样,一方面延长了制动周期,可减少调速制动次数;另一方面增加了列车再充风的时间,减少了发生充风不足的情况,从而保证了再制动的能力。因此,空气制动与电阻制动的配合使用,已是列车在长大下坡道上实施制动时的主要操纵方法。

第八节　终点站与退勤

一、终点站的停车作业

列车到达终点站时,本次列车值乘工作即将结束,由于一路紧张、劳累的工作,容易产生"船到码头车到站"的麻痹松劲思想;同时,终点站一般都是较大的车站,人杂且设备繁多,瞭望条件差,干扰乘务员的各种因素也多;此外,列检的接车、检车作业要求列车停车位置准确。所以乘务员应保持良好的精神状态,不急躁、不马虎,并对防止事故和停车操纵应予以高度重视。

（一）机外调速

1. 司机应控制好速度,根据线路状态和距离,在机(信号机)外先行调速。制动前,找准制动时机,大闸由运转位移至常用制动位减压制动。第一次减压量不应小于50 kPa,以保证全部车辆都发生制动作用,并根据降速情况和停车目标的要求,适当追回减压。第一次追加减压应在初次减压排风终止后15 s左右,第二次追加减压应在第一次追加减压排风终止后,间隔6 s以上,如果间隔过短,遇有个别车辆三通阀作用不灵活时,容易产生紧急制动现象。

2. 下坡道进站停车一般采用两段制动法,充分考虑缓解后的充风时间,为站内停车做好准备,并可结合电阻制动调速。

3. 上坡道仍然应掌握好回主手柄的时机,一般采用一段制动法。

（二）进站速度

站外调速时,应在进站前,根据线路坡度情况将速度降至适当速度缓解,如进站为下坡道,要将速度降低些,以防超速。

列车到达次交路的终点,一般应用自阀制动后保压停车。

列车停稳后,要及时向列检人员讲述列车在区间运行的情况。根据列检人员的要求试验列车制动机。

（三）摘　　机

摘钩时,应严格执行"一关前、二关后、三摘风管、四提钩"的作业方法。学习司机(非操纵司机)确认摘开软管、车钩后,引导司机鸣笛移动机车;一度停车后,学习司机(非操纵司机)应及时检查轴箱温度,挂好机车软管防尘堵。待全班人员上车后,再鸣笛要道或根据信号的显示,确认道岔开通位置,开动机车入库。运行中严格控制速度,坚持不间断瞭望,认真执行呼唤应答制度。运行至站、段分界线(闸楼)一度停车,办理签点等回段入库手续。

二、入库作业

1. 确认道岔开通方向,根据扳道员的手信号进行机车转线。需要上转盘时,转盘信号开放后,机车应在转盘前一度停车,以不超过3 km/h的速度上、下转盘。在转盘上,司机必须坚守岗位,不得兼做其他工作,并应将主手柄置于"0"位,换向手柄置于中立位,单阀置于制动位。机车在整备线停放,应停于警冲标内方。

2. 机车停妥后,待柴油机冷却水温度降至冷却风扇工作温度下限或空转一段时间再停机,以利柴油机保养。

3. 认真负责、细心彻底做好机车检查、给油、自检自修的保养工作。发现故障及时与值班员及检修有关人员联系、整修,按照"一检查、二修理、三给油、四擦车"的作业程序,不漏检、不漏修。

4. 下车时做好机车停留工作。换向手柄置于中立位,主手柄置于"0"位,单阀制动或做好防溜工作,断开蓄电池闸刀和所有电源开关。冬季时还应做好防寒工作。

5. 实行轮乘制的机车乘务员,要主动向地勤检查人员汇报本次乘务过程中机车的运用惰况,以便酌情进行检修和维护。

6. 认真填写交接班记录本,注明机车运用状态及接班重点复检处所。

7. 机车在双重复检时,向对口接班乘务员交接,并详细介绍机车运用情况及技术状态,最后清点、交接工具等。

三、退　勤

1. 交班作业完了后,开好退勤小组会,检查一次出乘作业计划完成情况,总结本次乘务中的经验。

2. 正确填写、核对司机报单。退勤时,向机车调度员汇报本次列车安全及运行情况,对监控装置检索分析的问题及超劳、运缓等有关情况做出说明,交回列车时刻表、司机报单、司机手册及 IC 卡之后,办理退勤手续。

3. 如果局、段根据本单位具体情况制定了乘务员出、退勤管理细则,乘务员应按局、段的规定严格执行。

第九节　单司机值乘

单司机值乘就是 1 台机车的值乘行车完全由 1 个人(司机)完成的乘务方式,一般分为单班单司机值乘和双班单司机值乘。实行单司机值乘的机车乘务员,其安全责任、风险和劳动强度均有明显的增加,特别是机车操纵环境发生了一定改变,对其身体和心理素质的要求提高,因此,单司机值乘的乘务员必须具备良好的心理素质、过硬的机车操纵技术和特殊情况的应急处理能力。

一、旅客列车单司机值乘作业标准

(一)出　乘

1. 出乘前充分休息,做到二必须一严禁:本段夜间出乘必须按段定待班时间到段休息,外段出乘前必须在公寓休息 4 h 以上;班前及在公寓严禁饮酒。

2. 准时出勤:出勤时按规定着装,携带机车司机驾驶证、工作证、列车操纵示意卡、故障处理二十条及《技规》、《行规》等有关规章业务资料。

3. 出勤时做到:领取司机手册、添乘指导簿和打印的运行揭示,摘阅有关运行揭示和安全通报,根据天、时、人、车及运行揭示等内容做好预想预防。

4. 将 IC 卡、司机手册交机车调度员审核、签章,并领取司机报单、列车时刻表和三项设备合格证;核对运行揭示;听取机车调度员传达安全要求及领导指示,并学习一条规章。

(二)接　车

1. 到地(外)勤了解值乘机车技术状态、停留股道,领取机车交接簿、工具、备品、钥匙、棉丝等物品,办好燃料交接手续。

2. 开启三项设备电源,按规定进行试验,拨准机车信号的上、下行及前、后行开关位置,对监控装置进行数据设定操作。完整、准确地复核 IC 卡有关运行揭示内容。

3. 机车检查。已推行和组建以地检、保洁中心为主的专业化集中检查、保养的机车出入库检查制度,应明确职责;同时应选用质量状态较好(标准化司机室)的机车作为单司机操纵机车。在未组建地检、保洁中心前司机遵照下列要求:

(1)机械、走行部、柴油机、辅助装置、牵引电机、主变压器、受电弓、劈相机、电器控制装置、制动装置、牵引装置、撒砂给油装置、照明信号装置、机车三项设备及各监督计量器具等必须达到运用状态。燃料、油脂、水、砂应符合规定。

(2)各电机、电气应符合技术要求,电气动作试验正常。油、水温度必须符合规定,并进行甩车。

（3）出段前 25 min 启动柴油机，启机后对柴油机各部、辅助传动装置及各辅助电机进行巡视检查；进行柴油机转速试验。

（4）单阀制动，松开手制动机，并确认手制动机在完全缓解状态。

（5）司机进行制动机（五步阀）试验，撤除止轮器。

（6）闭合机车控制开关，油、水温度达到规定值，确认无碍行车、人身安全后，进行走车试验。如机车处于连挂状态时，由外勤人员负责提钩后进行走车试验。

4. 机车出库前应加强对机车信号、列车运行监控装置、列车无线调度电话、机车无线电台录音设备、机车轴温、烟雾报警装置的检查，并确保其性能良好。

5. 机车出库前应将连挂侧的机车车钩置于全开放位置。

（三）出　段

1. 按出段点提前鸣笛要道出段，确认呼唤出段信号、股道号码信号、调车信号、道岔开通信号、道岔标志的显示正确后，必须在运行方向的前端操纵机车并严格控制运行速度。

2. 更换机车司机操纵室，应先将自阀手柄置制动区，待列车管减压不少于 120 kPa，机车制动缸压力上升 100 kPa 以后再将自阀手柄置取把位；同时，必须将操纵端的列车无线调度电话置于开放位。

3. 机车到达站、段分界点，一度停车，断开机车控制开关，单阀全制动位，下车签认出段时分，了解挂车股道。

4. 确认出段走行经路的信号、道岔位置，严格控制进入尽头线速度。

（四）挂　车

1. 挂车时严格执行一停一挂制度，确认呼唤有无脱轨器、防护信号。严格按十、五、三、一车距掌握速度，在距脱轨器、防护信号或车列前 10 m 处必须停车，确认呼唤停留车位置、防护信号撤除，根据列检人员（无列检为车辆乘务员）的挂车手信号，以不超过 3 km/h 的速度平稳连挂，连挂后要试拉。

2. 挂车后，机车制动。下车检查机车与第一辆车的车钩、风管连接状态，做好折角塞门防关措施，并再次检查机车走行部主要部件状态。

3. 与车站（助理）值班员了解列车编组情况、途中甩挂计划及其有关事项，并将列车车辆数、重量、换长等数据正确输入监控装置。

4. 按规定进行制动机试验，掌握排风时间，确认制动管漏泄量每分钟不超过 20 kPa。发现异常时，通知列检（无列检为车辆乘务员）及时检查处理。

试验完毕，自阀减压 100 kPa 使列车制动保压。提前 5 min 做好发车准备。

5. 放置好各按钮和手柄位置。非操纵端各控制开关均应置于规定位置并锁闭。取出自阀、单阀手柄，列车无线调度电话置于关闭位。

（五）发　车

1. 起动列车前要确认呼唤出站（进路）信号或书面行车凭证、调度命令、发车信号（发车表示器、列车无线调度电话通知）、道岔位置正确后缓解列车制动，鸣笛起车（限制鸣笛区段除外）。

2. 列车起动后，应做到起车稳、加速快、不空转、不过载；提升机车手柄时，应使柴油机转速或牵引电流稳定上升。

3. 按规定地点及时、正确按压监控器的"开车"键。

（六）途中运行

1. 列车出站后（包括列车在区间停车后再开、进入长大下坡道及区间进行制动试验后）与车长校对风表压力。第一停车站或关键站停车前必须严格控制速度,提前制动。

2. 司机在运行中应依照列车操纵示意图(卡)操纵列车。遵守列车运行图规定的运行时刻和各项容许、限制速度以及监控器速度控制模式设定的限制速度,不盲目赶点、等待,严禁超速行车。

3. 对主体信号及机车信号发生变化时须确认呼唤,严格按信号显示要求行车,确保列车安全、正点。遇有天气不良等辨认信号困难时,不臆测行车。

4. 在接近桥梁、道口、曲线、隧道、鸣笛标、作业标、线路上有人、车、进出站等处所,应按规定鸣笛,遇有信号显示不明或危及行车、人身安全时,应立即采取减速或停车措施。

5. 正确测速,分段计时,正点运行;充分发挥机车功率,熟知线路纵断面,按操纵示意图(卡),充分利用惰力。经济合理控制手柄,平稳、优化操纵列车。

6. 操纵机车时,禁止高手柄带载制动(特殊情况除外);车未停稳,严禁扳动换向手柄。

7. 提、回机车手柄应逐位进行(无级调速机车除外),回手柄时应在"1"位稍作停留。当柴油机发生喘振、共振时,应及时调整主手柄位置。

8. 列车实行制动调速或停车时,应根据列车速度、线路情况、牵引辆数和吨位、车辆种类以及闸瓦压力等条件,准确掌握制动时机和减压量,保持列车均匀减速。进入停车线停车时,应做到一次停妥。牵引列车时,不应使用单阀制动停车,并遵守以下规定:

(1)初次减压量不得少于 50 kPa;追加减压一般不超过二次;一次追加减压量不得超过初次减压量,累计减压量不应超过最大有效减压量。

(2)减压时,自阀排风未止不应追加、停车或缓解车辆和机车制动。单阀缓解量,每次不得超过 30 kPa。

(3)禁止在列车制动保压后,将自阀手柄由中立位(制动区)推向缓解、运转、保持位后,又移回中立位(制动区)(牵引采用阶段缓解装置的列车除外)。

(4)停站列车,应使列车保持制动状态,减压量不少于 100 kPa;停车超过 20 min、列车软管有分离情况、列车摘挂补机或第一机车的自动制动机发生故障交由第二机车操纵、改变司机室操纵、中间站换乘、更换机车或更换乘务组时,开车前应进行列车制动机简略试验。

(5)施行紧急制动时,迅速将自阀手柄推向紧急制动位,并解除机车牵引力。车未停稳,严禁移动单、自阀手柄。无自动撒砂装置或自动撒砂装置失效时,停车前应适当撒砂。

(6)列车运行中,发现列车管压力表针急剧下降、摆动,以及空气压缩机长时间泵风不止,应迅速停止向列车管充风,解除机车牵引力,及时采取停车措施,停车后,查明原因并妥善处理;开车前,司机确认列车管通风状态良好后,方可重新起动。

(7)装有动力制动装置的机车运行中调速时,应正确使用动力制动,当动力制动不能控制列车速度时,及时配合使用空气制动,机车制动压力应缓解为零,需缓解时,应先缓解空气制动,再解除动力制动;内燃机车在提、回动力制动手柄时,要逐位进行,至"1"位时应稍作停留;多机牵引使用动力制动时,做到前部机车使用后,后部机车依次使用。解除动力制动时,后部机车先解除,前部机车后解除;严禁使用动力制动停车。

9. 列车通过站中心及遇机车信号降级显示(绿→绿黄;绿→单黄、双黄;单黄、双黄→红/黄;单黄、双黄→白灯)时,应在监控器上进行"确认"操作。

10. 服从命令,听从指挥,及时应答车站的呼叫,正确使用行车安全装备。

11. 进站停车应严格遵守各项限制速度,正确使用制动机,确保停车位置准确,列车停妥后进行记点。

12. 停站列车应减弱或熄灭头灯灯光;不得关闭空压机;不准停止柴油机,换向手柄应置于中立位,机控开关在断开位。

13. 途中停车应加强机车走行部检查。上、下机车应在站台侧(无站台的除外),必须注意邻线来往车辆和人身安全,不得擅自离开机车。

(七)中间站换班作业

1. 按规定时间到机调室出勤,认真摘阅运行揭示,做好预想,听取机车调度员指示、审核运行揭示并签章。

2. 在本列车到达前 10 min 在交接地点等候接车。

3. 列车到达后,认真做好对口交接(运行揭示、调度命令及途中机车运行情况、三项设备合格证等其他事项),及时进行机车检查。

4. 接班司机应重点检查走行部状态,确认车钩及风管连接状态,进行列车制动机试验,对监控器进行设定,做好开车前的准备工作。

(八)终点站作业及到达入库

1. 列车到达终点站,不得缓解列车制动,司机应根据列检的要求试验列车制动机。

2. 制动机试验完毕后,司机应使列车处于制动保压状态。根据检车人员(无列检时为车辆乘务员)的手信号,操纵机车进行列车摘钩作业。摘钩后应挂好风管防尘堵。

3. 机车入段时,严格执行要道还道制度,确认呼唤道岔和信号的显示正确后方可鸣笛动车,按规定速度走行,到达站、段分界点一度停车,做好制动措施,下车签认入段时分,了解段内走行经路。

4. 机车在段内走行,应执行要道还道,并确认入段道岔、股道信号及开通信号,严格按走行线路的规定速度运行。需转向的机车在上转盘前应一度停车,在转盘上单阀应施行全制动,内燃机车应断开机控,换向手柄置于中立位,牵引手柄置于"0"位。

5. 配合做好"三项设备"的测试检验工作并签字换取合格证。对途中"三项设备"不良的情况,应及时预报。

6. 按规定加足燃料、滑油、水、砂,领取备用油脂。

7. 填好机车交接簿,按规定进行交接,做到三交清:机车预报修理项目清;机车质量情况清;机车工具交接清。

8. 根据具体情况做好机车的防寒、防火、防溜措施。各类开关(包括励磁自动开关)、闸刀置断开位,手柄放规定位置。锁闭门窗。

9. 按规定到地勤(机调室)办理机车交接手续。

(九)退　　勤

1. 向机车调度员汇报途中运行、安全正点、机车质量、三项设备使用、车机联控执行等情况。交出 IC 卡、列车时刻表、司机报单、"三项设备"合格证和车机联控信息卡。

2. 听取机车调度员对本次列车监控器检索、分析结果,对检索分析的问题及超劳、运缓等情况做出说明。交出司机手册和添乘指导簿,办理退勤手续。

二、旅客列车单司机值乘运行相关规定

1. 列车运行中如发生监控装置、机车信号故障时,司机应使用列车无线调度电话报告前方车站转报列车调度员,并根据天气、线路等情况,适当控制列车运行速度。

运行中遇列车无线调度电话故障时,司机应按规定在前方站停车报告,此时,列车应改按站间区间掌握行车。

2. 列车机车与第一车辆车钩的连挂与摘解,由列检人员(无列检时为车辆乘务员)负责。连挂时,连挂人员应按《技规》有关规定向司机显示连挂手信号。

列车机车与第一车辆软管(包括采用双管供风和电空联合制动及机车供电的列车无列检作业时)的连接与摘解,由列检人员(无列检时为车辆乘务员)负责。

中间站折换机车,车辆乘务员执行上述规定确有困难时,由铁路局集团公司另行规定。

因甩挂需调车作业时,机车与车辆的车钩连挂与摘解及软管的连接与摘解,由车站负责。

3. 运行中,向司机递交书面行车凭证和调度命令时,一律停车递交。

4. 运行中如机车发生故障,司机应及时用列车无线调度电话报告车站,并在不危及人身、行车安全的情况下尽量使列车维持运行到前方站停车处理。

5. 列车在区间被迫停车不能继续运行时,司机应按规定立即使用列车无线调度电话通知两端站、追踪列车、列车调度员。可能妨碍邻线时,司机应急速鸣示紧急停车信号,并按规定沿邻线一侧对列车进行检查,发现妨碍邻线时,按规定进行防护。

6. 列车运行中,司机发现列车管压力表针急剧下降、摆动,应迅速停止向制动管充风并解除机车牵引力,及时采取停车措施。停车后,应会同车辆乘务员查明情况,处理故障。必须分部运行时,应按分部运行办理行车。此时,司机应用列车无线调度电话将遗留车辆辆数和停车位置报告前方站和列车调度员,并做好对区间遗留车辆的防溜和防护工作。在确认遗留车辆已采取防溜措施后,方可牵引前部车列运行至前方站停车。

7. 特准单司机操纵的列车司机遇按规定放置响墩时,用火炬在本线机车前或机车附近邻线上点燃代替响墩防护。

8. 途中发生车辆肇事停车后,由司机负责对机车的检查,车辆乘务人员及乘警人员应协同处理。

9. 为便于司机集中精力操纵列车,不中断瞭望,正常情况取消《车机联控标准》中"接车作业中司机呼叫车站"的内容。

10. 单司机值乘的列车,除设有发车表示器的线路上发车外,原则上应使用列车无线调度电话发车。司机听到车站的发车通知后必须复诵。

11. 车站接发人员须加强单司机操纵列车的接发车作业,列车始发、通过时应加强瞭望,遇危及人身和行车安全时,应及时用列车无线调度电话呼叫司机。司机听到车站的呼叫时应及时采取减速或停车措施。

12. 单司机操纵的列车,原则上不得利用本务机车进行调车作业。

列车通过车站,司机不再填记司机报单(机统—3),但列车始发、停车时仍按现行办法执行。

三、单司机值乘的乘务员注意事项

1. 认真对待每一次出乘,对机车运行过程中可能发生的情况或变化,要提前做好相应的应对预案。

2. 由于采用单司机值乘的列车一般采用高速追踪连发"点对点"的运行方式,取消了机械间的巡视,也没有中途停车检查的可能,这就要求乘务员在开车前做好机车质量的保证工作。

3. 乘务员应对司机室内的操控了如指掌,熟悉机车操纵、使用和线路状况,彻底消除"问"监控器行车的方式。

4. 双班单司机值乘的司机换乘不应拘泥于规定,也决不允许掺杂个人感情,只要稍感疲劳就必须换乘,换乘司机一定要在彻底清醒和对目前运行状况了解后,再接手操纵。

5. 乘务员要正确面对单司机值乘时行车中的心理压力,通过自我调节及时化解和缓和,以高度的责任感来确保运输生产的安全。

实现单司机值乘行车是机车乘务制度改革的一项重要举措,其工作质量的好坏直接影响铁路运输安全生产。目前,铁路部门正在对此进行大力的探索与实践,旅客列车和货物列车单司机值乘已取得了良好效果,因此,有关单司机值乘的内容也有一个不断完善的过程。

本 章 小 结

机车操纵是机车乘务员的一项综合技能,也是机车乘务员一次出乘作业过程标准化程序的主要内容,其涉及的各方面专业知识较多,要认真学习掌握,尤其是直接影响行车安全的环节,更要引起特别重视。其中发车准备与发车,途中操纵,不同线路的列车操纵,特殊条件下的列车操纵,制动机操纵,电阻制动,终点站作业及入库,单司机值乘是本章的重点内容;列车操纵示意图,旅客列车、货物列车进正线、侧线停车时制动机操纵基本方法,电阻制动及操纵有关事项是本章学习的难点。有关单司机值乘内容,仅以旅客列车单司机值乘为主,并且旅客列车和货物列车单司机值乘的相关要求,各铁路局集团公司根据实际情况有所不同,在学习中灵活掌握。

复习思考题

1. 机车乘务员在发车前应做哪些准备工作?

2. 列车操纵示意图的内容有哪些?

3. 列车运行中的安全措施有哪些?

4. 机械间检查的主要内容有哪些?

5. 简述列车在平道和坡道上的操纵方法。

6. 简述列车在坡道上停车后的起车操纵方法。

7. 天气不良时,列车操纵应注意哪些事项?

8. 简述空重混编列车的操纵方法。

9. 简述双机牵引的操纵协调配合。

10. 何谓区间平均速度? 说明列车运行中观测速度的方法。

11. 机车车轮空转的因素是什么? 怎样防止空转?

12. 撒砂方法有哪几种? 撒砂时应注意什么?

13. 制动机操纵的原则是什么?

14. 在什么情况下应检查排风时间?

15. 简述列车制动机试验的内容和方法。

16. 如何使用紧急制动操纵？

17. 使用自阀制动应遵守哪些规定？

18. 什么叫短波浪式制动法？什么叫长波浪式制动法？各有什么特点？

19. 简述旅客列车进正线、侧线停车时制动机操纵基本方法。

20. 简述货物列车进正线、侧线停车时制动机操纵基本方法。

21. 使用电阻制动应注意哪些事项？

22. 到达终点站学习司机（非操纵司机）应执行哪些安全措施？

23. 简述单司机值乘的乘务员注意事项。

第九章
铁路行车工作基础知识

铁路是国民经济的大动脉、国家重要基础设施和大众化交通工具,作为综合交通运输体系骨干、重要的民生工程和资源节约型、环境友好型运输方式,在我国经济社会发展中的地位至关重要。

铁路运输具有高度集中的特点,各工作环节须紧密联系、协同配合。为加强国铁集团铁路技术管理,确保国家铁路安全正点、方便快捷、高速高效,根据有关法律、法规、规章和技术标准等制定《技规》。《技规》适用于国家铁路。

《技规》包括高速铁路和普速铁路两部分,普速铁路部分适用于 200 km/h 以下的铁路(仅运行动车组列车的铁路除外)。

国家铁路工作人员必须严格遵守和执行《技规》的规定,在自己的职责范围内,以对国家和人民负责的态度,保证安全生产。

铁路运输与其他运输方式相比较,具有如下突出特点:在现代技术条件下,受地理条件的限制较小,几乎可以在任何地区修建;能担负大量的客户运输任务;成本较低,投资效果较高;有较高的送达速度;受气候的影响小,能保证运输的准确性与经常性。

铁路运输的主要任务是合理组织运输生产过程,采取各种有力措施保证安全、迅速、经济、准确、便利地运送旅客和货物,以满足国家建设和人民生活的需要。铁路运输生产过程是在全国纵横交错的铁路网上进行的。目前在我国铁路网上,配备有大量的技术设备;运输生产的作业环节多而复杂,要求各单位和各工种间密切配合,协同动作,有节奏地工作。

铁路运输生产过程的主要内容,就货物运输而论,是利用线路、机车、车辆等技术设备,将原料或产品以列车方式从一个生产地点运送到另一个生产地点或消费地点。在此过程中,包括了始发站的装车作业、途中运送以及终点站的卸车作业。为了加速货物运送和更合理地运用铁路技术设备,在运送途中有时还需进行改编列车的调车作业。为了保证装车需要,卸后空车也应及时回送到装车站。铁路货物运输生产过程,可简要地用图 9-1 表示。

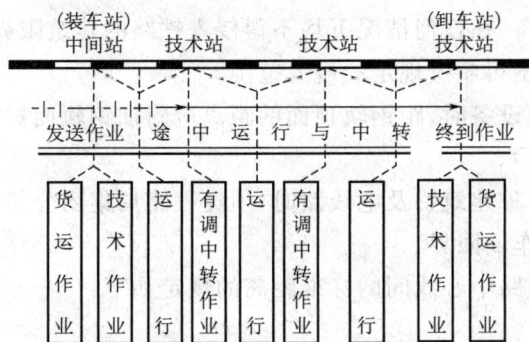

图 9-1　铁路运输生产过程

第一节　铁路运输对行车人员及行车公寓的要求

行车有关人员,在任职、提职、改职前,必须按照铁路职业技能培训规范要求,进行拟任岗位资格性培训,并经职业技能鉴定和考试考核,取得相应职业资格证书和岗位培训合格证书后,方可任职。

在任职期间,须按照铁路职业技能培训规范等规定,定期参加岗位适应性培训和业务考试,考试不合格的,不得继续履职。

行车有关人员,在任职前必须经过健康检查,身体条件不符合拟任岗位职务要求的,不得上岗作业。

在任职期间,要定期进行身体检查,身体条件不符合任职岗位要求的,应调整工作岗位。

对行车有关人员,应进行日常安全生产知识和劳动纪律的教育、考核,并有计划地组织好在职人员的日常政治和技术业务学习。

驾驶机车、动车组、动车、自轮运转特种设备的人员,必须持有国家铁路局颁发的驾驶证。变更驾驶机(车)型前,必须经过相应的技术培训并考试合格。

实习和学习驾驶机车、动车组、动车、自轮运转特种设备和操纵信号或重要机械、设备及办理行车作业的人员,必须在正式值乘、值班人员的亲自指导和负责下,方准操作。

行车有关人员在执行职务时,必须坚守岗位,穿着规定的服装,佩戴易于识别的证章或携带相应证件,讲普通话。

行车有关人员,接班前须充分休息,严禁饮酒,如有违反,立即停止其所承担的任务。

行车公寓是专为乘务人员服务的生产设施,应实行标准化管理。应有良好的通信、网络(铁路办公网)、叫班管理设备和乘务管理设备,有生活、服务、学习、文娱、健身等设施和接送乘务人员的交通工具。应保证乘务人员随到随宿,不间断地供给热食及开水。室内应有卫浴设施,经常保持适当的温度,整洁和安静的休息条件;室外应绿化、美化。

铁路各级领导应关心公寓工作。

第二节　铁路线路及车站

一、建筑限界及安全保护区

一切建(构)筑物、设备,在任何情况下均不得侵入铁路的建筑限界。与机车车辆有直接互相作用的设备,在使用中不得超过规定的侵入范围。

在设计建(构)筑物或设备时,距钢轨顶面的距离应附加钢轨面标高可能的变动量(路基沉落、加厚道床、更换重轨等)。

靠近铁路线路修建各种建筑物及电线路时,须经铁路局集团公司批准。机车车辆无论空、重状态,均不得超出机车车辆限界。

区间及站内两相邻线路中心线间的标准距离的规定如下:

1. 直线部分

直线部分铁路线间距见表9-1。

表 9-1 铁路线间距

顺序	名 称				线间最小距离/mm
1	区间双线	$v\leqslant120$ km/h			4 000
		120 km/h$<v\leqslant$160 km/h			4 200
		160 km/h$<v\leqslant$200 km/h			4 400
2	三线及四线区间的第二线与第三线				5 300
3	站内正线				5 000
4	站内正线与相邻到发线	无列检作业			5 000
		有列检作业或上水作业	$v\leqslant120$ km/h	一般	5 500
				改建特别困难	5 000
			120 km/h$<v\leqslant$160 km/h	一般	6 000
				改建特别困难	5 500
			160 km/h$<v\leqslant$200 km/h	一般	6 500
				改建特别困难	5 500
5	到发线与相邻到发线				5 000
6	站内线间设有高柱信号机时,相邻两线(含正线)均需通过超限货物列车				5 300
7	站内线间设有高柱信号机时,相邻两线(含正线)只有一条通行超限货物列车				5 000
8	牵出线与其相邻线	调车作业繁忙车站			6 500
		改建困难或仅办理摘挂取送作业			5 000

注:线间有建(构)筑物或有影响限界的设施,最小线间距按建筑限界计算确定。既有线列车最高运行速度提速到140~160 km/h时,可保持4 m线间距。

站内正线须保证能通过超限货物列车。此外,在编组站、区段站及区段内选定的3~5个中间站上,单线铁路应另有一条线路,双线铁路上、下行各另有一条线路,须能通行超限货物列车。

2. 曲线部分

曲线地段的中心线间的水平距离和线间设施(含站台边缘)至中心线的最小距离,均按曲线半径大小,根据《技规》规定的 $v\leqslant160$ km/h 客货共线的曲线上建筑限界加宽公式计算来确定。

Ⅰ、Ⅱ级铁路区间线路最小曲线半径及最大限制坡度规定见表9-2和表9-3。

表 9-2 铁路区间线路最小曲线半径 单位:m

铁路等级		Ⅰ			Ⅱ	
路段设计行车速度/(km/h)		200	160	120	120	80
一般		3 500	2 000	1 200	1 200	600
困难		2 800	1 600	800	800	500

表 9-3 铁路区间线路最大限制坡度 单位:‰

铁路等级		Ⅰ		Ⅱ	
		困难	一般	困难	一般
牵引种类	电力	6.0	15.0	6.0	20.0
	内燃	6.0	12.0	6.0	15.0

二、铁路线路

铁路线路分为正线、站线、段管线、岔线及特别用途线。

正线是指连接车站并贯穿或直股伸入车站的线路。站线是指到发线、调车线、牵出线、货物线及站内指定用用途的其他线路。段管线是指机务、车辆、工务、电务、供电等段专用并由其管理的线路。岔线是指在区间或站内接轨,通向路内外单位的专用线路。

三、安全线及避难线

安全线是为防止列车或机车车辆从一进路进入另一列车或机车车辆占用的进路而发生冲突的一种安全隔开设备。

避难线是在长大下坡道上能使失控列车安全进入的线路。

岔线、段管线与正线、到发线接轨时,均应铺设安全线。岔线与站内到发线接轨,当站内有平行进路及隔开道岔并有联锁装置时,可不设安全线。

在进站信号机外制动距离内进站方向为超过 6‰ 下坡道的车站,应在正线或到发线的接车方向末端设置安全线。

合资铁路、地方铁路及专用铁路与国家铁路车站接轨,其接轨外或接车线末端应设隔开设备(设有平行进路并有联锁时除外)。

安全线向车挡方向不应采用下坡道,其有效长度一般不小于 50 m。

为防止在长大下坡道上失去控制的列车发生冲突或颠覆,应根据线路情况,计算确定在区间或站内设置避难线。

四、车站技术管理

车站应设有配线,并办理列车接发、会让和客货运业务。车站按技术作业分为编组站、区段站、中间站,按业务性质分为客运站、货运站、客货运站。

编组站、区段站和较大的中间站,可根据线路的配置状况及用途划分车场。

站内的道岔及股道,应由工务部门会同电务部门、车站共同统一顺序编号。

道岔编号,从列车到达方向起顺序编号,上行为双号,下行为单号;尽头线上,向线路终点方向顺序编号。车站划分车场时,每个车场的道岔单独编号。一个车站不准有相同的编号。

股道编号,单线区段的车站,从靠近站舍的线路起,向远离站舍方向顺序编号;双线区段内的车工站,从正线起顺序编号,上行为双号,下行为单号;尽头式车站,向终点方向由左侧开始顺序编号,如站舍位于线路一侧时,从靠近站舍的线路起,向远离站舍方向顺序编号。

第三节 列车及行车组织工作

一、行车组织原则

铁路行车工作是由多部门、多工种相互配合共同进行的。为使各部门、各单位在工作中步调一致,协同动作,保证安全、迅速、准确地完成任务,必须坚持集中领导、统一指挥、逐级负责的原则。

局集团有限公司之间由国铁集团,管内各区段间由铁路局集团公司,一个调度区段内由本区段列车调度员统一指挥。

车站由车站值班员,线路所由线路所值班员统一指挥。凡划分车场的车站,车场间接发列车进路互有关联的行车事项,由指定的车站值班员统一指挥。

列车和单机由司机负责指挥。列车或单机在车站时,所有乘务人员应按车站值班员的指挥进行工作。

在调度集中区段,调度集中控制车站有关行车工作由该区段列车调度员直接指挥,但转为车站控制时,由车站值班员指挥。

全国铁路的行车时刻,均以北京时间为标准,从零时起计算,实行24 h制。

铁路地面固定设备的系统时钟,当具备条件时,应接入铁路时间同步网,不具备条件时,可独立设置卫星授时设备。

铁路行车房舍内和办理行车工作的有关人员均应备有钟表,钟表的时刻应与调度所的时钟校对。调度所的时钟及各系统的时钟须定期校准。钟表的配置、校对、检查、修理及时钟校准办法,由铁路局集团公司规定。

列车运行,原则上以开往北京方向为上行,反之为下行。全国各线的列车运行方向,以国铁集团的规定为准,但枢纽地区的列车运行方向由铁路局集团公司规定。

列车须按有关规定编定车次。上行列车编为双数,下行列车编为单数。在个别区间,使用直通车次时,可与规定方向不符。

二、行车指挥

有关行车人员应执行列车调度员命令,服从调度指挥。

(一)调度命令的发布

各级调度在日常运输工作中,通过调度命令及口头指示进行调度指挥。列车调度员必须不间断地注意了解和掌握列车在区间和车站的运行情况,并据此及时向行车有关人员发布调度命令及口头指示,调度命令及口头指示具有同等作用,有关人员必须严格执行。根据统一指挥的原则,指挥列车运行的调度命令及口头指示只能由该区段的值班调度员发布。有关行车人员必须执行列车调度员命令,服从调度指挥。

(1)检查各站执行列车运行图和编组计划的情况,及时发布有关行车命令和口头指示。

(2)严格按列车运行图指挥行车,遇列车发生晚点时,应积极采取措施,组织有关人员恢复正点。

(3)注意列车在车站到发及区间内的运行情况,正确、及时地处理临时发生的问题。

指挥列车运行的命令(运行揭示调度命令除外)和口头指示,只能由列车调度员发布。列车调度员在发布命令之前,应详细了解现场情况,并听取有关人员意见。

遇表9-4所列情况,须发布调度命令。

表9-4　行车调度命令项目表

顺序	命 令 项 目	受令者	
		司机	车站值班员
1	封锁、开通区间		○
2	向封锁区间开行救援列车、路用列车	○	○
3	临时变更或恢复原行车闭塞法	○	○
4	双线反方向行车、由双线改为单线或恢复双线行车	○	○
5	变更列车径路		○

续上表

顺序	命 令 项 目	受令者	
		司机	车站值班员
6	发出在区间内停车或由区间返回的列车	○	○
7	开往区间内岔线的列车	○	○
8	发出临时由区间内返回后部补机的列车	○	○
9	列车需临时降弓运行	○	○
10	因行车设备故障、灾害或施工,以及列车中挂有限速的机车车辆等,需要使列车临时限速运行(纳入运行揭示调度命令或本务机车、动车组自身设备原因限速时除外)	○	○
11	动车组列车空调失效需打开部分车门限速运行列车	○	○
12	车站使用故障按钮、总辅助按钮	○	○
13	超长列车或列车挂有装载超限货物的车辆	○	○
14	单机附挂车辆	○	○
15	半自动闭塞区间,超长列车头部越过出站信号机(未压上出站方面的轨道电路)发车	○	○
16	在非到发线上接发列车	○	○
17	调度日(班)计划以外,临时加开或停运列车(单机除外)	○	○
18	双线区间在区间内进行跨线装卸作业时,对开入其邻线的列车	○	○
19	双线区间在区间内有除雪机、起重机工作时,对开入其邻线的列车	○	○
20	双线区间在区间内发生冲突、脱轨、火灾、爆炸事故,对开入其邻线的列车	○	○
21	列尾装置故障(丢失)的货物列车继续运行	○	○
22	改按天气恶劣难以辨认信号的办法行车或恢复正常行车		○
23	动车组列车转入或退出隔离模式(被救援时除外)	○	
24	动车组列车在列控车载设备控车和列车运行监控装置控车之间人工转换	○	
25	临时利用本务机车调车作业	○	○
26	利用天窗施工、维修作业		○
27	施工、维修作业较指定时间延迟结束		○
28	运行揭示调度命令与实际限速、行车方式或设备不符时	○	
29	正线、到发线接触网停电或送电(接触网倒闸、跳闸后试送电、向中性区送电或弓网故障排查除外)		○
30	正线、到发线接触网停电后准许登顶作业	○	○
31	双管供风旅客列车运行途中改为单管供风	○	○
32	列车调度员认为有必要记录的上述以外的命令	有关人员	

注:1. 划○者为受令人员。
　　2. 天窗维修作业在指定的时间内完成并销记后,列车调度员不再发布维修作业结束恢复行车的调度命令。
　　3. 动车组列车改按列车运行监控装置方式运行需将列控车载设备隔离时,列车调度员仅发布改按列车运行监控装置方式行车的调度命令。
　　4. 因调车作业动车组控车模式转换,不发布调度命令。自动站间闭塞法行车转为半自动闭塞法行车及转回的调度命令,可不发给司机。

上述调度命令,如涉及其他单位和人员时,应同时发给。

列车调度员向司机发布调度命令时,应在列车进入关系区间(车站)前向司机发布或指定车站向司机交付,如来不及时应使列车停车进行发布或交付。

对于需向司机发布的调度命令,列车调度员可使用调度命令无线传送系统或按规定使用语音记录装置良好的列车无线调度通信设备向司机发布。由车站交付的调度命令,车站值班员可使用调度命令无线传送系统或按规定使用语音记录装置良好的列车无线调度通信设备向司机转达。对跨局集团有限公司的列车,接车铁路局集团公司列车调度员可委托发车铁路局集团公司列车调度员发布调度命令。更换机车或变更限速条件时,应由有关铁路局集团公司列车调度员重新发给相关调度命令。途中乘务人员换班时,应将调度命令内容交接清楚。

使用计算机、传真机、调度命令无线传送系统发布调度命令时,命令接受人员确认无误后应及时反馈回执。使用电话发收调度命令时,应填记"调度命令登记簿",指定受令人员中一人复诵,并记明发收人员姓名及时刻。

有计划的施工,涉及限速、行车方式发生变化或设备变化时应发布运行揭示调度命令,司机按运行揭示调度命令执行。因施工提前、延迟或其他原因造成运行揭示调度命令与实际限速、行车方式或设备不符时,列车调度员应取消前发运行揭示调度命令,向有关车站值班员、司机、施工负责人重新发布全部内容的调度命令。

(二)列车的分类、运行等级顺序及运行方向

1. 列车的分类

列车按运输性质可分为以下几类:

(1)旅客列车(动车组列车,特快、快速、普通旅客列车)。

(2)特快货物班列。

(3)军用列车。

(4)货物列车(快速货物班列、快运、重载、直达、直通、冷藏、自备车、区段、摘挂、超限及小运转列车等)。

(5)路用列车。

2. 列车运行等级顺序

(1)动车组列车。

(2)特快旅客列车。

(3)特快货物班列。

(4)快速旅客列车。

(5)普通旅客列车。

(6)军用列车。

(7)货物列车。

(8)路用列车。

开往事故现场救援、抢修、抢救的列车,应优先办理。特殊指定的列车的等级,应在指定时确定。

3. 列车运行方向

在双线区间,列车应按左侧单方向运行,仅限于整理列车运行时,方可使列车反方向运行,但旅客列车仅在正方向区间的线路封锁施工、发生自然灾害或因事故中断行车等特殊情况下,经铁路局集团公司调度值班主任准许,方可反方向运行。

本 章 小 结

铁路运输能担负大量的客货运输任务,成本较低,投资效果较好,能保证运输的准确性与经常性。铁路运输又具有高度集中的特点,各工作环节须紧密联系、协同配合。《技规》是铁路技术管理的基本规章,是长期生产实践和科学研究的总结,它将随着运输生产和科学技术的不断发展,逐步充实和完善。学习中应着重了解铁路的地位、特点,明确铁路的宗旨及《技规》的性质,了解铁路运输对生产一线工作人员的基本要求,车站及线路、设备设置和使用的有关内容,掌握列车的分类及等级顺序、列车运行方向、车次及行车组织工作的相关规定。

复习思考题

1. 铁路运输与其他运输方式相比较,具有哪些突出特点?
2. 就货物运输而论,铁路运输生产过程有哪些主要内容?
3. 铁路线路分为哪些?
4. 道岔辙叉号数应符合什么规定?
5. 安全线和避难线应符合哪些规定?
6. 如何对站内及车场的道岔及股道进行编号?
7. 简述铁路行车组织原则?
8. 哪些情况下需要发布行车调度命令?
9. 列车的分类、运行等级顺序及运行方向是如何规定的?

第十章
机车主要部件的保养

为了保证机车的技术状态良好,减少机破临修,除了对机车进行定期的修理之外,还应对机车进行日常的保养工作。机车保养质量的良好与否,关系着机车工作的可靠性和行车安全,亦直接影响到能源的消耗和运输成本。对机车的保养工作,要力争做到制度完善、措施得力、内容具体、责任明确。坚决贯彻"修养并重,预防为主"的机车保养方针,以认真负责的精神,努力掌握机车运用规律,积极采取对策,认真总结经验,不断提高机车质量,为铁路运输提供质量良好的机车。

第一节 柴油机的一般保养

1. 根据季节的变化,选择使用规定牌号的机油和燃油。机油的油位应在油标尺上、下刻度线之间,燃油油量应满足运用要求,冷却水成分要符合要求,膨胀水箱中水位应保持在水标水位线 2/3 处。机车修理或日常保养中发现油、水异常时,要及时规范地采集油、水试样送化验室化验,不合格时要立即更换,并要查明原因。

2. 启动柴油机前,要确认油、水、气系统各管路的阀、堵是否处于规定位置。机车停车时间较长时,要先接通启动机油泵电源,向柴油机各摩擦副表面供油,进行预先润滑。对长时间停留或检修之后的机车,除进行预先润滑之外,还要进行甩车,彻底排除气缸内的油、水等污物。

3. 柴油机启动时,应有人监视机械间各部情况,如果有异状时,应立即停机处理。当启动困难或不能启机时,要查明原因,在故障未消除时,禁止盲目强迫启动。柴油机启动后,应立即仔细倾听柴油机工作音响及观察运动件状况,当出现不良状态或仪表显示不正常时,要判明原因,及时处理。

4. 柴油机运转时,机油压力规定:

(1)主机油泵出口压力不得大于 676 kPa。

(2)当柴油机转速为 750 r/min 及以上时,机油压力不得小于 160 kPa;当柴油机转速为 750 r/min 以下时,机油压力不得小于 80 kPa。

(3)定期旋转机油滤清器滤芯手柄。正常工作时,滤清器前后压力差应保持在 40~100 kPa,最大值不得大于 150 kPa。

5. 柴油机油、水温度规定:

(1)柴油机启动时,机油和冷却水的温度均不得低于 20 ℃,当温度偏低时,可用预热锅炉进行加温。

(2)柴油机加载时,机油和冷却水的温度不得低于 40 ℃。

（3）机车在运用中，机油温度应保持在 70～80 ℃，冷却水温度应保持在 65～75 ℃之间，水温最高不得超过 88 ℃。

（4）正常情况下停机时，柴油机应空转 3～5 min，使机油、冷却水温度控制在 50～60 ℃之间。

（5）柴油机需要放水时，冷却水温度应降至 50 ℃以下方可放水，当环境温度低于 5 ℃时，放水温度应控制在 35 ℃以下。

（6）柴油机在工作中，应避免冷却水温度剧烈变化，进而影响柴油机各零部件的使用寿命。

6. 柴油机工作中，要经常注意观察差示压力计的显示状态。当差示压力计起作用使柴油机停机后，应查明原因，原因不明时，禁止盲目打开曲轴箱检查孔盖。故障未消除时，禁止启动柴油机。

7. 柴油机工作中，其转速应注意避开共振区和喘振区，柴油机加负荷时，要力争平稳操纵，避免柴油机转速急剧变化。

8. 冬季停机后，要关闭好门窗及百叶窗，挂好防寒被注意保温。空转加温时，柴油机转速应控制在 700 r/min 以内，禁止高转速强迫加温。

9. 根据机车不同的运用条件，合理确定各种滤清器的清洗和更换周期，以保持滤清器的性能良好。

10. 柴油机工作时，严禁调整加有铅封的部件及切除水温继电器、油压继电器和差示压力计等保护装置。

11. 机车较长时期不用时，如停留时间不超过 30 天者，要每隔两天用启动机油泵向柴油机泵油 1～2 min，盘车 2～3 圈。停留时间超过 30 天时，则要按柴油机防腐处理规定进行日常保养工作。

第二节　增压器及静液压系统的保养

一、增压器的保养

增压器是柴油机的重要部件，长期处在高温、高速及急剧变换的负荷下工作，因此对增压器要保证冷却和润滑条件良好，以确保增压器的正常运转，同时，还须在日常运用中对增压器作如下的检查和保养。

1. 对长期停止使用的增压器运用之前，应打开涡轮出气壳底部的排污堵，排放出污物。

2. 启动柴油机之前，应闭合启动机油泵开关 3K，打油 1～2 min，向增压器和柴油机其他运动部件进行预润滑。

3. 柴油机启动后，在空载状态下，用金属棒触听增压器运转是否正常，应无碰擦及其他不正常的声响。

4. 检修或更换增压器时，应注意检查增压器转子的灵活性，轴向间隙及工作轮与外壳的间隙，以及空气流道的清洁程度。

5. 柴油机在满负荷工作时，增压器机油压力表应显示 250～350 kPa，当油压降低较多时，应及时清洗机油滤清器。

6. 柴油机停机时，应立即闭合启动机油泵开关 3 K，打油 1～2 min，以保持高速运转的增压器轴承有良好的润滑。

7. 经常检查油压继电器的作用状态，并使其作用良好。

8. 柴油机工作时,可利用开放稳压箱排污阀的机会,判断增压器及其他部件有无漏泄现象。

9. 定期清除增压器中的积炭和水垢,保证增压器的可靠工作。

10. 经常检查油、水管路及空气通道,应无漏泄现象。

二、静液压系统的保养

1. 静液压系统油箱位置低,容量小,油管路又比较长。因此向静液压系统油箱加入液力工作油时,应分次注入,并甩车几次,直至油位达到规定为止。

2. 静液压系统工作油应保持清洁,机车每走行 40 000～50 000 km 时,更换新油。

3. 经常检查静液压系统有无漏泄、工作油有无变质。若工作油出现乳化现象,多数情况为热交换器内部漏泄,应予以修复或更换静液压油热交换器,并彻底更换液力工作油。

4. 变速箱及轴承温度不得超过 80 ℃,静液压泵及马达温度不得超过 70 ℃,静液压系统工作油温度应在 15～65 ℃ 之间。

5. 机车运行中,不得随意调整温度控制阀的调节螺钉。

6. 检查各部油、水管路有无漏泄,油箱油位符合规定。

7. 百叶窗开关油缸与静液压马达油路沟通,在风扇工作之前,百叶窗应先打开,在风扇停止工作时,百叶窗依靠弹簧作用自行关闭,应注意观察油缸作用是否良好。

第三节　电机、电器的保养

一、牵引电动机的保养

1. 定期使用干燥的压缩空气吹扫牵引电动机,清扫擦拭换向器、刷架及瓷瓶上的碳粉和灰尘。经常保持电机内外无油、水,清洁、干燥。吹扫牵引电机时应在柴油机启动状态下进行。

2. 根据机车运用情况,确定合理的轴承补油周期和给油量,避免缺油或给油过多。补入的润滑脂应与电机轴承内原有油脂牌号相同,禁止不同牌号的油脂混合使用。

3. 经常打开检查孔盖,检查电机内部。打盖之前要清除电机外壳上的灰尘、油垢,以防落入电机内部。检查电机时,禁止用有油的手去摸换向器表面。电刷工作表面、换向器表面有油污及黑痕时,要及时用丝棉或绸布蘸酒精擦去,当黑痕较重或出现轻度烧痕时,可用00 号砂纸沿轴向打磨,并须将打磨后的粉尘吹扫干净。电刷在刷盒方孔内应活动自如,压指动作灵活,压指弹簧无锈蚀、退火及弹性衰弱等现象。更换电机电刷时,同一台电机要使用同类型同牌号的电刷,有条件时应尽量采用分裂式电刷,换上的电刷要认真用 00 号砂纸沿着换向器表面的弧度进行打磨,使电刷和换向器的接触面积达到 85% 以上,打磨后应彻底清除炭粉。当电机内部有断线、变色、烧损、裂纹、开焊、松动、甩油及换向器严重发黑等现象时,要立即与有关方面联系,判明原因,并采取适当措施。检查完毕后,将检查孔盖盖好。

4. 机车到达入段或进入有地沟的线路后,要立即检查牵引电动机,并做到"三摸":摸轴承温度;摸主磁极温度;摸附加极温度。如磁极温度有显著差别时,可能是绕组有断路或短路情况,要详细检查,判明原因,及时处理,防止故障扩大。

5. 冬季机车进入暖车库时,要在牵引电动机热态下进入,以免在电机换向器等部件上出现"缓霜"。当发生"缓霜"现象时,要及时用热的干燥压缩空气吹扫,并用棉丝擦干,再用 1 000 V 兆欧表测量主回路绝缘值,当阻值不低于 5 MΩ 时,方可投入运用。机车在严寒地区运行时,要采取措施保持牵引电动机内部温度,以改善牵引电动机的工作条件。

6. 牵引列车时,机车牵引电流不得超过最大允许工作电流。当列车起而不动时,主手柄在任何牵引位置上,停留时间都不得超过 10 s。操纵机车时,注意使主回路电流不发生大的波动;同时掌握好列车速度,机车不得以大于持续电流的状态长时间运行。高速通过振动大的区段或道岔时,应适当回主手柄,以防止牵引电动机产生火花。运行中提高柴油机转速时,不可一次提升太多,以防止机车动轮发生空转;当有空转预兆时要及时撒砂。空转继电器作用后,要判明原因,故障消除后方可继续运行。除空转保护电路本身故障外,禁止盲目切除空转继电器运行。接地继电器作用后,在未查明原因之前禁止加负荷(查找接地故障除外)。当机车切除故障牵引电动机运行时,要控制柴油机转速,以免其他牵引电动机过载。

7. 严禁逆电操作。在任何情况下,机车未停稳不得换向加载。机车运行中,禁止做电器动作试验。经常检查牵引电动机通风机的工作情况。当机车无动力回送时,应拔掉牵引电动机全部电刷。

8. 保持磁场削弱接触器作用良好,电路中各导线、接点、线圈要连接牢固无松动,以保证磁场削弱后主电路各支路的电流分配均匀。运行中,磁场削弱的过渡点要在规定的范围内进行,当过渡点动作不合要求时,要及时请检修人员调整。恢复全磁场时,若释放过晚,可提前断开过渡开关,防止牵引电动机电流过大。当发现磁场削弱电阻过热或发红时,要及时切除该台牵引电动机,入库后,认真检查其主极电路,防止故障扩大。牵引电动机电流分配均匀,误差要在规定的范围内。

9. 使用电阻制动时,要注意观察制动电流和机车速度的关系,DF₄B 型机车在 100 km/h,制动电流不得超过 500 A,80 km/h 不得超过 450 A,50 km/h 时不得超过 650 A,注意勿使电流超过允许值,以保护牵引电动机和制动电阻。

二、电器的保养

1. 检查和保养电器装置时,要切断电源。定期用低压干燥空气吹扫或用棉丝、毛刷蘸酒精清扫电器,保持电器清洁、干燥、无油污。按时向各给油处给油,保证机械部分动作灵活。

2. 电器装置各触头、触指接点的表面有氧化层或接触不良时,要及时用棉丝蘸酒精或汽油擦洗。接触器主触头有轻微烧伤时可用 00 号砂纸打磨。触头开度、超程、弹簧压力不良时应予以调整。灭弧罩破损时要及时更换。

3. 工况转换开关、方向转换开关、各触片、触指应保持接触良好。经常检查触片、触指有无松动、虚接。电空风缸有无漏风,有无卡滞现象。

4. 电器试验时,动作应正确,有卡滞现象时,应及时处理。定期用兆欧表检查线路的绝缘状态,检查绝缘时,要注意对电压调整器等电子装置进行防护,防止击穿电子元件。电器线路各连接处应牢固无松动,发现虚接、断路、短路或绝缘老化和接地现象时,要立即消除。

5. 电路中必须使用符合规定的熔断器,严禁以大代小,或用其他金属丝代替。机车运行中不得人为扳动工况转换开关或方向转换开关。对机车进行电器技术改造时,应按照布线图统一办理。不得任意调整各种电器的作用参数,不得随意更改电路,严禁架设明线。当需要变更电器参数时,应由专业技术人员在试验台上或随车进行调整。

6. 解除柴油机负载时,主手柄应在"1"位稍作停留,待主回路的负载电流降至最低稳定值后,再退回"0"位,以减小主接触器、励磁接触器的断开电弧,防止触头烧损。

第四节　蓄电池的保养

一、DG-420 型蓄电池

内燃机车通常选用 DG-420 型蓄电池组,属酸性蓄电池,单节额定电压 2 V,共计 48 节,额定工作电压不小于 96 V,额定容量 420 A·h。充电电压 110 V,初充电电流为 38 A,时间为 36~45 h;一般充电电流为 50 A,时间为 12~16 h,单节放电终止电压为 1.7 V。其保养方法如下:

1. 经常保持蓄电池清洁,接线螺栓连接紧固。如发现导线或接点上有氧化物附着时,应将螺栓拧下,用干净的布擦净,拧紧后在接点及导线端子上涂以凡士林油。

2. 检查蓄电池时,要在柴油机停机状态下进行。断开蓄电池闸刀,工作中严禁吸烟、明火及将金属工具放置于蓄电池跨线上。蓄电池检查孔盖上的换气孔应保持畅通,充电时应拧下检查孔盖。

3. 机车运用中,蓄电池应定期检查,发现电解液不足时,应补加蒸馏水,以保持电解液液面高出极板 10~15 mm。

4. 运用中电解液的密度:当气温在 30 ℃时,密度为(1.25±0.005) g/cm³,当温度变化时,密度也随之升降,密度随温度变化的关系式为

$$\rho_t = \rho_{30} + 0.000\,7(30 - t)$$

或

$$\rho_{30} = \rho_t + 0.000\,7(t - 30)$$

式中　t——测定电解液的温度(℃);

ρ_t——在 t ℃时电解液的密度(g/cm³);

ρ_{30}——在 30 ℃时的电解液密度(g/cm³)。

5. 保养中发现电解液减少时,应补充蒸馏水或密度为(1.25±0.005) g/cm³(30 ℃时)的电解液。当电解液密度不足时,绝对不允许添加浓硫酸,可根据具体情况用密度为 1.4 g/cm³ 的稀硫酸进行调整。密度的调整,应在蓄电池充电完成后进行。

6. 在充电终期尚未停止充电时,单节电压应在 2.6 V 以上,电解液密度应恢复为(1.25±0.005) g/cm³(30 ℃时)。如密度不符合规定应进行调整,并再充电 2 h,重新检查调整,直到电压和密度符合规定,充电结束。

7. 在日常运用中,发现蓄电池状态不正常时,必须及时进行处理。如发现电解液密度降到 1.15 g/cm³ 以下时,应进行一般性充电;发现个别蓄电池单节不符合要求时,可以个别进行充电或更换。

8. 机车长期停留期间,每月至少进行一次一般性充电。充电时间可以缩短到 2~3 h,充电完毕之后,电压及密度均应符合要求。

二、密封式蓄电池

阀控密封式蓄电池,全名为密封式铅酸蓄电池。在内燃机车上选用的有 NM-360 和 NM-420 及 NM-500 等型号。

(一)特　　点

与老式蓄电池相比较,NM 系列密封式蓄电池有以下特点:

1. 使用寿命长。在正常情况下,蓄电池使用寿命在 6 年以上;过充寿命不低于 210 h,启动寿命不低于 10 000 次。

2. 采用阀控密封结构,贫液设计。在充电过程中,正极板产生的氧气通过玻璃纤维层到达负极与负极电化反应物复合还原成水。控制了负极氢气的产生,还使得蓄电池在工作中,不需加水加酸,达到"免维护"的目的。

3. 自放电损失小,完全充电的蓄电池在环境温度(25±2)℃环境下,放置 28 天,其容量损失在 4% 以内。

4. 采用密封结构,有较好的防爆性能。

(二)型号及技术参数

1. 型号

```
N M——XXX——10 h率额定容量
      └─密封式
  └─内燃机车用
```

2. 参数

(1)浮充使用电压:2.25 V/单体(25 ℃)。

(2)新品开路电压:(2.15±0.02) V/单体(容量 100%);组合电池中各单体的开路电压:最大偏差不大于 0.02 V。

(3)电解液密度:1.30 g/mL(25 ℃)。

(4)安全阀动作值:开启压力 20~45 kPa。

关闭压力 5~20 kPa。

(5)使用环境温度(遮阴处):-40~+40 ℃。

(6)同台机车各阀动作值相差不大于 30%。

(三)NM 系列蓄电池的保养

1. 定期进行外观及连接件检查,应无裂损变形、开胶、漏液、单向排气阀完整无松动。

2. 定期用柔软的干净棉布和肥皂水清洗蓄电池(不宜用易产生静电的纺织物和有机溶剂)。

3. 定期进行电压检测,当单体电压低于 2.1 V 及亏电时,要及时补充电。

4. 当蓄电池出现亏电时,应立即充电,亏电状态的存放时间不能超过 12 h。

5. 充电时,在任何条件下都要严格防止过压充电,以免造成水分解而形成蓄电池失水,同时必须随时注意被充电池的电压和温度。

6. 在蓄电池投入使用前或贮存期间应每 6 个月补充电;放电后的电池或机车修理期间放置时间较长的电池,应采用均衡充电。

7. 如遇有某个或几个蓄电池出现质量问题,须将故障蓄电池切除。同时应根据蓄电池的容量严格控制切除蓄电池的数量。

8. 蓄电池箱应保持整洁,定期检测接线柱连线对车体的绝缘值。

第五节　空气制动系统的保养

一、JZ-7 型制动机的保养

JZ-7 型制动机全部采用橡胶膜板、O 形橡胶密封圈及止阀等密封结构,因而在分解检修中应做到:

1. 严格按照检修工艺要求进行操作,对制动机的解体、检修、组装和调试均应在铺设橡胶板的工作台上面用专用工具来完成。

2. 对解体后的制动机部件,应用干净的汽油进行清洗,再用干燥的压缩空气吹干,之后用不带纤维毛的布擦净,确保零件的清洁,严防线头、金属屑及灰尘等堵塞管路,清洗完成后,涂以少许润滑油脂,以防生锈。

3. 认真检查各磨耗件状态,对易老化和产生变形的橡胶件、磨耗到限的零件、影响工作性能的零件,应及时进行更换。

4. 组装时,推动各膜板,止阀及柱塞体,应动作灵活,无卡滞现象。

5. 制动阀及中继阀的总风管装有滤尘器,分别安装在两端司机室下部,分配阀的总风管上装有一个滤尘器,对滤尘器的滤网应根据不同地区和不同季节定期用汽油清洗,同时吹扫滤尘器体。

二、空气系统的保养

1. 空气系统各部管路安装牢固,各阀漏泄量必须在规定的范围内,相应的作用时间及工作压力符合规定要求。

2. 各阀中的橡胶件,应定期进行清洗检查,对变形老化及裂损的不良件应及时更换。

3. 结合修程,做好自阀、单阀、作用阀、中继阀、分配阀的清洗检修。检查各阀弹簧,对产生变形、折损及弹性衰弱的弹簧应及时更换。

4. 机车保养中,应经常开放总风缸、均衡风缸、控制风缸、油水分离器等部件的排水塞门,排除积水。

5. 对空气压缩机油、水分离器的滤网及风笛,撒砂电空阀和控制用风减压阀的进口滤网,应根据运用环境和地区的不同,定期进行清洗。

6. 经常检查空气压缩机工作状态,润滑油位及油压符合规定,空气压力开关的作用参数正确,避免因泵风压力过高而损坏机件。

第六节　轴箱及牵引电机抱轴承的保养

一、轴箱的保养

1. 机车运用中,在站停车时应检查轴箱温度,最高温升不得超过 30 ℃。如果温度过高或局部温度过高,则应与有关方面联系,打开轴箱端盖,检查滚柱轴承,轴承支架,润滑脂油质、油量及橡胶垫圈的状态。

2. 机车整备时,应该检查轴箱端盖,轴箱拉杆和电机悬挂吊杆是否牢固良好。在锤检螺母时,不得向松开方向敲击螺母及敲击在螺母棱角上。

3. 轴箱通气孔应保持畅通,勿使堵塞。

4. 定期打开轴箱端盖,检查轴承工作状态和油脂状态。油量不足时,应补加同牌号的润滑脂,加油后油量符合规定,不可过多。

5. 机车长期停留期间,应每隔 2～3 星期将机车移动一次,以改变轴承滚柱的受力点,防止轴承元件受到腐蚀。

二、牵引电动机抱轴承的保养

机车牵引电动机的定位,现阶段有抱轴式滑动轴承悬挂、抱轴式滚动轴承悬挂和空心轴悬挂三种形式,这里以抱轴式滑动轴承悬挂的 DF$_4$B 型机车为例,对牵引电动机抱轴的保养予以说明。

1. 牵引电动机抱轴承的径向间隙:轴瓦是新品时,其径向间隙为 0.2～0.4 mm,同一轴两副轴瓦的径向间隙差不得超过 0.15 mm;运用后径向间隙磨耗至 1.2 mm 时,或同轴两副轴瓦径向间隙差达到 0.3 mm 时,应更换新瓦。

2. 牵引电动机抱轴承的轴向间隙:轴瓦是新品时,其轴向间隙为 1.0～2.6 mm;运用后轴向间隙磨耗至 6 mm 时应更换新瓦。但同一轴上两副轴瓦中任何一副的端面磨耗量不得超过 3 mm。

3. 抱轴承润滑油应定期更换。机车每运行 150 000 km 后,应更换毛线垫,经常检查抱轴油盒,油位高度应保持在 75～120 mm 之间,油盒盖关闭严密,油脂清洁。毛线垫作用良好。弹簧无脱落、折损和锈蚀。

4. 毛线垫由纯毛毛线编成,更换时,应取出全部毛线垫,在清洁的柴油中浸泡、清洗,并淋干,除去断损毛线,重新编制。

5. 在组装抱轴时,应在车轴和轴瓦配合面预先加入少量机油,以避免动车时出现干摩擦。

6. 抱轴承在工作中,其温度不应超过 70 ℃。如发现轴瓦有发热或碾片,要及时处理;当温度过高或冒烟时,禁止用油、水进行人工冷却,以免轴颈产生裂纹。为避免高温下车轴弯曲,必要时可将机车在线路上慢慢移动,直到温度恢复正常,之后及时入段进行处理。

本 章 小 结

机车在使用过程中,由于自然损耗及其他各种原因,造成机车零部件磨耗损坏,甚至失效。因此,对机车除了进行定期的修理之外,还应对机车进行日常的检查和保养,使机车处于良好的工作状态。进而提高零部件的使用寿命,降低机车检修成本,保障行车安全。

柴油机的保养工作,应按不同季节选择规定牌号的燃油,且油、水位符合规定。柴油机启动时,冷却水温度不得低于 20 ℃,同时应对柴油机进行预润滑,启动过程中,机械间应留人观察,出现意外情况时立即停车。

增压器的保养,柴油机空载时检查增压器轴承。工作中,机油压力应保持在 250～350 kPa。

牵引电机的保养,定期用干燥压缩空气吹扫牵引电机。电机轴承使用油脂符合规定,有地沟时,应对电机进行“三摸”,冬季机车冷态入库时,应防止出现“缓霜”。

电器触头表面出现氧化时,应及时用棉丝蘸酒精擦拭,当主触头有烧损时,可以用 00 号砂纸打磨。

复习思考题

1. 停放时间较长的机车,柴油机启动之前为什么要进行预润滑?

2. 机油滤清器前后压力差大于150 kPa时,应怎样处理?

3. 柴油机启动和工作中,对冷却水温度有哪些规定?

4. 什么叫柴油机的"喘振"? 机车工作中应怎样防止?

5. 机车乘务员应怎样检查增压器轴承的工作状态?

6. 柴油机紧急停机时,应怎样对增压器进行保护?

7. 简述机车静液压系统工作油的更换过程。

8. 对机车牵引电机轴承加油有什么规定?

9. 牵引电机整流子表面有油污及黑痕时,应怎样处理?

10. 机车牵引电机的检查中,所谓"三摸"指的是什么?

11. 机车牵引电机出现"缓霜"时,应怎样处理?

12. 什么叫"逆电操作"? 它会带来什么危害?

13. 电器线路检查中,用兆欧表检查绝缘时,怎样保护电子元件?

14. 列车运行中,回主手柄时为什么要在"1"位稍作停留?

15. 怎样对机车用NM蓄电池进行保养?

16. 机车长期停放时,应怎样对轴箱轴承进行保养?

17. 牵引电机抱轴承毛线刷为什么只用纯毛毛线?

18. 机车牵引电机抱轴承径向间隙为多少? 应怎样进行测量?

第十一章

内燃机车防寒防火

第一节　机　车　防　寒

机车是铁路运输的动力,只有提高机车保养质量,使机车经常处于良好的工作状态,才能满足铁路运输生产对牵引动力的要求。由于我国地域辽阔,各地温差较大,加之冬季气候寒冷,给内燃机车的保养、运用及检修工作带来很大困难,因此,必须加强落实过冬防寒措施,保证铁路运输生产在严寒季节里四通八达、畅通无阻,安全正点地完成繁重的冬运任务。内燃机车的防寒期,一般规定为每年11月1日至次年3月31日。但由于我国南北跨度大,各地区温差较大,因此各铁路局集团公司可根据当地气候和天气变化情况合理调整内燃机车的防寒期。

入冬前,机务段应专门成立机车冬季防寒领导工作小组,负责和协调机车冬季防寒整修工作,同时对有关人员进行防寒过冬知识教育,并进行机车防寒工作考试,做好过冬物资的准备,在规定的时间内做好机车的防寒工作。

机车冬季防寒整修工作,应首先制定冬防修整计划,尽量结合机车的中修、小修及辅修和中间技术检查时间进行,以缩短机车的库停时间。机车防寒整修进度由技术科负责,各专业技术人员现场指导,检修班组按计划整修,驻段验收室根据冬季防寒整修要求,严把质量关,经验收合格后,颁发"防寒合格证"。并由段技术科写出防寒工作总结上报铁路局集团公司。

一、入冬前应检查、整修处所

1. 机械间各百叶窗及其传动装置作用良好,百叶窗在关闭位置时应严密。

2. 司机室、机械间各门窗及其顶部各孔盖应完整,作用灵活、关闭严密。

3. 司机室取暖设备(热风机、通风机百叶窗、侧壁暖水管等)应作用良好,管路无漏泄。前窗玻璃加热器作用良好。

4. 配齐并加挂冷却室防寒棉被和司机室前端通风口防寒罩。

5. 燃油循环预热系统的各管路、阀及热交换器应无漏泄、作用良好。

6. 检查蓄电池,液面高度要符合要求,充电之后电解液密度应达到 1.27 g/cm³ 以上,运行中密度应保持在 1.26~1.27 g/cm³;蓄电池单节电压不得低于 1.85 V,并定期擦拭蓄电池外表灰尘及溢出的电解液,疏通蓄电池换气孔。

7. 结合机车修程,对钩舌销进行回火处理。

8. 更换冬季牌号的燃油、机油。

9. 整修燃油箱、蓄电池箱防寒隔热层。

10. 检查、整修预热锅炉燃油、水、风管路系统各阀、各泵组及预热锅炉点火装置,保证其作用良好。

二、机车防寒包扎的部件及包扎方法

(一)防寒包扎的部件

1. 空气系统的油水分离器、远心集尘器、总风管、各截断塞门及各排水阀。

2. 柴油机放油管、放水管及止阀。

3. 司机室取暖水管。

4. 燃油箱输油管及回油管。

(二)防寒包扎的方法

各管均以毡条包扎缠紧,然后用麻袋条包扎,再用铁丝缠紧,铁丝间距 20~30 mm,最后涂上防腐油或防腐漆。

油水分离器、远心集尘器各排水阀均应防寒包扎,但要保持排水阀开关灵活。

三、柴油机防寒注意事项

1. 禁止向柴油机冷却水系统大量补加冷水,造成冷却水温剧烈变化。柴油机启动时,冷却水温度不得低于 20 ℃。水温过低时,应点燃预热锅炉或接入循环水加温,使得水温符合规定。补水时,最好使柴油机保持空转。

2. 柴油机加载时,冷却水温度不得低于 40 ℃,若水温在 40 ℃以下时,可提高柴油机转速空转打温,但通常以柴油机转速不超过 700 r/min 为宜。

3. 运用机车,冷却水温度应保持在 65~75 ℃之间,必要时适当调整百叶窗开度,但应注意避免冷却水温度急骤变化,通常以每分钟变温不超过 5 ℃为宜。柴油机停机时,事先应空转 2~5 min,使冷却水温度降至下限。

4. 机车因故障或修复中需要进行放水时,水温应控制在 50 ℃以下,当环境气温在 5 ℃以下时,水温应降到 35 ℃以下方可放水。冬季放水时,应迅速开启各排水阀堵,并开启冷却单节及柴油机上部止阀,以加速放水。放水结束后,开放热交换器和预热锅炉循环水泵等排水阀堵,并稍行移动机车,以达到彻底放水。

5. 长期停留的机车,需重新启用时,应拖至暖库内保温 24 h 以上,再加入 40 ℃的热水,同时开启排水阀,通过检测待排水温度达到 20 ℃以上,关闭排水阀,方可启机。

6. 对因条件限制无法进入暖库的库停机车,应由运用车间安排打温司机,定时对机车进行打温,使冷却水温度保持在 30 ℃以上。

7. 遇到暴风、雪、雨等不良天气时,应关闭空气滤清器百叶窗,改为内通风。

8. 机车停留或入库后,应及时关闭门窗及百叶窗,并放下防寒被进行保温。

9. 机车运用或整备中,发现冷却单节及通路有轻微冻结时,可采用库内保温或浇热水的方法解冻。严禁使用火烤解冻,以防损坏部件或引起机车火灾,同时应对解冻后的部件进行全面检查和测试。

10. 严冬季节,机车运行中应开启柴油机循环水回路与预热锅炉管路间止阀,以防止预热锅炉下部水管冻结。

11. 长期停留的机车,在整备作业中应彻底检查牵引电动机,若电机内有积雪或水珠时及时擦净,并启动柴油机,采用小电流走车,待烘干换向器后方可牵引列车。

12. 机车运行中非操纵端司机室门窗应关严,并开放暖气和热风机。

四、电机电器及制动走行部分防寒注意事项

1. 机车进入有暖气的库房时,应在牵引电机处于热态下进入。长时间库外停留的机车,应启动柴油机,并以小的牵引电流走车,待牵引电机换向器表面温度升高后再入库,以免换向器表面出现缓霜。当牵引电机换向器表面出现缓霜时,应及时用热风吹干,并用棉丝蘸酒精擦拭干净,并用摇表测试其对地绝缘值。

2. 对总风缸、油水分离器等,应注意经常排除积水,防止排水阀及制动管路冻结。当管路不慎发生冻结后,应及时用热水或蒸汽解冻。严禁用检查锤敲击排水阀,以防折断。

3. 机车站停时,应使柴油机保持空转。

4. 列车制动时,第一次减压量应适宜,避免因个别车辆三通阀凝滞而引起冲动。列车缓解时,在车辆后部完全缓解之前,机车应保持适当制动力,防止抻钩。

5. 制动缸活塞行程符合规定。撒砂装置作用良好,砂箱装满砂。遇到有雨、雪、霜等不良气候条件时,应进行预防性撒砂,以防止牵引时产生动轮空转和制动时产生滑行。

第二节 机车防火

机车火灾事故直接威胁着国家财产和人民生命的安全,同时也会扰乱正常的铁路运输秩序。特别是内燃机车,车内存放有大量油脂,一旦发生火灾,扑救工作将十分困难,因此,应高度重视机车的防火工作,立足于以防为主,消防并重的方针,力争杜绝机车火灾事故的发生。

一、防止火灾措施

1. 机车用的灭火器材要配备齐全,放置在固定地点,并且应定期送有关部门检验,确保其性能良好。

2. 定期对乘务人员进行消防知识教育及考核,使其掌握必要的防火知识和列车火灾的处理原则,并能熟练使用消防器材。

3. 机械间内禁止吸烟及明火。在司机室吸烟时,必须将用过的火柴及烟头及时熄灭,放在烟灰盒内,严禁乱扔。

4. 严禁私自架设电器明线。经常检查、清扫电机、电器,紧固松动的导线接头,防止接地、短路等故障的发生。

5. 对机车蓄电池,应定期检查和保养,检查时严禁吸烟及明火,或者把金属物件放在跨线位置上,以免造成蓄电池短路事故。

6. 凡临时断开的电器设备导线,其端头应包上绝缘,并捆绑好,以防与其他电器设备接触,造成短路而引发火灾。

7. 严禁在机车上使用不合规定的熔断器,不得以大代小或者用其他金属丝代替。电机、电器导线端子连接须牢固。发生接地现象时应及时处理。导线绝缘老化或损坏时,必须及时处理或更换。

8. 各种油桶、墩布、棉丝分别放在指定地点。棉丝应放入带盖的桶内,并严禁在柴油机排气管或电炉上烘烤棉丝。

9. 柴油机差示压力计动作时,应判明原因,并及时处理。故障未处理时,禁止强迫启动柴油机,同时不得在情况不明的条件下打开曲轴箱检查孔盖。

10. 对机车进行熔焊修理时,要有防火措施,对飞溅的焊渣要立即熄灭。同时禁止在机车上熔焊带油部件。

11. 列车运行中,应加强后部瞭望和走廊巡视,发现火灾隐患时,立即采取措施,及时消除。

12. 机车进入油库等易燃防火区段,不得停止柴油机工作,否则停机后再启动时,就容易引发火灾。牵引易燃品、爆炸品列车时,要严格执行防火规定,注意平稳操纵,防止车辆之间剧烈冲撞。

13. 机车运用中,应将非操纵端的门窗关好,以防外界火源飞入车内,引起火灾。同时严禁将未熄灭的烟头、火柴等火种扔向窗外,引发机车或后部车辆火灾。

14. 机车运行中发生导线接地或电机"放炮"时,应设法判明其原因,及时处理,在情况未判明时禁止加负荷。

15. 预热锅炉在点火和工作时,要注意防火,同时要有专职人员进行看管。

二、使用灭火器的一般知识

(一)二氧化碳灭火器

用途:用于消除电器、油脂、贵重机件以及室内火灾。

使用方法:将灭火器提至火灾现场,打开铅封,提起手柄,将喷筒对准火源根部,手轮旋至全开位,这时雪花状固体二氧化碳即可喷出。使用时,应尽可能接近火源,从火焰根部,由边缘向中间,再迅速全面推进。二氧化碳灭火器只能用于扑救 600 V 以下的电器火灾。高压电器发生火灾时,应切断电源,再进行灭火。灭火时,喷筒不准指向附近人员以及用手接触气体和喷气口,以防冻伤。同时,应注意火场风向,避免逆风使用。室内灭火后注意通风,以防窒息。

注意事项:每隔 3 个月应检查一次灭火器,如重量减轻超过 10% 时,应重新补充。存放中环境温度不得超过 42 ℃,以防气体损耗或发生安全膜破裂。

(二)1211 灭火器(卤代烷)

用途:用于各种油脂、化工原料、电器设备的火灾。

使用方法:1211 灭火液是无色气体,经液化后灌注在灭火器里。当发生火灾时,将灭火器带至火灾现场,拔掉铅封及横销,手握阀门,用力压手把,灭火剂即可喷出。将灭火器喷嘴对准火焰根部,从边缘向中间左右扫射,并快速向前推进。对零星火源,可采用点射方式灭火。

注意事项:

(1)1211 灭火器是由高压氮气驱动,压力为 1.2 MPa。每半年须检查一次。

(2)注意保持铅封良好。表压低于绿区或灭火剂减轻 10% 时,应再次充装。

(3)一经开启,必须再次充装。

(4)不准倒置使用,防止磕碰。在车内使用后,人员应迅速撤离现场。

(三)干粉灭火器(碳酸氢钠)

用途:适用于各种油类、可燃气体、各种电器火灾。

使用方法:将灭火器带至火灾现场,打开铅封,拔出保险销,然后紧握颈管,按下压把,干粉即可喷出。将喷嘴对准火焰根部,尽可能接近火源,由边缘向中间左右扫射,并快速向前推进。对零星火源可采用点射方式灭火。

注意事项:

(1)灭火器须每半年检查一次,注意保持铅封良好。

（2）扑灭油类火灾时，不要对准油液面冲击，以免油液激溅引起火势蔓延。

（3）干粉灭火器由高压氮气驱动。若表压力低于绿区，或一经使用之后，须再次补装干粉和氮气。

（4）使用中不得倒置或平置。搬运中防止碰撞，平时置干燥通风处。

三、火灾处理

运行中，内燃机车一旦发生火灾，乘务人员要沉着冷静，果断地采取有效措施，力争把火灾损失减到最低限度。

1. 迅速停止柴油机工作，并及时切断电源。

2. 立即鸣示火灾报警信号，及时用机车电台报告车站，并利用机车上的消防工具进行灭火自救。

3. 当火势较大、一时难以扑灭时，应尽可能避开桥梁和隧道区段，将列车停在便于救援和便于旅客疏散的地点，必要时可在车长指挥下，采取列车分离措施。同时注意避免火势蔓延到外界引燃外界物体扩大火灾。

4. 当列车停在坡道上时，应按《技规》规定做好防护。

5. 当火灾威胁蓄电池组时，必须断开蓄电池闸刀，取下熔断器，并将蓄电池组连接线拆除，然后将蓄电池盖好。

6. 火灾扑灭后，应认真细致地检查设备损坏情况，如果机车能维持运行时，应将损坏处所处理好，维持运行，否则请求救援，尽量减少列车占用区间时间。

本 章 小 结

内燃机车的防寒防火，是提高机车保养质量，保障行车安全的重要环节。其内容包括机车的冬季防寒和机车日常防火两部分。

内燃机车冬季的防寒工作，要求机务段成立专门的机车防寒工作领导小组，在规定的时间内，结合机车的定期修理，尽量在不影响运输生产的前提下完成防寒工作。机车的防寒处理，主要包含机车各门窗的修整，司机室取暖设备的修整，预热锅炉的修整，燃油及冷却水管路的防寒处理，柴油机及电器设备的防寒等。防寒工作完成之后，由防寒工作领导小组验收，符合规定时，发给机车防寒检验合格证。

内燃机车的防火工作，主要包括机车在日常使用和保养中的防火措施，灭火器的使用常识，以及火灾发生之后的救助和处理等内容。

复习思考题

1. 入冬前，内燃机车防寒工作应做到哪些？

2. 内燃机车为什么要设燃油预热循环回路？

3. 内燃机车使用的燃油分为冬季用油和夏季用油，机车在夏季可否使用"冬油"？为什么？

4. 冬季防寒工作中，机车防寒包扎的主要部件有哪些？

5. 冬季机车防寒打温时,为什么不得采用柴油机高转速打温?

6. 长期库内停留的机车,在冬季应怎样重新启动?

7. 机车整备过程中,发现冷却单节有冻结现象,应怎样处理?

8. 冬季时,机车以冷态进入有暖气的库房,会发生什么问题? 应怎样处理?

9. 寒冷季节时,在列车制动过程中应注意哪些问题?

10. 机车蓄电池检查保养过程中,应怎样防火?

11. 机车差示压力计动作之后,应怎样处理?

12. 对机车进行熔焊修理时,应注意哪些事项?

13. 机车进入易燃防火区段时,应怎样操纵机车?

14. 机车运行中,发生电机"放炮"现象时,应怎样处理?

15. 二氧化碳灭火器应怎样使用和保养?

16. 干粉灭火器应怎样使用和保养?

17. 当火灾危及蓄电池时,应怎样处理?

参 考 文 献

[1] 中国铁路总公司.铁路机车操作规则.北京:中国铁道出版社,2013.

[2] 中国铁路总公司.铁路技术管理规程(普速铁路部分).北京:中国铁道出版社,2014.

[3] 铁道部.铁路交通事故应急救援和调查处理条例　铁路交通事故调查处理规则(2007 年版).北京:中国铁道出版社,2007.

[4] 铁道部.列车牵引计算规程.北京:中国铁道出版社,2000.

[5] 吕存生.东风 4B 型内燃机车运用与保养.北京:中国铁道出版社,1994.

[6] 卢锁平.电力机车牵引与运用.北京:中国铁道出版社,2000.

[7] 王若愚.内燃机车业务.北京:中国铁道出版社,1994.

[8] 杨兆昆.东风 4 型内燃机车乘务员.北京:中国铁道出版社,1994.

[9] 张沛山.内燃机车操纵与保养.北京:中国铁道出版社,1990.

[10] 杨泽彬.JZ-7 型空气制动机操纵作业问答.北京:中国铁道出版社,1997.

[11] 铁道部.东风 4 型内燃机车段修规程.北京:中国铁道出版社,1993.

[12] 胡德臣.技规导读.北京:中国铁道出版社,1992.